半生戎马
半生文

我们的父亲母亲

温小明 / 编著

中国文史出版社

CHINA CULTURAL AND HISTORICAL PRESS

图书在版编目（ＣＩＰ）数据

半生戎马半生文 : 我们的父亲母亲 / 温小明编著
. -- 北京 : 中国文史出版社 , 2018.6
　ISBN 978-7-5205-0353-2

　Ⅰ . ①半… Ⅱ . ①温… Ⅲ . ①温厚华—传记 Ⅳ .
① K825.46

中国版本图书馆 CIP 数据核字 (2018) 第 136052 号

责任编辑：梁玉梅

出版发行：中国文史出版社

社　　　址：北京市西城区太平桥大街 23 号　　邮编：100811

电　　　话：010-66173572 66168268 66192736（发行部）

传　　　真：010-66192703

印　　　装：北京温林源印刷有限公司

经　　　销：全国新华书店

开　　　本：16 开

印　　　张：24.25　　插页：16

字　　　数：398 千字

版　　　次：2018 年 9 月北京第 1 版

印　　　次：2018 年 9 月第 1 次印刷

定　　　价：66.00 元

温厚华标准照

1937 年 9 月 8 日，重庆举行全市抗日救亡歌咏大游行，温厚华于左臂夹着一盒粉笔，右手握着宣传单，大步走在游行队伍最前面。国民党当局则如临大敌，沿路设岗布哨。

1948 年，温厚华、张战英夫妇与大女儿飞飞、儿子小军

1943 年 3 月，独一旅七一四团领导在甘泉台庄合影（左起：贺文代、萧显旺、温厚华、刘月生、刘业林）

1952 年，温厚华夫妇和三个孩子摄于重庆

1956 年，温厚华全家摄于中央宣传部

温厚华夫妇的五个孩子

1957 年，温厚华全家摄于中央宣传部大楼前

北京颐和园留影·1963.11.

1963 年温厚华（前排中）看望在京学习的民族班学员

1977 年，温厚华全家合影

20 世纪 80 年代，温厚华摄于新疆天池

1987 年，温厚华为新疆大学军训部队代表授奖

20 世纪 80 年代初，温厚华全家第一次拍彩色合影

温厚华夫妇相濡以沫数十载

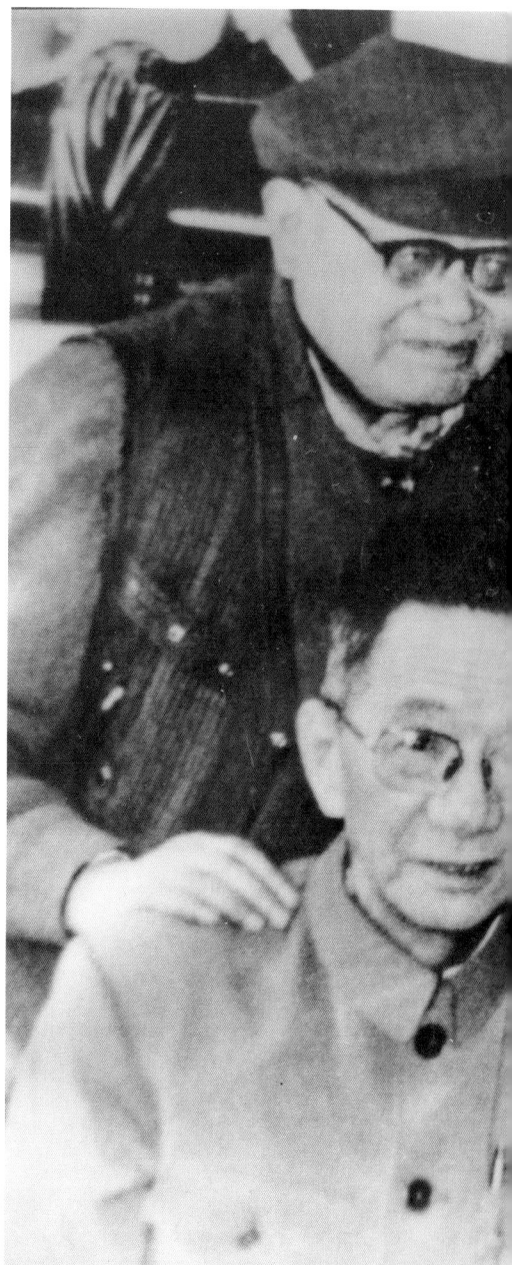

重庆救国会老战友六十年情意重：1936 年合影于重庆（右上），1989 年合影于北京。前左起—张西洛、龚远英，后排左起—贺方木、温厚华

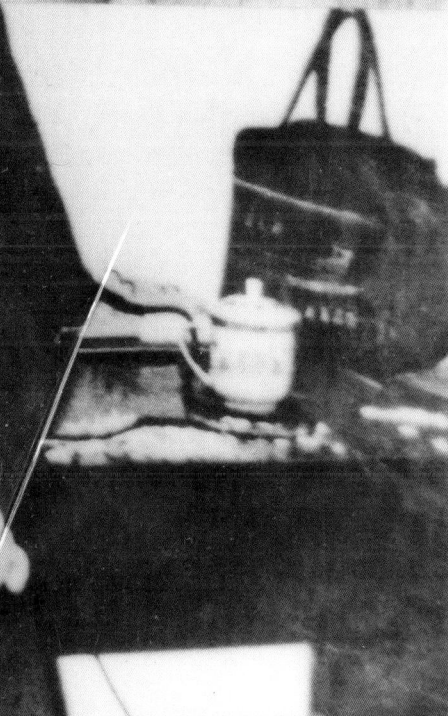

1994 年，温厚华全家摄于北京亚运村

温厚华给二女儿温小明一家的题字

温厚华夫妇晚年登临红山顶

20 世纪 90 年代，老战友相聚北京
（前排左起：温厚华、温嗣汤、王坤律、丁雪松；后排左起：龚远英、李蓉、米堃、李春褆）

目录

第一篇

半生戎马半生文

一　童年和青年时期

童年和身世

爸爸温厚华 1919 年农历五月初九出生在四川巴县一个旧职员家庭里。这个家庭很复杂，也很传奇，有一大堆故事。

温家可考的历史可以追溯到明代。据家谱记载，祖上温尔里"原籍西域撒马尔罕。洪武时，遣充贡使，朝明太祖于金陵。因识我祖天文秘奥，钦留在朝，佐理钦天监监副，赐宅聚宝门外雨花台侧。更值成祖迁都，幽燕分派。一脉（指温尔里次子温小斋一支）随龙赴北，至今监办事。予祖一脉（指温尔里长子温小小一支），辈辈习学天文"。家谱记载，到了清朝，取消了南京的特殊地位，把南京的一套政府机构全部撤销，留在南京的温氏一支不得不改行，或习商贾，或习儒业，并逐渐流散到江西、武昌、重庆等地。重庆一支"接续修补，以光彝典，以敦昭穆云"，用编撰家谱来厘清血脉宗亲，传承家族遗风。

家谱记载，爸爸家一支是温小小的后代，十一世祖温以臣于清乾隆年间迁入四川。爸爸的曾祖父温存厚（号载之），是温氏第十四世孙，清时授武骑都尉。同治九年（1870 年）任四川忠州（县）千总。后自研医学，无师自通，著有《温氏医案》等流传甚广。爸爸的祖父温仁铨（号幼之）在同一兄辈六人中排行最小，属幺房。清时授同知衔，早期加入同盟会，参加辛亥革命，民国初任四川忠县征收局局长，也算是当时当地有权势之人。后因病逝于忠县任上，年仅 47 岁。按家谱排秩，爸爸这一辈已经是温家的第十七世孙了。

关于这个家谱，我们小时候依稀也有记忆。它是典型的线装本，宣纸、蓝皮、竖排、册页、订线。书签上赫然写着"金陵温氏家谱"，装帧庄重、典雅、古色古香。家谱原来有一正一副两个版本，存放在重庆老家。有一年爸爸因事回了趟重庆，把家谱中的副本带到了新疆，并且交给了当时新疆大学校长张东月教授。爸爸讲，他把家谱给张校长，是因为当时中国和苏联发生了意识形态和边界的纷争。爸爸想让搞历史研究的张校长通过温家家谱来研究证明，历史上中国曾经和西域各国保持有良好的政治经济往来。我们的家谱就是最好的例证。可叹可惜的是，这本家谱在"文革"中被抄张校长家的"造反派"抄走了，最后下落不明。后来温家人根据留存的另一本进行了复制，并绘制了家谱谱系图。一次爸爸的表弟温厚鸿来新疆探亲，带来了家谱复制本。一方面表达对同辈长哥（爸爸在"厚"字辈中排行较长，大家尊称"大哥"）的敬重，另一方面寄望温氏后世子孙都能知其来源，维系情感，弘扬祖德（20世纪80年代，新疆大学历史系教授冯锡时看到了我们的家谱，经过研究撰写出论文《由〈金陵温氏家谱〉看明初帖木尔帝国与明朝的友好交往》，发表在《历史研究》1990年第1期）。近年，在十七世孙温厚鸿历经艰辛编撰的《金陵温氏（渝分支）族谱》初稿基础上，其子十八世孙温福清（智敏）等一批族人"少长携

新修家谱封面

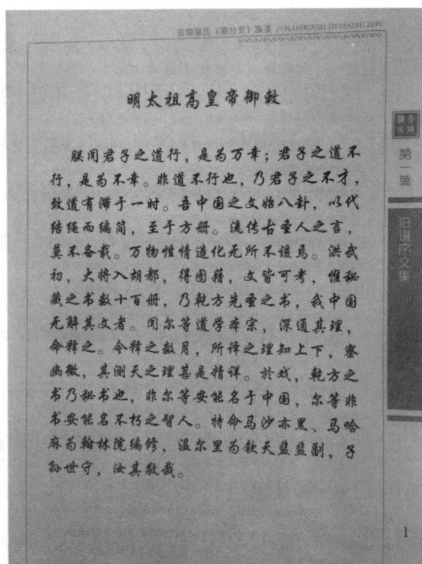

新修家谱之《明太祖高皇帝御赐》篇

手，近稽远访，补缺正讹"，终于将比较完整的一部族谱编修完成，"为后世接续谱牒留下弥足珍贵之母本"。

从家谱可以看出，温家是一个颇有来历、家史悠长，或世代为官或书香传承的大家族。即使到了近代还依然算是当地的名门望族。但其实从清末到民国时期，家族中各房的经济状况和社会地位已出现差异，甚至比较悬殊。爸爸在自传中曾写道："我祖父一代是六个兄弟，很早就分家了。在我记事的时候，大祖父、四祖父是有钱有名望人家，有生意，有房产。"如大房家排行老四的温仁椿（友松），是清授优贡生，曾参加过同盟会，后在蜀军政府做官，再后来成为实业家，任重庆总商会主席、中和银行总经理，经营着川江航运最早的轮船公司，往来于沪渝之间做贸易。又在重庆瓷器口开办两家丝厂，是四川最早的机器工业之一。此外还兴办地产公司、银行、盐号，拥有资产数十万元。去世时全城轰动，各界、各商帮祭奠者络绎不绝，送葬行列长达数里，可谓备极哀荣。家业后由其子温少鹤继业。

相比之下，第二、三、五、六房家就比较穷了。爸爸说过："我祖父是老六，在我出生前一年，祖父死去。祖父刚死，我家即被当地土匪抄家。父亲被绑架，后托人求情，倾家荡产才把父亲赎回。紧接着我全家逃回重庆巴县，借住四祖父在郊区菜园坝的房子。"

当时家里有祖母、继母，两个姑姑，还有两个弟弟。全家人的生活主要靠父亲在重庆市信托储蓄公司当小职员、每月30元左右的薪水维持着。家里无房无地，无任何动产、不动产，完全靠父亲低薪收入过活，生活十分困难。曾经听我们的姑奶奶说过一件事：有一次家里出现了很大的困难，实在无法，只得去亲戚家讨借一点钱。谁想即便同是温氏族人，有钱人家依然冷酷无情，非但没有借予，还冷眼相加。这件事给爸爸幼小的心灵留下了深刻的印象。生活的拮据和地位的不平等，使爸爸很小就在心中埋下了追求社会公平和人生尊严的"反叛"种子。

我们的曾祖父曾任忠县征收局局长，算是当地有威望的人（当时忠州的县名即由他题字，还协助对当地的水患进行整治），因此，爷爷很快就和当时忠县首富谭家（人称谭员外）的独生女喜结良缘，也算是门当户对了。据说我们的奶奶谭寿英不仅家庭非常殷实，而且人也长得十分漂亮。爷爷和奶奶一见倾心，幸福地生活在一起。据老一辈讲，当时结婚的场面非常铺张，光用担子挑陪嫁礼品的人就排了很长的一队。

但是后来，由于曾祖母固守传统观念，容不下奶奶，硬是拆散了这门姻缘。

爸爸讲："我从小很少见过我母亲，她的模样怎样我都记不清楚。从三岁起，就是祖母把我带大的。"后来爸爸对我们五个儿女无以复加的慈爱，其中无不包含着父亲对失去母爱的切肤之痛。

为追溯家族血脉，我们姊妹专程回四川忠县老家探寻踪迹。风雨飘摇，世事变迁，没有想到已有上百年历史的老房子竟然还默默地守立在忠县闹市区一隅。尽管已人去楼空，破败不堪，但想到爸爸曾经就出生在这里，我们家的血脉就源自这方土地，心中充满了无限的悲凉（目前这座老房子因为归属不清，依然还空置着，无人居住）。

曾祖母虽然做了一件让后人难以理解和愚蠢的事，但她对自己的孙子却充满了无尽的关爱。也许因为爸爸是她的第一个亲孙子，也许是要补偿孩子离开母亲的痛苦，总之，曾祖母在极其艰难的条件下，竭尽全力呵护着自己的

当年奶奶谭寿英家在四川忠县的老祖屋

爸爸出生在这座老房子里

孙子。听爸爸说，因为自己的小姑姑（爷爷的妹妹）和爸爸的年龄只相差一两岁，因此，他的童年基本是和大自己一辈的姑姑一块玩大的。

那时家庭生活困难，为减轻家庭负担，爸爸和姑奶奶很小就出去找点活干，以补贴家用。爸爸讲："我小的时候，除了靠父亲每月拿点钱回家外，还要靠祖母做针线活、糊火柴盒子补助才能维持生活。我和幺姑（小姑）每天得到工厂去拾煤炭渣才解决部分烧炭问题。"

听我们的姑奶奶讲，爸爸生性活泼，即使在生活如此艰难的境况下，依然表现出非常乐观活泼的天性。他一边在捡煤核，还一边忙里偷闲地找乐，从高高的煤堆上飞快地向下滑，把年长一点的姑奶奶吓出一身汗。天热了，爸爸他们去戏水，就让姑奶奶照看脱下来的衣物，几个男孩子"光吧筋斗儿"在水里玩，姑奶奶一个女孩子家，又气又臊却又不敢走——因为她还肩负着照顾和看管自己侄儿的责任呢。

爸爸就在这样的环境下度过了自己的童年时光。当时他对自己为什么没有母亲在身边有过疑问，也曾经去问过曾祖母。但曾祖母只能用一些诸如"你母亲不好""她不喜欢你"之类的话来搪塞。爸爸说，他曾经真的以为是自己的母亲不好，抛弃了他，也曾记恨母亲。直到解放后再回到家乡，自己已经长

爸爸的老祖母杨氏（杨希贤）

曾祖母和我们的爷爷温嗣中（致和）、继奶奶马氏、大姑奶奶温嗣莹（士莹）及姑姑温厚乡

大成人，懂事了，才最终知道了真相。听我们的妈妈说过，新中国成立初期他们一同回重庆老家，一次偶然的时候，有人不慎提起了奶奶，当时曾祖母又想说什么，爸爸第一次生气并向老祖母发了火。他说："奶奶，你以后不要再提妈妈的事！提起来大家都伤心！"可以想见，当爸爸自己有了儿女后，他才逐渐体会了失去母爱的痛苦，也才明白这件事对他的成长产生过怎样的影响，只是他的愤懑不知道应该向谁去宣泄，也不能因此而忘怀祖母给予自己的养育之恩，更不忍心为此去伤害含辛茹苦的老奶奶。不过从此以后，这件事就再也没有在他们之间提起过。

爸爸的小姑温嗣一（士一）

1958 年，摄于北京（从左至右：大姑奶奶、老祖奶奶、小姑奶奶）

发奋读书，追求真理

1929 年，爸爸 10 岁了，才到一个私塾老先生那里念书识字，读了几天四书五经。11 岁他插班到民办的新式小学，开始正式的读书生活，14 岁就小学毕业了。

爸爸告诉我们："我小的时候，家里很穷，买一双新鞋很不容易。为了能多穿一些日子，我上学一般都是穿着鞋离开家，出了门就把鞋子脱下来，夹在胳膊里，光着脚板往学校去。只有到了学校门口才把脚弄干净，再把鞋穿上。那时连书包都买不起，就用一根麻绳把书本捆起来，背在肩上就上学去了。"

爸爸从小聪颖好学，在家庭经济难以维系他求学愿望时，硬是靠自己的努力，通过每年优异的考试成绩免费升学，读到初中。由于会考成绩优等，爸爸被保送到巴渝著名的"巴县中学"，并免交学费。这其中既有爸爸自身勤奋刻苦的原因，想必与书香门第的家传影响也有一定的关系。

巴县中学是巴渝地区一所具有光荣传统的历史名校。据校友杨泽平在《忆老巴县中学》的回忆文章中记载：老巴县中学（简称巴中）成立于清光绪三十二年（1906 年），由文国恩等众多巴渝名士筹建。历史上巴县、重庆不可分，该校虽然以巴县命名，但从建校起就先后坐落在既是巴县又是重庆市中心的机房街、会府街，1930 年又迁到两路口。

巴县中学原校门

老巴中自清代以来，有着育才造士、桃李满天下的光荣历史。历届师长学子敢为时代先，勤奋好学，尊师睦友，"苦学力行，救亡图存"。学校不仅吸引了一批著名人士来校任教，如共产党人、革命家童庸生、萧楚女等，还造就了一大批优秀人才，甚至是国家栋梁之材。原全国人大常委会副委员长胡子昂、四川省政协主席廖伯康、重庆市副市长温少鹤（我们的叔爷）等均毕业于该校。

在国难当头、民族危亡的时刻，巴中教师和学子积极投身抗日救亡运动，一批优秀儿女为民族独立和解放甚至献出了宝贵的生命。其中如刘德惠、唐慕陶等烈士于1949年11月牺牲于重庆渣滓洞。"为了免除下一代的苦难，我愿把牢底坐穿"即出自巴中学生何敬平烈士在渣滓洞牺牲前留下的著名诗篇。

原省立女子第二师范学校（简称二女师）与老巴中也有一段渊源。1919年温少鹤在二女师创办重庆留法勤工俭学预备学校，邓小平等一批前辈从那里出发，走向世界，开创伟业。新中国成立后女二师与老巴中合并为二十九中，两校历百年沧桑风雨、凝无数志士热血，共同继承老巴中的优良传统。目前坐落于解放碑中央商务区的二十九中走读部在校内树立一座邓小平雕像，题名"走向世界"，以纪念和缅怀先辈。

在老巴中"救国不忘读书，读书不忘救国"校风的熏陶下，爸爸从入校

巴县中学九烈士

起，一方面勤奋读书，汲取知识的养分，一方面积极投身到如火如荼的抗日救亡运动中。当时学校对学习优异的学生实行奖励制度，每学期考试前三名可以免收学费。为了能继续读书，爸爸发奋学习，硬是凭自己的努力，以优异的成绩连续获取免交学费的待遇，直到初中毕业。爸爸说："虽然学费可以免交，但三年初中过程中，每年为交杂费、书费、笔墨纸砚以及伙食费，还靠借债或当衣物临时凑合。"爸爸的一位从重庆青年时代就在一起的同学、老战友李春褆[1]回忆说："温厚华家里很穷，靠他奶奶每学期前请富亲戚来吃饭化缘，勉强读到初中。""温厚华在巴中时，住不起学校，买不起学校的伙食，每天中午都到离学校一里多路的两路口去吃饭，花一分钱吃个'猫耳朵'，或者花一分钱吃碗'豆花'充饥。"爸爸就是在这样艰苦的条件下，读到初中毕业，以后再无法升学，只得进入社会。

20世纪30年代，国家正处在风雨飘摇的民族危亡时期。1935年12月9日，北平爆发了震惊中外的"一二·九"爱国学生运动。消息传到重庆，长期被压抑的怒火和爱国热情如火山般喷发出来。12月24日，在重庆大学的倡议下，巴中、重庆联中、川东师范、重庆美专、二女师和江北中学等全市35所中等以上学校代表114人，在重庆大学城内（都邮街）办事处集会，宣布公开成立重庆学生救国联合会（简称"学联"），并派出代表向当局请愿。还组织了80个宣传队，到城区、南岸、江北、小龙坎、磁器口等处散发传单，宣传抗日。国民政府拒绝学生请愿要求，禁止学生罢课游行，更加激起全市学生的愤怒，他们冲破"救国有罪""抗日犯法"的铁网，纷纷走上街头，进行抗日救亡的宣传，并且第一次冲破禁锢，高喊被长期禁止的口号"打倒日本帝国主义"（当时全国各报都以××代替日寇）。爸爸所在的巴县中学是重庆抗日救亡运动中一支非常突出的队伍。爸爸作为"学联"的积极分子，奋不顾身地投身到救亡运动中。

当局十分惊恐，与地方军阀互相勾结，千方百计阻止学生的爱国行动，并在1936年3月下旬强令解散了刚成立不到三个月的"学生救国联合会"。在各方软硬兼施的情况下，部分学生离开了学生运动，埋头读书或从此保持沉默。

---

[1] 李春褆：原名黄天祥，曾在国家教委高教司、共青团中央任职。

爸爸和一群志同道合的同窗好友、巴中"学联"中的骨干分子张西洛[1]、龚远英[2]、李春褆、贺方木、张金声等不顾学校的禁令，仍然加紧串联，从公开的抗议转向秘密的地下活动。他们经常聚集在一起，热烈地谈论时事政治，传阅进步书刊，如邹韬奋办的《大众生活》《妇女生活》等刊物，接受抗日救亡思想和主张。

在爸爸的引见下，许多同学通过向《商务日报·副刊》投稿，认识了《商务日报·副刊》的主编、爸爸的叔父温嗣翔（田丰），以及陶敬之、洪铭声（卢苏）等一批追求真理、献身革命的知识分子。在温、陶的影响下，许多学校相继成立了读书会、时事座谈会、壁报社等。

在风云激荡的特殊年代，爸爸的长辈、亲属中涌现出了一批积极投身革命的先进分子。当时重庆各个学校"学联"的骨干分子中，有许多是父亲的直系亲属，有些人后来也成为温氏家族的成员，而更有一大批曾经并肩战斗的同窗或学友，成为父亲终生的挚友。其中有爸爸的亲姑姑、二女师的温嗣懿（士一），爸爸的堂叔父、求精中学的温嗣汤（士汤），还有省女职校罗自镛（原名罗炽镛，后为温田丰的妻子），南开中学刘参化（后为温士一的丈夫）、王坤律（后为温嗣汤的妻子）以及刘圣化（刘参化的兄弟）等。还有一些仁人志士在风华正茂的大好年华，为民族的解放献出了年轻的生命。

爸爸的堂叔父温少鹤（温嗣康，1887—1968），是当时重庆商界的进步人士，以总商会主席的特殊身份参加了当时抗日运动组织的一些爱国活动，如鲁迅追悼大会并发表讲话等。父亲的叔爷温仁椿（温友松，1867—1925），清授优贡生，生前任重庆总商会主席、中和银行总经理。其子温少鹤在任重庆教育局局长之时，曾召集社会名流，筹集经费数万元，在重庆开办留学法国勤工俭学预备学校，为邓小平等青年学子赴法国勤工俭学提供资助（引自毛毛著《我的父亲邓小平》〈上〉一书）。

可以说，在那个动荡不安的特殊年代，爸爸的家族从一个旧中国的没落官宦之家，逐渐变成了有众多亲属投身抗日民族解放的大家庭（爸爸的大姑姑温

---

[1] 张西洛：新中国成立后先后任《光明日报》编辑部主任、《人民政协报》副总编辑、第六届全国政协委员。
[2] 龚远英：后改名为罗焚，后来在中国驻苏联大使馆、中央编译局任职。

士莹后来也曾奔赴延安，进入抗大学习）。这种特殊的家庭背景，对爸爸后来的人生道路产生了极大的影响。

1936 年春，当局给巴县中学派来一个新校长叫吴人初，是一个中统特务。他到职不久就借口学生闹学潮、不守校规，把爸爸的同窗好友张西洛和龚远英两人开除了，"以儆效尤"（张西洛《一个老记者的经历》）。爸爸也就此离开学校，走上社会，并坚定地、全身心地投入到革命的洪流中。那时他只有 17 岁。

凭借着爸爸的聪颖和勤奋，凭着年年获得奖学金的优异成绩，凭着他天生的一副好嗓子和艺术天赋，如果不是国难当头，没有太多的社会不公，像他这样一大批优秀的学子，人生道路完全可能是另外的模样。他们可能继续在学校勤奋攻读，他们中间将会出现一大批科学家、艺术家、医生、教师……许多人一定会在社会各个领域中有所建树。但正如苏洵所言："为一身谋则愚，而为天下谋则智。"在国家和民族陷于危难之时，爸爸这一批青年人把个人安危、功名利禄抛之身外，义无反顾地投入了民族救亡运动，把自己的聪明才智，甚至鲜血和生命全部献给了中华民族的解放事业。他们所体现出来的是大智慧，成就的是大伟业。

此时的爸爸，正经历着从一个幼稚的爱国热血青年到一名坚定的革命斗士的蜕变。

二 走上革命道路

艰难谋生，投身革命

1936 年，动荡的时局、家庭生活的拮据，迫使爸爸不得不告别钟爱的学校生活。对于后来的一段经历，爸爸在自传中这样记述：由于国民党的黑暗统治，像我这样的人在旧社会谋生活是非常困难的。职业的变动很多。离校后，我在重庆"知识书店"当店员。这个书店革命进步书籍比较多，除了营业外，我有空就看书。老板非常不高兴，经常训骂。一气之下，我和另一个同学龚远英便离开了书店。当时重庆救国会的领导人漆鲁鱼筹了一点款，租了一架石印机，对外的名义叫"知识服务社"，除印制商标广告外，还配合抗日印些传单。我在这里摇把、翻版、写字……什么都干。搞了个把月，经费实在维持不下去，就停办了。之后，由救国会会员朱斯白（女）介绍我到重庆南岸一个民办小学当教员不到一个月。这时，漆鲁鱼等已在渝创办了一个 4 开铅印的小报——《齐报》，主要是宣传抗日救亡，揭露国民党的黑暗，介绍苏联生活等。我担任外勤记者，大概有两个月，该报就被国民党查封停刊了。我又失业了。1937 年 2 月间，我便考到重庆市北碚三峡织布工厂当学徒，每月工资两元，规定三年出师。七七抗战全面爆发，老板把我们解雇了。8 月回到重庆，9 月考入重庆华通贸易公司当见习生，直到 12 月下旬党组织介绍我到延安，这是我走上革命道路的新的起点。（由于年代久远，爸爸对这一段经历的记述，在时间前后上有一点偏差）

一年多的时间里，爸爸为了自谋生计，在社会上辗转打工，陆续变换了各种职业。但有一项事业，却是爸爸始终坚持的，那就是革命。关于这一时期的经历，爸爸自己讲的并不太多。但从一些文献中，我们找到了许多相关的记述。

爸爸离开巴中后，与同窗龚远英、张西洛一道，先在知识书店做了一段时间的店员，一方面解决生计，另一方面掩护身份，方便秘密抗日工作。知识书店是南川人邱其菜（邱漫潮，具有进步倾向）办的，募股时，救国会发起人漆鲁鱼考虑到要给救国会设个"机关"，于是由甘道生和温田丰分别出了一点资金。知识书店地处武库街 102 号，附近有几个学校，一排铺面都是西式三层黄色木楼，地点适中。逛书店的人不少，进书店不怎么引人注意。进店上楼，就是救国会开会的地点。

据温田丰等人回忆：1936 年下半年，秘密的抗日救亡组织——重庆救国会开会地点就在武库街知识书店楼上，时间多数是星期天上午。每周召开会议时，温田丰和漆鲁鱼等人照例相约来到知识书店楼上。参加者范围扩大了，最先的参加者纷纷约了自己的知心朋友来，一般在 20 人左右。会上主要是议论时事，也讨论《大众哲学》和杂志上的好文章。遇特殊情况由老漆随时召集。到 1937 年初，从甘道生的一个亲戚那里得来消息，说康泽的别动队特务已经在监视知识书店了。于是，救国会机关只得转移到"职救"会址——文华街一个小巷内的绍兴同乡会举行活动了。

爸爸当时在知识书店当店员，有机会参加其中的多次会议。后因店小人多，而他们有空就阅读进步书籍，并积极参加抗日活动，引起老板的不满，因此不久就只得离开了。

8 月，父亲通过亲戚的介绍，进入一个新创办的小型日报《齐报》工作。《齐报》创刊正值日本帝国主义铁蹄遍踏我东三省，进而窥视华北，妄图侵占全中国之危难时刻。报纸的编辑方针主要是宣传抗日救亡，报道日寇侵华动向和全国各阶层人民的抗日活动，谴责国民党的不抵抗政策等。由于《齐报》在重庆各报中编辑风格独具一格，时政消息非常及时，经常还有独家新闻，并且文章短小精悍，版面生动活泼，因此深受读者的欢迎。它一问世，立刻引起广大读者的注目，最多时每天要印 3000 份。在 50 多年前的内地报纸中，这样的销数是少有的。

爸爸再次和同窗好友张西洛一块，在报社当外勤记者兼校对。张西洛曾和爸爸同在巴县中学读书，因为发表抗日言论，参与学生运动闹学潮，和龚远英被学校开除。张西洛在《一个老记者的经历》中回忆："我的父亲失业在家，母亲是家庭妇女，一个弟弟八岁，家里生活异常困难，经常是无米下锅。"就这样，在爸爸叔父的介绍下，两人一同来到报社工作。

张西洛回忆说："报社设在租来的一个一楼底层的铺面，办公用具是几张破旧的桌椅、笔墨纸张和剪刀糨糊，报纸委托商务日报印刷厂代印。报社十来个人挤在楼上楼下两间小屋中写稿、编稿，各自干各自的事。在《齐报》兼职的人不领工资，我和同学温厚华当记者，没有其他职业，只领取报社一点微薄的生活津贴，每月六七块钱，只够伙食。尽管如此，大家干得非常起劲，心里都明白，我们所从事的，是有关中华民族生死存亡的大事。"

由于《齐报》以集中宣传抗日救亡为己任，竟成了国民党政府的眼中钉、肉中刺，多次到报社进行威胁和查抄。最后找了一个借口，使报纸出了不到半年就被勒令停刊。

《齐报》停办后，父亲和张西洛又面临着失业。这时，漆鲁鱼、温田丰、侯野君等为这些进步的失学、失业青年谋生活，特意创办了一个"知识服务社"，一方面帮助和解决他们的生计，更主要的是组织他们学习，帮助他们思想进步。漆鲁鱼还专门动员曾经的战友、一度失去党组织关系的黄宇齐到服务社来，代他帮助青年人学习。

据黄宇齐回忆："'知识服务社'设在重庆市牛皮凼一幢小楼里，一楼一底，底间是石印室兼营业铺面，楼上是饭厅、宿舍兼学习室。在这里工作的有贺方木[1]、温厚华、张西洛、龚远英、李春褆、张金声以及一个石印工人。贺方木和石印工人是失业青年，我们几个就住在这里。温厚华和其他几位是失学或因追求进步而被学校开除的中学生。他们每日来'上班'，自带米、菜，自炊自食。他们关心的不是学业、职业问题，而是社会问题和国家大事。他们精神振奋，意气风发地探寻真理和光明。和他们密切交往的，大都是在校、在职

---

[1] 贺方木：又名方驰辛，曾任西藏自治区工委宣传部长、新华社西藏分社社长、《西藏日报》总编辑、西南民族学院副院长等职，中共八大代表。

的青年，有陈和玉、温嗣懿、刘隆华、罗自镛、鲜国学、徐邦贤……以及平民银行的练习生丁雪松[1]、朱斯白等。丁雪松她们不仅有职业，而且是最好的职业，但她们不关心职业上的前程，而关心天下大事。'服务社'的业务生意不佳，但这地方却成为青年们聚会的中心。他们学习，争论，歌唱，讲故事，很像一个新式学校。鲁鱼教大家唱《国际歌》。我不能成为他们活动的同伴，但却是他们学习上相得的益友。"

正如爸爸自己所说，那一段时光，他过得艰难而充实，每天除了摇把、翻版，完成印刷的各种工作外，更多的是和一群进步青年们一起，学习、探讨社会问题。比如1936年11月，傅

1936年6月，父亲与"重庆各界救国联合会"的亲密战友在一起（左起：张西洛、贺方木、龚远英、温厚华）

1937年秋抗战全面爆发时，在重庆的部分救国会成员合影（后排戴礼帽为温厚华，中坐龚远英，身后立张西洛，一排右为丁雪松）

---

[1] 丁雪松：中国第一位驻外女大使。著名作曲家郑律成之妻。中共八大、十二大代表，第四、五届全国人大代表，第六、七届全国政协委员。

作义将军领导的百灵庙绥远抗战取得胜利，救国会干事会在知识书店楼上紧急开会，策划开展援绥募捐的活动。知识服务社连夜秘密赶印传单、收据，还石印了绥远抗战形势地图，参加募捐。后来由于时局动荡，知识服务社的经济日益困难，不久被迫关闭了。

1937年2月间，爸爸考到重庆市北碚"三峡织布工厂"，去当学徒，每月工资两元。在织布厂做工的时间虽然短暂，但给爸爸留下了深刻的印象。他曾告诉我们："那时纺织厂的条件很差，不仅劳动强度很大，而且空气恶劣。我们住的条件很简陋，床铺上面爬满了臭虫，手一捋就是满手的血。"即使在如此艰苦的工作环境中，爸爸也没有忘记继续宣传抗日，向工人同胞们秘密讲授革命道理。也就是这种恶劣的环境伤害了爸爸的身体，从那以后，他的肺一直不好，留下了祸患，致使在战争年代因一个感冒引发严重的肺炎，肺部出现钙化点，并植下慢性支气管炎的病根，时常复发，晚年更是为病痛所折磨，最终生命也是因此而终结。

从离开学校到1937年底奔赴延安，这一时期，是爸爸人生一个重要的转折点。从那时起，在叔父温田丰和一些革命者的指引帮助下，与一群志同道合的同学、亲友、社会进步青年一道，秘密从事抗日救亡工作，在腥风血雨的战斗洗礼中，逐渐成长成熟，最终走上了职业革命家的道路。

革命引路人和重庆救国会

一、革命引路人

说到爸爸走上革命的道路，就不得不说到一位重要的人物。他是爸爸的叔叔——一位同父异母的叔父。按照温家重庆本支家谱字派"存仁嗣厚福，耀德永遐昌"排秩，到我们爷爷辈应该是嗣字辈，这位叔父叫温嗣翔，后来自己改名叫温田丰。在许多有关记录或回忆抗日期间"重庆救国会"的文献中，温田丰的名字总会被许多人郑重地提到。

温田丰在自己撰写的《六十年来人和事》一书中，记述了他坎坷而传奇

青年温田丰

老年温田丰

的一生。温田丰就出生在重庆温氏家族显赫的老宅子里。院子门外就悬挂着温家世族在明朝首授皇帝赐封的"金陵温寓"的牌匾。这里住着温世祖第一个儿子温小小的后代，在当地可谓名门望族，家族庞大，家业殷实，近代还出了几位显赫的人物。由于温田丰的母亲是曾祖父的第二位夫人，并死在曾祖父之前，因此他渐渐产生了"自己寄人篱下，没有任何依靠，未来的一切全凭自己努力"的自立意识，"读书更加勤奋了，课外除了读小说，还读名人言行录"，并逐渐接触到国外的无神论等进步思想，开始写文章给当时的《商务日报·副刊》《集思园》投稿。初中毕业后，他很想参加工作，好早一点自立。但同辈的任重庆总商会主席的四哥温少鹤却坚持让他继续学业，他说："年纪尚轻，应当学好本事，高中毕业可以送你进大学商科。国家兴亡，匹夫有责，而温氏门庭尚望你们振兴。"

他没有听从四哥继续学业的劝告，毅然报考了川盐银行。"我被录取了，开始自己养活自己。冬天我搬去银行宿舍，完全脱离家庭，独立生活了。"

从此，他开始大量阅读进步书籍，"除了文学作品，还有《政治经济学》《通俗资本论》等社会科学书籍。读后拓开了眼界，认识到阶级社会发生革命的必然性，增强了投身革命的决心"。他喜爱文学，受鲁迅、高尔基影响，心中逐渐萌发了追求社会公平的思想，并逐渐成长为一个有正义感、思想纯洁的进步青年。他写道："我想像高尔基那样进社会大学去增长知识，寻找共产党。

现在社会不公平，穷的穷，富的富，日本人还侵略我们。我要踏进社会，去尝尝人间的疾苦，创造一个理想社会。"

1934 年 5 月，温田丰进入《商务日报》（这是一个由重庆总商会出资兴办的报纸，社长即是温田丰的叔父、总商会主席温少鹤），任时事新闻兼副刊编者。后来他作为《商务日报·副刊》的主编和主笔，曾用"元留""重言"等笔名发表文章。他利用报纸"以文会友"，以报纸做武器，唤醒一大批爱国热血青年，指引他们走上革命道路。在他身边团结聚集了一批地下党员和先进知识分子，利用报纸这块阵地刊登进步的文艺作品和国际时事评论，揭露社会黑暗，要求改革社会制度。1936 年 10 月，鲁迅先生逝世，副刊以一周时间出版纪念专刊，并发起举行追悼大会。在后来相当长的一段时间里，《商务日报》和《新蜀报》不断发表时政评论和揭露国民党反动政策的文章，宣传抗日，支持重庆各界的救亡运动，及时报道运动的各种动态和消息，成为当时重庆一份重要的进步报纸，副刊更是进步青年踊跃投稿、积极宣传抗日的重要阵地。

爸爸在自传中这样写道："在我初中二年级的时候，我的叔叔温田丰已经具有革命的思想了，并结识了漆鲁鱼、叶舟（孙文石）等老党员。我叔叔为了帮助我和温士一接受革命思想，曾以给我们补习语文的名义，每周来我家两三次，给我们讲革命的道理。我印象最深的第一课，是讲当时邹韬奋先生编的《生活周刊》上的一篇文章，叫《在黄包车上》。说的是在上海外滩黄浦江边，一个骨瘦如柴的黄包车夫，拉着一个大肚子资本家'兜风'。这个车夫已经挥汗如雨，竭尽全力拉着他飞跑，可这个寄生虫还嫌太慢，手拿'文明棍'不断地敲打脚踏板，咒骂车夫。""他还给我讲《阿 Q 正传》，介绍我们看革命书籍。就这样，我思想上逐渐认识到社会的黑暗，劳动人民的疾苦是由于剥削与压迫的私有财产制度带来的。而国民党就是剥削者的代表，粗浅地意识到共产党、红军为什么闹革命。1935 年 12 月，爆发了震惊全国的'一二·九'学生运动，这对我的影响也很大。这就为我离校后主动积极地参加秘密救亡运动打下了思想基础。"

在那个战乱频仍的动荡年代，重庆许多进步青年都在苦苦地寻找着救国救民的道路。后来他们都在自己的回忆录中写道，曾经给具有革命倾向的《商务日报》投稿，结识了温田丰，受他的影响，由此走上革命道路。

原全国政协委员、《人民政协报》副主编、资深记者张西洛在自转《一个老记者的经历》中写道:"我的同学温厚华,他的叔父温嗣翔(田丰)是《商务日报》的副刊编辑。经过温厚华的介绍,我学着给《商务日报·副刊》写稿。第一份稿件就被采用了,题目是《不是'呐喊'》,内容是纪念'一·二八'淞沪抗战的。温嗣翔鼓励我们读鲁迅先生的文章,看邹韬奋编的《生活周刊》,还推荐瞿秋白的《海上述林》给我们阅读。"

据丁雪松(中国第一位女大使)回忆:我当时在重庆繁华地带的平民银行上班。我的视野渐渐转向民族的兴衰、国家的存亡。我开始关心时局,经常阅读本地比较进步的报纸《商务日报》,并且也开始向报社投稿,就呼吁职业青年组织起来成立青年会的倡议,发表了《在民族解放前什么美梦都会成为泡影》的文章。

由于叔侄的这一层关系,爸爸深受温田丰的影响,很自然就追随着他们投身到革命的洪流中,并影响身边的同学好友都聚拢到这里来。其中一些人与爸爸成为既是亲属、又是战友和同志的特殊关系。

温士一,爸爸的亲姑姑(温田丰的同父异母妹妹),作为重庆抗日救亡运动中非常活跃的积极分子,她参加了当时几乎所有的救亡活动。由于与温田丰的关系,她经常参加各种秘密会议。1936年11月,秘密的学生救国联合会(简称"学救")成立,"学救"主席为刘传莆(地下党员),温士一负责组织,省女职的罗自镛负责宣传。1937年7月下旬,重庆市成立了官办的重庆市各

温士一,20世纪70年代摄于北京

1956年，饶国模与长子刘泓（刘参化）、女儿夏静（刘纯化）游颐和园

红岩村八路军办事处遗址

界抗敌后援会，学校成立了学生抗敌后援会，温士一被选为重庆市学生抗敌后援会的副主席之一，充分利用这个合法条件，组织开展了各种抵制国民党当局破坏抗日的活动。

后来两个姑奶奶一同奔赴延安，在抗大学习。不久，温士一和同是救亡运动的战友刘参化结合。刘参化的母亲就是抗日战争和解放战争初期中共中央南方局和八路军驻重庆办事处的房东——红岩女主人饶国模。在办事处选址时，中共川东特委曾通过已是地下党员的饶国模儿子牵线。她还创办了红岩幼稚园，以解决八路军办事处工作人员孩子以及一批烈士子女的学习生活问题。其间温士一回到重庆，协助婆婆并负责管理幼儿园的工作。1946年董必武离开重庆前曾为饶国模赋诗一首："八载成功大后方，红岩托足少栖惶。居停雅有园林兴，款客栽花种竹忙。" 2018年我们两姊妹专程去红岩村凭吊，缅怀饶国模及其家人对中国革命的贡献。

指引爸爸走上革命道路，并且对整个重庆抗日救亡运动和党组织的恢复产生巨大影响的，还有一位重要人物，这就是漆鲁鱼。

翻开《重庆救国会》史料，字里行间，"漆鲁鱼"的名字是出现最多的人物之一。根据蔡佑芬在《重庆救国会与重庆抗日救亡运动》中记载："1936年春，从苏区脱险出来的共产党员漆鲁鱼（曾任中华苏维埃共和国卫生部保健局局长，红军长征时为照顾受伤的陈毅同志留在苏区，后在数次突围中被冲散，与党失去联系，流落上海，乞讨度日。幸被同乡发现，资助回乡）来到重庆，积极寻找党的组织。他通过投稿，很快结识了温田丰和他周围的进步青年骨干。最后温田丰和漆鲁鱼成为重庆抗日救亡运动中的主要领导人。"从漆鲁鱼的简历可以看到，在国难当头、处境险恶的环境下，那些目光远大、信念坚定、意志坚强的共产党员们，是如何不计个人得失，不顾个人安危，即使在革命遭受到挫折的艰难险阻面前，仍然尽最大的努力默默为党工作，为民族的解放事业奋不顾身。在他的影响和带动下，像爸爸这样一批追求光明

救国会领导人漆鲁鱼

和真理、怀揣救国救民的远大理想、对天下兴亡存有责任和抱负的热血青年，怎么能够不受其感染和影响？他们在漆鲁鱼同志的身上，看到了正义，看到了光明，看到了中国共产党的形象，当然也就看到了希望。有了这样的榜样，爸爸和周围的一大批热血青年逐渐成长为忠诚的革命战士，相继走上救亡图存的革命道路。

爸爸在临终前的弥留之际，多次清醒而坚定地说："我这一辈子路没有走错！""我的选择是对的！"正是从那时起，爸爸就铁定了要追随革命，追随光明和正义，一生献身于为国家和民族谋解放、谋幸福的信念！

二、重庆救国会

重庆各界救国联合会（简称救国会或"各救"）是由中共地下党组织并领导的抗日救亡秘密组织。蔡佑芬的《重庆救国会与重庆抗日救亡运动》一文，比较全面地概述了救国会的工作与功绩：重庆救国会成立于 1936 年 6 月，到 1938 年底，其存在共约两年半时间，大致分为三个发展阶段：最初，救国会是由几个与党失去联系的共产党员和一批进步青年在"一二·九"爱国学生运动影响下，受到我党中央 1935 年 8 月 1 日发出的《为抗日救国告全体同胞书》的鼓舞以及上海救国会成立的启示而秘密组成的（与公开的全国各界救国联合会无组织联系）。后来，1936 年 9 月，张曙时经上海局派遣，从成都转到重庆，

了解了重庆各抗日救亡力量的情况，对重庆的救亡运动提出了具体指示，即救国会在党的领导下开展活动，并按党所领导的中华民族解放先锋队的组织形式在各界分别建立了救国会的组织。从此，救国会便成为党直接领导的秘密救亡团体。1937年10月，党在救国会成员中恢复了与党失去联系的党员的党籍，重新建立了重庆党的组织，随即吸收了一大批救国会成员入党。到1938年底，救国会的大部分成员都成了共产党员。同时，各救亡团体和各项救亡活动已由党组织直接领导，救国会完成了历史使命而逐步消失。

救国会虽然只存在了两年半，但由于重庆是抗日时期中国的战时首都，也是我党中央南方局的所在地，因此重庆救国会在这个特殊环境下具有特殊重要的意义。它为重庆党组织的重建奠定了思想和组织基础，为南方局在重庆顺利地推进抗日民族统一战线工作创造了有利条件，推动重庆乃至全国的抗日救亡运动，为党和国家培养、造就和输送一大批革命青年，发挥了不可磨灭的巨大作用。这段历史值得追忆，它的光辉将永载史册！而在革命征途上已经逝去的年轻生命，历史也将永远铭记他们！

重庆救国会在历史上的积极作用，党中央已有定论。温田丰在《六十年来人和事》一书中记述：约在1938年4月，我曾请示抗大政治部，约请救国会的同志座谈过一次重庆救亡运动。政治部主任张际春同志出席了这次集会，听了大家的汇报，并讲了话。参加者达四五十人，是由丁雪松、赵湘植、温嗣懿、温厚华、龚远英、向素清等转约来的……会后，我根据大家意见，给鲁鱼写了长信，提出开展重庆救亡运动意见，建议组织公开的"民先"。同时，写信给中央组织部，汇报了重庆救亡运动情况，希望党派去干部，加强领导。在抗大第四期的毕业典礼上，李富春同志讲话中也提到此事。

1984年7月24日，中共中央组织部组通字〔84〕22号通知指出："重庆救国会是我党在白区直接领导的抗日群众团体，其成员的革命工龄应从参加之日算起。"1936年是爸爸正式参加革命工作的标志。

可以说，漆鲁鱼、叔叔温田丰是爸爸革命的指路人，姑姑温士一是和他并肩作战的战友。1935年的"一二·九"运动是爸爸成长的起点，重庆救国会是他参加革命的摇篮。

坚定信念，激扬青春

1936 年 6 月上旬，在重庆黄家娅口漆鲁鱼寓所内，一个秘密的会议正在进行，这就是讨论成立重庆各界救国联合会问题。会议讨论了当前的形势和方针，推选漆鲁鱼任总务干事，温田丰任宣传干事等。鉴于之前"学救"被迫解散的教训，漆鲁鱼建议救国会以秘密与公开、非法与合法相结合的方式开展活动，取得一致赞同。会议还拟定了在职业青年和学生中组织读书会、歌咏会等活动计划。从此以后，救国会逐步成为重庆抗日救亡运动的核心。

爸爸在回忆录中大致叙述了在他到织布厂前的一段时期中，救国会以及他本人从事过的一些具体活动：组织各种读书会（自强读书会、职业青年读书会）；开办新文字讲习班；办报纸，写文章在报上揭发国民党的黑暗；秘密散发传单；个别联络青年，当时主要是青年学生、店员、职员等，宣传"反蒋抗日"、马列主义的革命理论、革命红色小说，主要是苏联革命小说；个别发展会员；秘密教唱革命红色歌曲。西安事变后，突出宣传抗日统一战线（那时叫"联合战线"）。平时，小组活动大都要

重庆救国会战友合影（第三排中蹲者为爸爸）

经过讨论形势、检查工作、自我批评与批评、布置工作这样四个内容。以上这些活动我都参加了。大概是 1936 年 11、12 月间，救国会成员增多了，好多学校、机关都有救国会成员，便成立了统一的重庆救国会执委会，我也是执委之一，下面有"青救""职救""学救"（以后叫"学联"）。

这一时期，爸爸利用知识书店、"知识服务社"的工作机会，以及在《齐报》当兼职记者的身份，积极投身到抗日救亡活动中。当时救国会每周要在知识书店召开一次秘密会议，会议内容大都是议论时事，分析形势，研究斗争的策略，发展组织，扩大队伍等重大问题，也学习和讨论《大众哲学》及杂志上的好文章。爸爸当时就在知识书店当店员，因此有机会参加了其中的多次活动。

6 月下旬，救国会干事会决定举办"山付新文字暑期讲习班"，"办讲习班的真正目的，是以扩大救国会的群众基础为主，推行新文字反而降为次要了"。讲习班新文字课程并不多，主要的是讲授马列主义基础知识，分析国际国内形势，宣传抗日救亡主张，提高学员觉悟，并且借此发展救国会会员。由于广泛地发动，报名参加学习的人非常踊跃，主要是进步学生和职业青年。爸爸自然成为其中的骨干分子。据温田丰回忆："开学那天，教室里坐满了人，天在下雨，很闷热。穿白衣青裙的女学生们，穿短袖旗袍的女职员们，穿衬衫短裤的男青年们，都使劲挥扇，不住地揩汗。他们冒着暑热，自己纳费来为大众追求真理的热忱，非常感人！"丁雪松也回忆到："开课的那一天，正罩在雨幕里，气候燠热，闷得人透不过气来。尽管如此，讲习班的课堂里，还是济济一堂，90 余名青年人全都怀着求知的渴望前来听讲。"

干事会成员几乎每天都碰头，商量讲习班课程如何讲授，讨论哪些人是积极的、可信赖的。为了发现更多的进步青年，摸一摸学生们的思想，干事会决定开一次关于人生观的讲演会，由大家来讲。省女职校学生罗自镛、平民银行女职员丁雪松、巴中学生张西洛等，先后登台演讲。他们都慷慨激昂地说，人生要奋斗才有意义，燧石因撞击才发出火花。他们要做一块燧石，要争取大家都过幸福生活，我们才会幸福，不能把个人幸福建筑在众多人的痛苦上面。日本鬼子强占中国土地，压迫、剥削我们，我们坚绝不做亡国奴，要起来抵抗……大家争着发言，教室热得像蒸笼，但大家奋发向上的热情，还比它热上千百倍！后来因场地太拥挤，培训班只得改迁到桂花街达育小学继续上课。

　　其间发生了一件不幸的事情，救国会发起者之一、为讲习班刻印讲义、勤勤恳恳做了许多工作的李茂林，因贫困、劳累和身患痢疾，突然不治而亡，为救民众于危难而献出了年轻的生命。从那以后，爸爸身边或周围，就不断有战友为民族的解放事业而倒下，他们成为爸爸一生都无法释怀的悲伤！

　　8 月 16 日，讲习班结束了。大家依依不舍，意犹未尽。张西洛为此写了《最后一天——山付新文字讲习班的散学礼》，发表在 22 日的《商务日报·副刊》上。文章写道："我们讲习班在本星期日举行一次散学式，同时举行一次野宴。我们同学见有这样一个机会，大家都兴奋地跳起来……前一天，8 月 15 日，我同温厚华、龚远英、李春褆三君，奔跑着购买物品。晚上，简直连睡都不能入梦，因为白天是太兴奋了。16 日的早上，同学们陆续地到了很多，脸上挂着的都是高兴的笑颜……今天我们是告了一个结束，以后推行及研究新文字，都要靠大家努力去做了。最后使我们兴奋的，是我们在合唱《毕业歌》'……我们今天是桃李芬芳，明天是社会的栋梁，我们今天弦歌在一堂，明天要掀起民族自救的巨浪。……同学们快拿出力量，担负起天下的兴亡！'今天的情形，不会泯灭吧？祝新文字运动前途无量！"多少年后，当我们再次读起它，眼前似乎浮现出一张张稚气未脱，却充满了阳光、纯洁而目光坚毅的面孔，仍然会被当年这些爱国热血青年身上洋溢着的革命浪漫激情所感染。正因为有了他们，中国的前途才充满了希望！

　　讲习班培训了一批救亡运动的骨干分子。讲习班结束后，正式吸收二十多人参加救国会。他们大都是被国民党当局解散的"学联"成员，爸爸和他的一

1936 年 3 月，公开的"学联"被扼杀后，学生运动的骨干饶友湖（第三排右一）在重庆二女师团结一批同学，成立了秘密的读书会

1937 年春，救国会部分骨干在学习后合影（前排右起：贺方木、罗焚、张家壁、张西洛、谭枢安；后排右起：温厚华、王光弟、丁雪松、朱斯白、陈和玉、李春褆）

大批亲密战友（见照片），以及赵湘植、贺方木、杨帆、温士一、罗自镛等都成为"各救"发展的第一批救国会会员。这批骨干后来作为救国会各个团体的中坚分子，在重庆抗日救亡运动中发挥了重要的先锋作用。

讲习班结束不久的一天，干事会分别通知了温厚华、张西洛、龚远英、李春褆、丁雪松、温士一、鲜国学、罗自镛、贺方木等二十余人，到知识书店开会。那天，大家三三两两，陆续来到知识书店二楼。温田丰对大家说，讲习班结束后，准备成立读书会（其实就是吸收他们参加"救国会"）。读书会每周星期日在知识书店楼上开会，今天是第一次集会。会议讨论了读什么书，读了怎么讨论等问题，并向大家推荐了《世界知识》《大众生活》《生活知识》《读书生活》《光明》《文学月报》等杂志，又介绍了《青年自学丛书》。要求除了个人兴趣自学外，须先共同学习《大众哲学》第一章，下周讨论。接着大家又讨论了时事，认为国民党的投降政策还在继续，居然同意日本在成都设立领事馆。

8 月 18 日，救国会干事会在知识书店楼上紧急开会，就日本设立领事馆一事进行讨论。与会的骨干分子群情愤激，一致认为应该举行示威游行，以示抗议，并做了布置，分头进行联系，约定第二天早晨在夫子池集合出发游行。第二天，漆鲁鱼等几位主要负责人来到温田丰的住处，正准备出发参加游行，张西洛、龚远英、温厚华、罗自镛急忙跑来告之，说夫子池有宪兵巡逻，游行路线的都邮街（解放碑）也有，如果游行，可能出事。而且来的人不多，一时不知该怎么办。大家七嘴八舌地讨论起来，漆鲁鱼坐在藤椅上，想了一会说："算了吧，不要发生冲突，暴露我们，而且太仓促了，也组织不了许多人来。岩井一行人要去成都，我看成都也饶不了他。我们还是在合法的各界大会里面多做宣传吧！"他的意见取得大家的赞同。后来事实证明，漆鲁鱼的估计是正确的，岩井到了成都，住在骡马市街大川饭店，发生了有名的"大川饭店事件"，两个日本人被愤怒的群众"送"进了地狱。

这次游行示威虽然没有成功，但广泛发动了群众。救国会的各个组织参加并领导了一部分宣传队，大张旗鼓地到各地开展宣传。重庆各界民众的宣传、请愿活动，积极配合成都人民的斗争，挫败了日寇在蓉设领事馆的政治阴谋。

1936年9月，在温田丰工作的《商务日报》的一间楼房里，由漆鲁鱼同志主持，正式成立了"重庆救国会"。爸爸是参加者之一。会上，漆鲁鱼告诫大家：愿意参加的人就是会员，因为当前环境复杂得很，要求大家保密。会议还商议成立两个组织，一个是"学生界救国联合会"，一个是"职业青年救国联合会"，但对外都不能打招牌。不久，"文救"及"妇救"几个组织相继成立。除"文救"是公开的以外，其余都是秘密组织。在它们周围分别联系和团结了一些公开团体，开展公开的救亡活动。

"学救"开始由漆鲁鱼直接领导各校活动，没有成立全市的统一组织。后来由于援助绥远抗战募捐、抗议国民党逮捕并要求释放全国各界救国联合会"七君子"等活动，需要统一组织，于是在1936年11月正式成立秘密的"学生界救国联合会"。活动的方法是利用各学校的公开、合法组织，团结广大同学，开展救亡运动，并利用这些团体的名义吸收进步和中间状态的学生参加抗日救亡活动，并选择个别积极分子参加救国会。

根据"学救"制定的方针，爸爸和老巴中的张西洛、龚远英等利用母校的关系，在巴中积极开展活动；二女师的温嗣懿、陈婧华[1]，巴女中的刘隆华、徐邦贤，省女职校的罗自铺、鲜国学，巴农校的刘传莆，高工校的黄绍周等，也都利用各自的优势，在各校组织了"学救"小组，以读书会、歌咏会等，进

---

[1] 陈婧华：原名陈和玉，重庆救国会骨干，救国会重要领导人之一陶敬之的夫人（陶敬之在1949年牺牲于重庆渣滓洞）。

冯兰瑞，救国会自强读书会负责人，1946 年春摄于张家口

冯兰瑞于新中国成立后成为著名经济学家，中国社会科学院研究员

行经常活动。由于大家积极工作，各校的基础又好，二女师、巴中、巴女中、省女职、巴农等校参加小组的在 20 人以上，其他 30 余所大中学校，也各有数人到十余人，使学生的活动主要掌握在"学救"手中。到 1937 年 7 月左右，加上"职救"，共有会员 260 余人。"学救"是救国会下属组织中最大的一个组织，它在重庆抗日救亡运动中始终起着先锋作用。

与此同时，以陶敬之、杨帆、丁雪松、赵湘植等为首的"职业青年救国联合会"（简称"职救"）也秘密地成立了。这些进步的职业青年后来都成为重庆救国会的骨干，他们也与父亲结下了一生的战友情谊。"学救"和"职救"相互配合得很好，成为"各救"中的两支强大的力量。

"山付新文字暑期讲习班"同时也催生了一个青年组织"自强读书会"（简称"自强"）。据"自强"主要负责人冯兰瑞[1]回忆："讲习班的学习引起了学员们极大的兴趣，一些青年学子在学习结束后，不愿就此分散。约在 1936 年 10 月间，以青年学生（包括在校学生和失学失业青年）为主的'青年自强读书会'就成立起来了。""自强"的会员绝大部分是青年学生和职业青年，年纪比较轻，社会阅历不深，思想很单纯，读书使大家初步认识社会，接触革命思想，起到了启蒙的作用。这个时期的各种进步书报，如《生活周刊》《读书生

---

[1] 冯兰瑞：著名经济学家，中国社会科学院研究员。

活》《大众生活》《新生》《永生》等书刊都很受欢迎。其中文学作品读得较多，如文学杂志《中流》《光明》等，凡能买到、借到的都读。还读了高尔基的《母亲》、绥拉菲莫维奇的《铁流》等。大家特别欢喜读鲁迅的书，凡是能找到的鲁迅的作品全都传阅遍了。后来读书范围大大超出了文学和翻译小说等，先后读了《哲学讲话》（艾思奇著，后改名为《大众哲学》）、《社会学大纲》（李达著），还有延安出版的《解放》、汉口的《群众》、韬奋的《萍综寄语》等。文学方面有瞿秋白、郭沫若、茅盾、巴金等作家的作品。读书的方式是在会员中传阅书籍，然后召集会议讨论，自由发言。1937年下半年，《中国的新西北》一书在"学救"和"自强"中被秘密争相传阅，最受大家欢迎。"这本小册子，使我们大开眼界，越发向往共产党、八路军和革命圣地延安。"

同一时期还成立了"民众歌咏会"（简称"民歌"）。温厚华担任了"民歌"的主要负责人，开展了一大批卓有成效的活动（后有专述）。"职救"主要负责人杨帆在1936年11月27日《商务日报·副刊》发表了《歌声在哪里，民族解放斗士也在哪里》的文章，为歌咏会大声呼吁："歌咏会的意义，就是一方面使民众认识音乐，一方面用救亡歌曲去唤醒群众、组织民众、训练民众……希望大家去参加，因为那边是集体地在歌唱救亡歌曲，歌声在哪里，民族解放的斗士也在哪里。"

冯兰瑞回忆："自强"的会员有的也参加"民歌""职救"或"妇女救国会"。这几个团体的会员，开始"跨会"的较多。温厚华、丁雪松、陈奇雪等同志都参加过"自强"。以后因各团体工作逐步展开，不能兼顾，才逐渐分开。"自强"同"民歌"会址在一起，每周同"民歌"会员一起唱歌。当时的歌咏教员兼指挥是余克稷。

1937年初，"自强"进行了干事会改造，冯兰瑞、温厚华、龚远英、向素清、周明、李春褆等同志当选为干事，冯被推选为主要负责人，接着建立了"自强"支部（简称"自救"），成员包括温厚华、李春褆等，他俩同时兼救国会的交通，负责向救国会漆鲁鱼汇报情况，传达漆鲁鱼对"自救"的指示。"自救"支部成员除了同"自强"会员一起读书讨论外，还组织了一次《列宁主义概论》的集体学习。"那时候，我们都只有十几岁，读过的社会科学书籍不多，有些内容还读不太懂，但是我们都认真地学习，尽可能去领会其中的道理"。

这一期间，漆鲁鱼配合读书会，有选择地对一批骨干分子进行有关党的知识的宣传教育。他引导这些青年阅读马列主义书籍和有关苏联及延安的进步书刊，给青年人讲党的基本知识，讲红军长征的故事，讲苏联十月革命成功后人民的生活，介绍中央苏区反"围剿"的概况和苏区人民的生活，使大家在概念上知道了共产党是工人阶级的先锋队，党的最低纲领是实现新民主主义，最高纲领是实现共产主义；党要消灭剥削阶级，要建立苏联一样的国家；党员要交纳党费，党有铁的纪律等。他组织救国会成员在郊野无人处或地下室举行秘密集会，他压低了声音教爸爸他们唱悲壮的《国际歌》《囚徒歌》，唱"亲爱英勇的红军哥……粉碎了国民党的乌龟壳……"通过读书会的革命启蒙教育和老漆自身的榜样，爸爸和一大批爱国青年对共产党有了进一步的了解和认识，他们更加向往革命，更加坚定了与国民党反动当局抗争、将抗日救亡运动进行到底的信念和信心，也从此完成了思想的"蜕变"，逐步由爱国青年成长为马克思主义者。

1936年10月19日鲁迅先生逝世。救国会及时开展了一系列活动纪念鲁迅。《商务日报·副刊》从24日至29日，连续六天出版《追悼鲁迅先生专刊》。针对国民党对鲁迅先生后半生的贬斥，漆鲁鱼在纪念专刊上写了《鲁迅先生思想的考察》，热情歌颂了鲁迅战斗的一生（但文章的后半截被新闻检查所"免登"了）。救国会干事会决定，由《商务日报·副刊》出面联络文化界，召开鲁迅追悼会，扩大影响，争取筹建公开的文化界救国联合会。温田丰以"重言"笔名在《商务日报·副刊》发表《追悼鲁迅先生应建立文化界联合阵线》，反映了这一意图。

为追悼会征求发起人，"学救"和"职救"做了许多工作，漆鲁鱼、温田丰、陶敬之、侯野君四处奔走，温田丰利用叔父温少鹤的关系，动员温少鹤等工商界知名人士参加追悼会。并通过温少鹤争取到国民党市党部主任委员龙文治来参加追悼会，并推其为主席。

11月1日，追悼大会在总商会礼堂举行，参加者有报刊编辑、记者，工商界人士，学校教师、学生，职业青年等，"学救""职救"和"自强"的会员共三百余人参加了追悼大会。事前由温厚华为大家教会了《哀悼鲁迅先生》的歌。

据11月2日各报记载：追悼会场大门外，扎柏枝牌坊，悬追悼大会横幅，

温少鹤，教育家、实业家。创办重庆《商务日报》社并任社长，重庆商会主席，重庆留法勤工俭学分会的负责人之一。新中国成立后历任重庆市工商联主委，市民建主委，重庆市政协副主席，市人民政府副市长，全国政协委员等职

两旁贴筹备会挽联："悲则大叫，愤则大骂；吃的是草，挤的是血。"门内到处贴满标语。灵堂布置得庄严肃穆，正中挂了鲁迅画像、总理遗像，下面献了三个花圈，两侧和四壁挂满挽联。司仪是侯野君，在唱了挽歌《哀悼鲁迅先生》，默哀鞠躬后，由龙文治和温少鹤先后讲话。温少鹤是鲁迅著作的忠实读者，称赞鲁迅是"当代文豪"，对鲁迅的逝世非常惋惜。接着由漆鲁鱼讲话，他把未发表的文章在大会上宣读了，说鲁迅前半生是进化论者，他没有找到中国的出路，后半生他成为辩证唯物论者，就正确地认清了中国前进的方向。我们应当以他为榜样，团结起来，为抗日救亡、民族解放而奋斗到底。漆鲁鱼的话获得热烈掌声。其后，温田丰等人也讲了话，大会进行了四小时。

大会结束时，在"学救"骨干温厚华的指挥下，歌咏队的同志们沉痛地唱起了悲痛而昂扬的《鲁迅先生挽歌》，歌词是：你的笔尖似枪尖，刺透了旧中国的脸，你的声音似晨钟，唤醒了奴隶们的迷梦，在民族解放的斗争里，你从不会退后，擎着光芒的大旗，走在新中国的前头。呵！导师！啊！同志，你死了，在艰苦的战地，你没有死去，你活在我们的心里！你安息吧！啊，导师！我们会踏着你的路向前，那一天就要到来，我们站在你的墓前报告你，我们完成了你的志愿！

最后，大会发表了《追悼宣言》："继续他的精神，正确地努力于民族的解放斗争，求中华民族之解放，求世界人类真正的自由平等。"

这一段时间，爸爸还参加了救国会组织的其他活动。例如，在抗议国民党逮捕并要求释放全国各界救国联合会"七君子"的活动前，干事会紧急召集骨干分子商议对策，大家认为不宜采取公开行动，以免暴露。但各学校、各外围组织可按统一内容，利用各种方式加强宣传，揭露国民党的投降政策，以示抗议。

1936年12月，震惊中外的西安事变爆发。救国会当即商定，在知识书店召开骨干会议，讨论形势。大家都很激动，认为该把蒋介石杀了，以泄心头之恨。但漆鲁鱼冷静地分析说，时局很复杂，不要乱发议论。并且要大家传达下去，要静观时局发展，不要轻举妄动。当听到周恩来同志去西安、并主张有条件地释放蒋介石后，漆鲁鱼很快领悟了党中央和平解决的方针。他说："杀了蒋介石，中国就要打大内战，那才便宜了日寇，反而给日本造成进一步侵略的便利条件。"为此救国会利用元旦，组织骨干去重庆南泉召开秘密会议，统一思想认识，积极促进抗日民族统一战线形成。参加这次会议的有漆鲁鱼、温田丰、罗自铺、温厚华、张西洛、龚远英、罗世碧、陈婧华、贺方木等。由于第二天发觉有人起了疑心，会议只进行了一半，便不得不返回重庆。漆鲁鱼领导救国会，正确宣传西安事变，在复杂的局势中，积极、稳重，从未乱过步伐。

由于救国会组织一天天壮大，人数多，单位分散，因此从1936年下半年开始，救国会开始设立秘密交通员（联络员），联络点设在白象街一个空店铺的楼上。爸爸和其他几位联络员同志每天住在联络点，并由他和龚远英、贺方木三人负责向各分会（或单位）传达救国会的指示。

据爸爸的老战友李春褆回忆，温厚华担任了救国会干事会的总交通员，负责将干事会的精神和文件向各群众团体传达。"这个岗位很重要。"李春褆说。陈婧华、冯兰瑞等许多救国会成员在回忆往事时都提到这件事。爸爸曾告诉我们，因为是秘密活动，所以他接头时也是很紧张、很谨慎的。特别是与不相识的联络人接头，比如约定在哪个茶馆，约定手里拿什么报纸、说什么暗号，都是有规定的。而且不能多言，转交了文件或者口头传达之后，就赶紧分手了。他说："就跟现在电影里演的那些地下组织接头的情形差不多。"

后来爸爸在《自传》中写道："它（救国会）的宗旨是'反蒋抗日''拥护共产党、拥护红军闹革命'。在国民党法西斯统治下，'抗日有罪''革命有罪'，所以我们的活动是非常秘密的。在相当长的一段时间内，我们都是个别活动。以后，最多也是小组活动。我开始担任总交通。通知开会、碰头、送材料，都是我跑，我联系。"

抗日宣传和民众歌咏会

1937年卢沟桥事变爆发的消息传到重庆，重庆抗日救国会及"文救"在漆鲁鱼、温田丰、黄宇齐等人的组织策动下，爸爸温厚华会同丁雪松、张西洛、龚远英等战友立即召集队伍，举行声势浩大的火炬游行。

游行队伍在大梁子青年会集合，最初只是一百来人的队伍。大家高举火把，高呼口号，在山城点燃了抗日救亡的烽火，发出了"打倒日本帝国主义"的怒吼！从大梁子经苍坪街、都邮街、小梁子、打铜街、县庙街……有良心的中国人，不愿做亡国奴的中国人，都沿途不断参加到游行的行列中来。（李华飞《从"文救"到"文支"的前后》）

随后，救国会各个组织利用国耻纪念日、"三八"、"五一"、"双十"、戏剧节等节日以及周末和学校的寒暑假，开展经常性的抗日救国宣传，抗日救亡运动开始进入高潮。

据"自强"负责人冯兰瑞回忆：宣传活动往往在市区热闹的街道或十字路口进行。每到一处，会员们先敲锣打鼓，唱起救亡歌曲，待群众聚集起来之后，就开始讲演。由几个同志轮流讲，从各个角度宣传抗日救亡的迫切性、党的抗日救国方针和抗日民族统一战线的政策等。讲演中有人领着高呼口号，结束时大家唱着歌，呼着口号，整队回到青年会少年部。每次在来回的路上，我们用粉笔横着在沿街墙壁上写大字标语"团结全国人民抗战到底""坚持抗日民族统一战线"，在市民中造成了很大的影响。除街头宣传外，我们还下乡宣传，曾经集体步行到过南山、头塘、南温泉……

爸爸在回忆录中写道："8月我回重庆，全国抗日高潮汹涌澎湃，抗日民族统一战线形成。'救国会'的活动便在更大范围、更大规模上开展起来。除了继续组织读书会，学习马列主义书籍外，从9月到12月，我亲自参加的主要是开展关于'抗战到底''实行抗日民族统一战线'、要求'政治民主'……轰轰烈烈的宣传活动。当时，组织了大批的宣传队、唱咏队、业余剧团等到街头、乡下去宣传、演出。我于9月开始，主要是领导了'重庆救亡歌咏协会'这方面的工作。各种宣传活动我几乎都参加了。最大的一次是11月间，我们组织了两千多人救亡唱歌大游行。这是以歌唱的形式出现，实际上是一次反对和平投降、坚持抗战到底的示威游行。"

爸爸所说的救亡歌咏运动早在1935年一二·九学生运动时期就展开了。1936年，在漆鲁鱼的组织指导下，对"重庆基督教青年会少年部"进行动员和改造，成立了"民众歌咏会"，利用原唱诗班教唱歌的基础和场地，教大家唱抗日歌曲。

据"职救"发起者、救国会骨干杨帆回忆："1936年底，我们正苦于没有公开合法的机构，来发挥'职救'这个秘密组织的力量，壮大我们的队伍。一个偶然的机会，我在电影广告里看到青年会少年部民众歌咏会招收会员，我立即去报名参加，规定每周三次，每次下午3—5时。我参加了几次，大失所望。参加的都是教友、少爷、小姐，唱些软绵绵的歌曲。但是我想是可以改造的，就向陶敬之谈了我的想法。'各救'认为这是块能掩护我们开展救亡运动和广泛团结群众的好阵地，立即动员'职救''学救'的成员大量参加进去。'职救'除我外参加的有丁雪松、赵湘植、高孝威[1]、张家壁等。'学救'参加的有温厚华、张西洛、李春禔、龚远英、贺方木、鲜国学、向素清、闵蔗佳、廖云碧、谭枢安、陈奇雪等。""民众歌咏会"本来的成分就非常复杂，现在进步力量占大多数，从量变引起了质变。当时唱的内容逐渐改变为《渔光曲》《新女性》《开路先锋》《大路歌》《义勇军进行曲》《毕业歌》《锄头歌》《打回老家去》等。原来死气沉沉的歌咏会，开始有了生机。

据许多战友回忆，当时漆鲁鱼指定"学救"骨干、救国会地下总交通员温厚华负责抓"民众歌咏会"。爸爸天生一副好嗓子，少年时代经常登台演出，教会的牧师还给他录过唱片。丁雪松回忆说："温厚华歌声嘹亮，音质浑厚，成为歌咏会最受欢迎的歌手。任何群众集会，只要有他在，必得由他出面高

---

[1] 高孝威：后改名为高琳，教育家，新疆师范大学校长。

唱数曲才能结束。"黄宇齐在《重庆救国会》中这样描述:"值得特别一提的是民众歌咏会。歌咏是一件极简单的小事,但在当时,它却并不平凡。春初,鲁鱼通过'基督教青年会'的关系,由温厚华负责,组成'民众歌咏会',会员从十多人发展到百多人。他们的歌唱水平较高,而最突出的是温厚华自己,他的歌喉高亢雄浑,他的旋律激壮动人。任何群众集会,只要有温厚华在,必须他出场高唱数曲,才能结束……最大的一次会演是在 6 月间,在中央公园体育场,参加演唱的有三四千人,观看者聚满三面山坡,有五六千人。救亡的歌声激荡着整个城市人民的心弦。抗日救亡的字样还不准公开提出,但是抗日救亡的吼声却无法压住,震撼着整个山城。"许多救国会成员在后来的回忆录中都异口同声地对爸爸高亢的歌喉和对"民歌队"的突出贡献留下了深刻的印象。

为了给歌咏会助力,1937 年 3 月 30 日《商务日报·副刊》刊登了一则广告:

民众歌咏会:是使我们从歌曲中得到救亡运动明确的认识与实践的途径;是希望我们把这些歌曲唱到街头巷尾,唱到穷乡僻壤,以唱歌来联合爱国志士组织大众……

罗自镛用"戈浪"的笔名在《商务日报·副刊》上做了题为"团结在歌声里"的文章:"……我们现在就要用音乐来做个激发热情坚强意志的武器,在国难严重的而今……朋友们,自己的祖国已经疮痍满身,敌人的铁爪已经深入我们的腹心,时代的狂潮已不许我们再犹豫,再沉迷在个人的享乐里了。就拿起这最高最伟大的艺术,唤醒自己,唤醒群众,大家团结在歌声里,统一意志、统一步伐,由乐声的高呼,走上实践的途径……歌唱吧,去做个时代的喇叭手!"

1937 年 5 月,歌咏会在中山公园(现今人民公园)举行群众性的大合唱,激发了更多的青年加入其中。还在市里广播电台进行广播,组织下乡宣传,配合"文救"所属的戏剧团体演出话剧、街头表演等。

歌咏会主要成员高孝威回忆:"歌咏会成立后,经常进行公开演唱集会,并以此为基础,在全市大中学校、工厂、商店、机关、团体发展建立了几十个歌咏团队。抗战爆发，我们及时联合各方面，以活动条件较好的'民众歌咏会'为核心，成立了'重庆市救亡歌咏协会'，发展壮大自己的力量，经常参加活动的各团体会员已有一千余人。1937年'九一八'六周年纪念日，在地下党指示部署下，决定举行全市歌咏大游行，以歌声唤起群众。当天全市的歌咏团队会员从四面八方经过长途步行，按时集合在青年会门前广场。队伍从八百人开始，最后汇集到三千多人，开始了热烈雄壮的并立即轰动了整个山城的示威游行。"

以温厚华、高孝威为首的"民众歌咏会"走在游行队伍的最前面，"高举着重庆民众歌咏会的大横幅，横幅下抬着激励人心的血迹斑斑的巨幅国难地图，每个人的臂上带着黑色的袖章，一种悲愤激昂严肃的场面。大家迈着整齐坚定的步伐，洪亮高亢的声音高唱抗日革命歌曲，'九一八，血泪尚未干''起来，不愿做奴隶的人们……''工农兵学商，一齐来救亡……''向前走别退后，生死已到最后关头……''大刀向鬼子们的头上砍去……'"

游行队伍一路高唱抗日歌曲，事前准备好的宣传品传单、标语、歌片，如同雪片似的撒向人群。沿街许多商店自动停止营业，工人店员、市民群众纷纷加入进来，浩浩荡荡的游行巨流长达二三里，交通为之断绝，街上机动人力车辆自动在两旁让路。这时国民党当局非常紧张，派出军警宪兵沿路设岗布哨，如同戒严，宪兵们插进游行队伍，两边监视，陪同前进。在此情况下，热血沸腾的群众，抗日的先锋队，士气更加旺盛，歌声嘹亮，表现出无畏的精神并保持队伍井然有序。最后来到计划中的终点目的地——蒋介石行营司令部，群情更加激愤，歌声、喊声震天动地。司令部大门外平时只有两个卫兵，这时却有一排警卫队拉出来，荷枪实弹，如临大敌。大门两边墙上的枪眼露出一个个黑黝黝的枪口。面对严峻的局势，年轻的歌咏战士镇静而迅速地占领了行营大门前广场

高孝威，重庆救国会骨干之一，后任新疆师范大学校长

中心升旗的高台，一场几千人的抗日歌曲大合唱经久不息，直冲云霄。歌咏游行给山城人民留下极为深刻的印象，第二天，都邮街照相馆的橱窗里，取下了其他陈列品，换上了一张头一天游行队伍的巨幅照片，来往行人争相围观，投以同仇敌忾的目光，当天《新蜀报》和《国民公报》都刊登了这张照片，标题有《民众歌咏会慷慨悲歌》。

从爸爸战友这些详细生动的回忆文章中，我们仿佛跟随爸爸回到了那激情勃发、不畏险阻、英勇战斗的年代。在各种活动中，当属"歌咏大游行"的声势最大，最具震撼力，也是爸爸一生当中一个非常耀眼的亮点。

新中国成立后，爸爸意外地获得一张珍贵的照片，这正是大游行那天最真实的记录。照片中爸爸左臂夹着一盒粉笔，右手握着宣传单，大步走在游行队伍的最前面。他张着大口，全力高唱着救亡歌曲。身后紧跟着"重庆民众歌咏会"的大横幅和各种宣传标语。在爸爸的右侧身后，可以清晰地看到有一个头戴钢盔帽、身穿军装的人，这正是国民党当局沿路设岗布哨、派出的军警宪兵。

这张极其珍贵的照片得来还有一段传奇的经历。20世纪60年代，在成都任公安厅厅长的李之英同志，也是曾和爸爸并肩战斗的战友，在一次调阅国民党敌伪档案时，意外地发现了这张照片。他马上和爸爸联系，并翻印了一张转交给父亲。这一极其珍贵的瞬间，成为重庆抗日救亡运动、"民众歌咏会"和爸爸战斗经历最真实的写照。从另一个侧面也表明，当时国民党反动派已注意到爸爸及周边的一批革命青年，已将他们列入抓捕的黑名单。如果不是后来党组织及时把他们秘密送往延安，爸爸和他战友们随时都有被捕甚至牺牲的危险。

事实也证明了这一点，爸爸身边就有一批革命志士，为民族的解放献出了自己年轻的生命。如最早参与重庆救国会创建并做了大量工作的共产党员陶敬

陶敬之，重庆救国会重要领导人，1949年牺牲于重庆渣滓洞

1972年6月22日，摄于漆鲁鱼家（左起：温厚华、漆鲁鱼、贺方木）

之，一直在国统区坚持做地下工作，1948年任宜昌工委书记时，遭叛徒出卖被捕，解放前夕牺牲于重庆渣滓洞。还有爸爸在巴中的同窗周国仪，以及何贵前、饶友湖、鲜国学、袁先锋等，都是在很年轻的时候，为了中国人民的解放事业，在抗日战争初期献出了鲜活的生命。他们的英名将永载史册，流芳万古。

据《重庆救国会》大事记记载："（1937年）11月下旬，救国会召开第一次代表大会，由漆鲁鱼主持，参加的有温厚华、龚远英、李春褆、杨超伦、贺方木、陈和玉、高孝威、洪铭声、潘雪渔、赵铭彝、张家壁、谭枢安、张西洛等。大会主要是传达党中央关于巩固发展抗日民族统一战线、贯彻抗日救国十大纲领、坚持抗战到底的指示。会议分析了当时的形势，听取了学救、职互会、民众歌咏会、自强读书会等组织的工作汇报，并布置了任务。"

这一时期的一些史记，记录下了爸爸积极抗日、从此走上革命道路的历程。爸爸自己在回忆文章中这样总结："我在重庆参加救亡运动，我认为大方向是正确的。自己也有敢说、敢闯、敢干的革命精神，革命实践对自己锻炼很大，懂得了一点同国民党反动派斗争的办法。特别是粗浅地接受了马列主义思想。没有共产党、无产阶级的领导，革命不能胜利。向往毛主席，向往共产党，向往红军，决心跟共产党闹革命。有愿为共产主义奋斗的粗浅理性认识。这是我非常渴望到延安革命圣地去的思想基础。这确是我一生中参加革命的良好开端，是我参加共产党、投入革命战争烈火中去的思想准备。尽管这个准备是初步的，但确是宝贵的。"

秘密奔赴延安

在重庆抗日救亡运动开展如火如荼的那一段时间，漆鲁鱼同志一边组织带领爱国青年开展救亡工作，一边秘密地对他们进行宣传教育。他告诉青年们，现在红军已经到达延安，在那里建立起了巩固的革命根据地。延安是党中央的所在地，那里官兵一致、男女平等，没有贫富悬殊，没有对穷人和妇女的歧视。这些话使爸爸和身边的热血青年从心底涌起热切的渴望，憧憬着也奔赴延安，参加红军，去直接同日本帝国主义浴血奋战。

爸爸作为重庆救国会的青年骨干分子、"学救"的生力军和秘密地下联络员，每一天都在昂扬的革命激情中度过。他冒着随时被抓捕的危险，义无反顾地投入到火热战斗中。由于经常抛头露面，一些大型活动又走在队伍的最前面，爸爸逐渐引起了国民党的注意。1937 年 11 月的下旬，爸爸刚奉漆鲁鱼之命组织了一次反汉奸的游行歌唱大会，回到自己工作的华通贸易公司，就接到一个匿名电话。电话中一个人阴险而恶狠狠地说："温厚华，你小心点！"看来爸爸的名字已上了国民党特务的黑名单，随时都面临着被逮捕的危险。

1937 年底，重庆市中共地下党组织开始在优秀青年中发展党员。当时在重庆平民银行工作并积极参加秘密抗日救亡运动，担任"职救"领导的丁雪松被第一个吸收到党内。也就在同时，漆鲁鱼考虑到爸爸和丁雪松几年来的表现，又经常出头露面，已经被国民党盯住，就准备先期送他们两个人去延安。

丁雪松在自己的回忆录中写道："我入党之日，也正是要离开重庆之时。漆鲁鱼语重心长地说：'现在形势比较紧张，有消息说国民将对我们下手。党决定把你输送到延安去。你要做好准备，随时离开重庆。'他又说：'温厚华表现也很好，也准备送他去延安学习。你去问问他看，愿意不愿意去延安？'事不宜迟，我立刻去找'各救'地下交通员温厚华。他原是巴中的学生，现在是华通贸易公司的见习生。"

爸爸回忆说："我还记得雪松来找我的情形。她从打铜街来到道门口，满脸兴奋地找到我，悄悄地问：'漆夫子（漆鲁鱼）让我问你，有去延安的机会，你去不去？'延安？'我听了欣喜若狂，'向往已久了嘛！求之不得的机会，咋个不去！'那时我和丁雪松'很红'，已经引起了国民党的注意。"

12月下旬的一个晚上，爸爸随丁雪松赶往西三街漆鲁鱼家，一路上两人兴致勃勃地聊起大家传看过的《西北印象记》，里面收进了斯诺和史沫特莱刚刚写下的关于延安的报道。漆鲁鱼见到爸爸和丁雪松，既亲切又严肃地说："厚华，雪松已经入党了。她老练、成熟、肯干，所以先发展她。下一个准备发展的就是你。你们都是救国会的骨干，表现优异、突出，但现在决定你们一道去延安。中央也有这个意图，要求各地党组织动员大后方的优秀青年去延安。你到那边去再解决组织问题吧。你的情况将由雪松带去。"他说："延安是毛主席、党中央所在地，希望你们去后好好学习，更好地为无产阶级革命事业服务。"

爸爸回忆："接着，漆鲁鱼谈了一路上要注意的事情，告诉了我们行走的路线，先到成都去转关系，从那里再去西安。他很神秘地以他在苏区过封锁线的亲身经历，指点我们若遇到情况时如何应付，真是语重心长，透露出对我们青年人的关切，情意之殷至今都难以忘怀。我还记得他写给成都救国会的介绍信上，用的是暗语：'给你们送上双鱼，请笑纳。'他又叮咛一句：'你们到成都后，那边会有人接应。'"

"漆鲁鱼写给成都的介绍信由丁雪松携带，另外一封信是丁转党的关系的，用泔水密写在一块白绸手帕上。丁雪松把它一针一针缝进了丝绵旗袍的夹边里。漆鲁鱼告诉我们，到延安后要交给罗迈（即李维汉同志）。"早在江西苏区时，漆鲁鱼和罗迈就有过接触和交往，罗迈当时是中央组织局主任。

此时的爸爸异常激动，一是能第一批就去延安，表明党组织对自己的信任和关怀；二是马上就要到自己向往已久的革命圣地，并要奔赴打日本鬼子的抗日前线，多年的心愿终于要实现了。爸爸怀着兴奋的心情回到家中。但面对着年迈的老祖母，他却不忍辞别，不知如何告诉她老人家这个消息。想想这么多年，虽然没有享受到母亲在身边给予的母爱，但老祖母将自己所有的爱都给了他，用羸弱的身躯，靠着做针线、糊火柴盒的微薄收入支撑着这个家，含辛茹苦将自己抚养成人。现在还没有孝敬她老人家，就要到那么远的地方，谁知道这一别什么时候才能相见？

当老祖母得知孙儿要到遥远的地方、去干一番更大的事业时，老人心中的难舍无以言说。这是温家那一代第六房长子的长孙呵。这一别，今后生死难料，老祖母怎么舍得？但她清楚，孙儿是去做应该做的事，走的是正路。况且继续留在重庆，的确有很大的危险。老人家没有阻拦，默默地为爸爸收拾行装。她知道那边冬天天气比重庆寒冷，就连夜赶着给爸爸缝制衣裳。谁想这一别竟然是13年！不久，老祖母又送走两个女儿（爸爸的两个姑姑），奔赴延安。多少年过去了，爸爸每每讲起这一段，都禁不住对自己祖母充满了无限的感念和热爱。

1937年12月底，一个隆冬的夜晚，爸爸和丁雪松在重庆两路口车场会合，登上了去成都的长途敞篷汽车。车子缓缓驶离车场，开出不久就消失在浓重的夜色中。爸爸从小历经艰辛，常年在重庆山城奔波求学谋生，因而一路上没有过多的不适。同伴丁雪松却因为车子在崎岖不平的山路上行驶，颠簸得很厉害，没过多久就感觉天旋地转、头晕眼花，开始呕吐起来。爸爸一路上悉心照料，才使得她勉勉强强支撑下来。两天后长途汽车到达成都，爸爸他们取下行李，刚从车上跳下，就听见有人喊他们。原来是重庆"学救"的负责人、成都工委地下交通刘传莘前来接应。刘已雇好了两辆人力车，等着接他们到他家去。爸爸他们既惊讶，又感到党组织想得如此严密，安排得如此周到，心中十分温暖。当夜就借宿在刘传莘家中（刘传莘同志于新中国成立后历任成都市公安局刑警大队长、副局长。四川省诗词学会副会长兼秘书长，峨眉诗社创建人之一）。

次日，刘传莘安排爸爸住进四川大学地下党的一个据点，丁雪松住进协进中学的学生宿舍。两人随后一起去找省委的一位姓叶的同志，丁雪松单独向他递交了介绍信。就这样，爸爸和丁雪松在奔赴延安的路途上，迎来了1938年的元旦。

隔了几天，爸爸意外地和从重庆赶来的两个姑姑温士一、温士莹以及其他几位

1938年，大姑奶奶温士莹摄于延安抗大

抗大时期的丁雪松

同志会合，得知他们也是由党组织秘密送往延安的优秀青年。没想到在这里与自己的亲人相逢，又是一块奔赴延安，爸爸的喜悦之情真是难以抑制。

离开成都向北进发，长途汽车再次在川北的山间公路上盘旋。丁雪松晕车的毛病又犯了，一路呕吐，几乎把胆汁都吐了出来。爸爸和其他同志一路照应，关心备至，在他们彼此的革命生涯中留下了难以磨灭的印记和友情。

车子开到川陕边境的管卡广元时，一件意外的事情发生了。原来车站上的国民党稽查处主任竟然是父亲在巴中初中的同班同学，叫黄正藩，此人追随右翼校长（一个 CC 分子），十分卖力。爸爸回忆到："他对我们表面上态度是友好的，转弯抹角地查询我们。他还请我们吃了饭，照了相。"即便这样，爸爸他们还是惴惴不安。爸爸按照预先商量好的说辞，机警地谎称道："我们一行人是到西安报考西北联合大学的（当时'西北联大'是国民党办的学校）。"那个稽查处主任就没有再深究，终于放行了。

那天，广元正下着大雪，城外的山峦被雪花装点成一片银白世界。同车的年轻人个个兴高采烈，此起彼伏地吆喝着，要到城外去赏雪。说来也是，南方的青年人很少见过雪花，突然见到如此美景，自然新奇万分。可爸爸他们的心里却像十五个吊桶，七上八下的，哪里还有赏雪的闲情？直到车子再次上路，大家坐定后，一颗悬着的心才算落了地。能够顺利通过管卡，这是和当时全国总的政治形势关联着的。抗日高潮掀起，第二次国共合作形成。全国要求政治民主。在这样的情况下，大批进步青年涌向延安，国民党当时还不敢采取太严格的反动措施来阻挠。但 1938 年 10 月武汉失守后，情况有了变化，到延安去的青年就比较困难了，有的被扣留，有的甚至被送进集中营。

汽车翻过秦岭，爸爸一行终于达到西安。大家直奔位于七贤庄一号的八路军办事处。一位穿灰色棉军衣的女同志（后来得知她叫熊天荆）热情地接待了他们，嘘寒问暖，安顿下来后就带大家去见林伯渠同志。林伯渠同志关切地询问了大家的情况，告诉他们近日将有大车去延安，让大家耐心等候。

过了几天，出发的日子到了。西安八路军办事处安排了一辆大卡车，车上一行二三十个人，相互之间有些并不相识。但大家遵守着地下工作的规矩，彼此不交谈，不相互打听。车上的气氛显得有点沉闷。当汽车路经三原，过了洛

1972年6月22日摄于漆鲁鱼家（左起：陈婧华、温厚华、贺方木）

20世纪80年代，老战友相聚（左起：温厚华、赵湘植、张家璧、张西洛、杨帆、李春褆）

20 世纪 80 年代，老战友重聚（右起：龚远英、、温厚华、张西洛、李春褆）

20 世纪 90 年代，老战友重聚（左起：龚远英、李春褆、温厚华、李蓉、何慧一）

川，翻过一道山梁，司机下车招呼道："同志们，到边区喽！"车上顿时一片欢呼，所有的人都沸腾起来。大家喊呀、唱呀，就像回到阔别已久的家。

从此以后的日子，爸爸就在延安及周边地区与日本人浴血奋战，用鲜血和生命投入到争取民族解放的艰苦战斗中。爸爸的革命生涯也从此翻开了新的一页。

后来重庆救国会的许多优秀分子都陆续加入了共产党，并先后去了延安。爸爸同这批人从青少年时代起就是志同道合、情同手足的同窗战友，在后来的岁月中依然是最亲密的朋友，其友情延续他们的一生。

三　戎马生涯

抗日战争

（1938—1945）

1937 年底，爸爸由重庆地下党秘密送往延安。此时的爸爸，自 1936 年加入重庆救国会以来，已在隐蔽斗争战线经历了许多考验和锻炼。现在即将从秘密斗争转向公开的对敌战斗，爸爸心中充满了无限的激情和喜悦。在经历一路的颠簸和惊险后，于 1938 年 1 月中旬，爸爸一行抵达向往已久的革命圣地延安。

初到延安，由于不适应北方寒冷的气候，爸爸大病一场，双脚长满了冻疮，走起路来一跛一跛的，不得已被送进医院治疗，一直到 2 月中旬才出院。爸爸回忆：开始决定我到抗大，和我谈话的是抗大的罗瑞卿，他已批了编队入学条子，可是，当我回身往窑洞外走时，他发觉我走路一拐一拐的。我进去时是勉强装着脚没有毛病的。他问我为什么，这时，我只好承认脚冻坏了。他叫我脱下袜子，一看脚趾十个有八个冻烂了，他便说："小鬼，'抗大'要出操打野外，你这不行呀！先到'陕公'去学习，以后还可以再住'抗大'。"这样我便被介绍到"陕公"，编入二期十九队。

爸爸回忆："我一到'陕公'，政治协理员杨杰同志就找我个别谈话。我便将我的家庭出身，参加重庆救亡运动，漆鲁鱼介绍我来延安以及我的入党要求等，详详细细地向他谈了。他叫我马上写一个自传。后来，又叫我填入党志愿表。随即全队选举队长，我当选并搬到队部同队主任、协理员住在一起。第三天，杨杰告诉我，组织已批准我入党，候补期是三个月，他和队主任韩忠是介绍人。3月27日晚上，在一个大窑洞里，有三四十人集体举行入党宣誓仪式。主持会议的同志宣布，从此，我们都是正式中共党员了。"

自1938年的这一天开始，爸爸实现了从一名追求革命，经过残酷地下斗争锻炼的青年向共产主义战士的转变。从此以后的近六十年时间里，爸爸将自己的余生，无条件地献给了自己的信仰和宏伟的事业，从来没有丝毫的动摇或退却。

爸爸回忆说："以后，我还参加了中央组织部举办的新党员训练。我记得有三次。我们数百名党员到中组部窑洞前听陈云同志讲党的性质、任务及党史等。党组织生活我经常参加，按月交纳党费。张国焘叛变后，还专门召集党员传达此事。我在队部，除了和同学们一道参加学习、劳动外，一般行政事务大都由我办理。同时，我也协同协理员做党的工作。如个别谈话，发展党员等。总之，我俨然成了一个干部。这当中，中央曾决定抽一些回民学员，成立回民班。后来，又撤销了这个决定。我们也从未单独脱离原建制。"

爸爸非常珍惜在革命大熔炉学习的机会，深深感受到延安浓浓的革命氛围和新生活的活力。当时陕北公学刚建立不久，条件还很有限。由于爸爸之前已有一定的地下工作经验，因此组织上对爸爸很信任，将队部的一些管理工作交给他来做。1938年8月，爸爸从陕北公学毕业。此时抗战还不到一年，八路军连打了几个胜仗，但部队"伤亡颇大，补充整训极为必要"。

爸爸在简历里谈到这一段经历："开始党组织决定派我到三原杨邑县陕北公学分校去工作，我的行李全部运走了。后来，党组织又号召党员报名上前方，到晋西北抗日根据地去。到前方去打日本，到战争中去锻炼，这是我久久的夙愿。我便报名，坚决要求上前方。组织批准了，共有12人，由我带队。出发前，配发了八路军军装、臂章、草鞋等。学校给我们胸带红花，列队敲锣打鼓地欢送我们上前方，我们万分激动，感到非常光荣。由延安出发，每天行军六七十里，约半个月到达山西岚县八路军一二〇师师部所在地。我被分配到师政治部青年科当干事。"爸爸曾非常自豪地说，当时能到贺龙率部的一二〇师是很荣耀的事。原来一二〇师是由中国工农红军一方面军、一军团的第一师等部队发展而来。难怪他总听战士们得意地把自己称作"老子天下第一"呢。

其间有一件事令爸爸印象深刻。在部队的一次联欢会上，爸爸的拿手好戏——高亢的歌喉和激越的歌声，一下把在场的战士们给镇住了，掌声和喝彩声此起彼伏，一时下不了台。爸爸当时并不了解情况，就对着贺龙师长拉起歌来。贺龙师长豪爽地笑着说道："小温怎么搞的？还拉我的歌。"这个意外的举动自然引起了贺龙师长的注意。接下来的一场篮球赛，更是让爸爸在一二〇师成为小有名气的人物。父亲在重庆上学期间就非常喜欢运动，篮球和乒乓球更是他的特长。在当年那种艰苦的岁月，尤其在延安这种以农村战士为绝大多数的部队中，能上场打篮球就已经很厉害了。如果再有一点专业技巧，就更是令人佩服至极。在延安，一二〇师师长贺老总喜爱篮球运动，重视开展部队体育活动，这是众所周知的。一二〇师的"战斗"篮球队随军转战，到处打球，活跃部队生活，即使在"齐会战役"最紧张的战斗间隙，贺老总也会"忙里偷闲"地组织部队的篮球比赛，以缓解战争带给战士们的精神压力。这一场篮球比赛，爸爸的表现更加吸引了贺龙师长的关注，贺老总吩咐，通知爸爸留在师部工作。

也许对于许多刚从大城市来到晋西北这样艰苦环境的青年来说，这是一个好的选择。但是爸爸当时却没有同意。他执意要上战斗的第一线去。爸爸曾经说，在重庆搞秘密地下工作，与敌人斗争总是感到很受限制，好像手脚被捆起来一样，真想痛痛快快地大干一场。他急切地奔赴延安，一个很重要的原因就是想上前线，与日本鬼子真枪真刀地干！

有些人可能以为，这是爸爸的一时冲动，或者是源自小知识分子的天真和盲目的激情，他难道不知道战争的残酷？难道从来没有想过会有牺牲？

回顾爸爸一生走过的路，回顾他在十多年严酷战争中的表现，我们可以肯定地说，他是一个思想单纯但信念坚定的人。他一旦认准了路，就可以抛弃一切，向着自己心中的理想和目标，义无反顾地走下去！

爸爸在《自传》中写道："9月，我参加了师政组织的一个'巡视团'，到一二〇师三五八旅去检查帮助工作。组织叫去是为了培养锻炼我。我被分配到七一六团。我们一到，部队便每天夜行军，越同蒲路，开赴冀察晋边区五台山一带。在一个叫滑石片村的山岳地带伏击日军六个中队，这个仗打得非常漂亮。从晚上9点多钟打响到第二天天亮结束战斗，敌人除少数尖兵跑掉外，全部被我军歼灭在一个狭窄的山沟里。我当时被分配到一营二连，跟随指导员做战场宣传鼓舞工作，也随战士向敌人进攻。"

著名的滑石片歼灭战，发生在1938年11月。当时日军向晋察冀边区北岳区的五台、阜平、涞源等中心地区发动了大规模的"围攻"。当我军得知一股日军孤军深入，便果断抓住战机，在五台县的滑石片地区设伏。战役一举全歼进犯五台的日军主力蚓野大队，还缴获大量武器及通信设备、望远镜、地图等军需物资。这是抗战以来中日双方交战中，我军以一个团的兵力全歼日军一个大队的首例，在晋察冀边区影响很大。

爸爸曾对我们讲过：作为一个从城市来的知识分子，过去从来没有经历过战争的残酷。伏击战后，我们到山下打扫战场，第一次这么近地看到尸横遍野、血肉模糊，忍不住要呕吐。心灵的震撼非常大。"这是我第一次参加打仗，第一次体会到毛主席军事思想的伟大，以及我们革命队伍同人民的血肉联系。我非常敬佩老红军革命英雄主义的高贵品质，从此，我觉悟到应事事处处向老红军、老干部学习。"

"11月，我随部队回到岚县。这时，三五八旅已报告师部，将我留在旅政治部任青年股长。我还未开始工作，组织又叫我组织一个'战线剧社'，这是原来旅政治部宣传队的底子。从此，我便担任该社社长。"

"战线剧社"是晋察冀军区第一军分区政治部所属的一个剧社。它的前身是中国工农红军一方面军第一军团第一师政治部宣传队，于1933年6月7日在江西永丰县藤田镇建立。1937年10月底，宣传队随部队在蔚县扩编，定名为"战线剧社"。这支有着红军优良传统的剧社在八年抗战中，主要活动于察南、雁北、平西、冀西一带。

爸爸回忆说，这个剧社实际就是宣传队。在这两年多的时间里，剧社一直跟随部队不间断地进行战前、战中、战后的宣传鼓舞工作。我们要照顾伤兵，接受训练俘虏兵等各种工作。当日寇"扫荡"或我军主动出击的时候，我和剧社几个同志还常常被调到战斗部队去参加战斗中的政治工作，或单独担负战斗任务。如带领少数部队或民兵破坏敌军交通等。这些我都完成了任务。我们按照红军宣传队的老革命传统，紧紧围绕着战斗任务进行工作。因此，我们大部分时间是在部队或农村群众中，哪怕是最偏僻的山沟去工作。尤其是作战的时

1943 年 1 月，爸爸摄于山西保德，时任晋绥军区独二旅政治部宣传科科长

候，我大都在前线随战斗部队工作。

对这一段经历，爸爸谈得不多，但有一件事却因为别人的记忆被保留了下来。在中国人民解放军建军 80 周年前夕，记者采访了原总政治部文工团副团长、曾经和父亲同在八路军一二〇师三五八旅"战线剧社"任副团长的董小吾同志。他谈了这么一件事：1939 年秋，"一天，当我们正随部队在晋西北的山西岚县进行活动时，战线剧社团长温厚华接到了他的同学丁雪松从延安寄来的一封信。打开一看，是由作曲家郑律成创作的《八路军大合唱》词曲的谱稿。看到这份词曲后，温厚华和我感觉到这是一组难得的好歌曲。于是，我们立即在整个战线剧社组织练唱，并很快在三五八旅的各个部队进行演唱。在演唱过程中，由于四首歌曲中的前两首《八路军军歌》《八路军进行曲》词曲流畅，很受战士们欢迎，很快在军中传唱开来。尤其是第二首《八路军进行曲》，因为适合战士的唱歌习惯和行进步伐，更加受战士们的喜爱。这首歌很快从晋西北唱响黄河内外，并伴随着抗日战争的胜利和解放战争的胜利，唱响了全中国。"

后来，这首《八路军进行曲》也随着形势的发展，改名为《解放军进行

曲》，最后被定为《中国人民解放军
军歌》。"虽然歌曲的名字改了，但它
的曲和词并没有大的变化，还一直是
一首脍炙人口的好歌曲。"董小吾这位
在军队度过了 30 多个春秋的老战士，
每每谈到这件事时，往事仿佛就在眼
前。

董小吾近照

1940 年，在著名的百团大战中，
爸爸所在的部队主要担任破坏宁武、
朔县段铁路等战斗任务。特别是在奔
袭阳方口的战斗中，给守敌日军中
队、伪军中队以歼灭性打击，并阻击
了增援的敌人。这次战斗，不仅打死打伤日伪军 120 余人，缴获各种武器和一
大批战利品，而且还俘获了日本士兵。这在当时还是比较难得的。在部队撤出
战斗，经过长途奔袭一天，来到一个叫"大虫窝"的山沟宿营时，由爸爸负责
与这几个日本俘虏进行谈话。其中有一个叫太桑久吉。他曾拿出一大叠伪钞试
图贿赂爸爸。爸爸极度蔑视，还抽了那俘虏一记耳光。

日本俘虏太桑久吉

温厚华（中）与日本俘虏谈话

爸爸的一位华侨战友（中），在大虫窝突围战斗中牺牲

狡猾的日军不甘失败，反奔袭尾随我军而来。战斗结束的第二天一早，部队派一个排去山上警卫，但还没有等战士们赶到山顶，就突然发现日本鬼子已提前赶到，将宿营在山沟里的我军部队包围住，企图利用居高临下的优势，消灭我部队。爸爸曾怀着沉痛的心情，给我们讲述了这一段惨烈的经历：天刚亮，我们突然发现两边山头上的日军已将我们围在沟底。部队命令，紧急向外突围。千钧一发之际，我们最先做的是快速将那个俘虏绑在一头骡子上，猛地一抽，骡子驮着俘虏飞驰而去。我带领着几名战士拼命向山沟外冲。突然一颗子弹飞射过来，把我的军帽打飞了。我亲眼看到一位亲密的战友——还是一位归国华侨，因为不太会骑马，从马上摔下来，当时就被冲过来的日本鬼子用刺刀扎了。

这次突遭袭击，部队伤亡很大。爸爸身边还有多名战友包括通信员也英勇牺牲在战场上。突围出去后，旅政委张平化同志交给爸爸一个任务，并把他的手枪交给爸爸，让他连夜返回战场，搜集伤员并带回部队。当时爸爸刚满20岁，战斗经验还不是很丰富。但爸爸没有丝毫的犹豫，果敢地接受了这一异常艰巨的任务。

他们摸黑进了附近的村庄，先找到老乡家，动员他们帮着解救伤员。爸爸说：那次使我真正明白了，为什么我们能够取得抗日的胜利，就是因为有老百姓的支持啊。老乡听说我们的意图，二话没说，马上把自家的床板、门板，所有能用的都贡献出来，做成简易的担架，随着我们偷偷地摸回到阵地。我们轻轻地呼唤，艰难地搜寻，听到还有声音的就赶紧抬上临时担架，让老乡悄悄地运送走。我们甚至可以看到远处山顶上敌人点燃的篝火，远远听到他们说话的声音。就这样在敌人的眼皮底下，从死神手中救出了一批战友，经过两天的行军，赶上主力部队，胜利完成了任务。

这次难忘的战斗经历，对于刚入伍两年的爸爸来说，无疑是一次巨大的考验。它考验着爸爸在极端危险面前的勇敢和无畏，更考验着爸爸作为一名新战士，在独立处理突发事件时的能力与智慧。爸爸经受住了考验，在严酷的战斗中，逐渐成长为一名合格而成熟的军人。随后的岁月，父亲始终战斗在抗日的第一线，与日本侵略者进行了艰苦卓绝的浴血奋战。

1941年3月，爸爸由战线剧社调回三五八旅，先任旅政治部宣传科副科长，后因宣传科科长胡蛮（胡昭衡，新中国成立后曾任天津市市长）调任组织科长，爸爸接任科长。

三五八旅政治部宣传科前科长胡蛮

这一时期，爸爸主要负责全旅的宣传教育工作，如部队政治文化宣传、办小报、主管剧社以及对敌宣传等。其间，部队曾派爸爸到旅属的"警备六团"去检查帮助工作，并随这个部队在大青山一带打游击等，时间大约有几个月。

为做好宣传工作，部队给爸爸他们配了一架缴获的照相机。爸爸原来没有经过专业培训，只能一边干，一边在实践中学习。爸爸很勤奋，也很喜欢照相，他只要有机会，就将部队训练、生活、开会、宣传、行军等场景拍摄下来。回到驻地，就自己动手冲洗。爸爸说，当时条件很简陋，哪像现在有这么好的现代化设施设备。他们只能用土法上马，想了很多办法解决暗室、曝光等问题。例如，没有暗室和红色光源，就躲在老乡的大木箱子里，或者用大棉布帘子把窗户堵起来做暗室，用香火代替红光；没有定时曝光设备，就把底片和相纸用两块玻璃夹好，然后猛得掀起窗户帘，很快地在自然光下闪一下，就算曝光了，再赶紧放到显影液中去冲洗。这时动作要快，时间要掌握好，否则就会曝光太强，照片就黑了。爸爸他们就是在这样艰苦的条件下，用最简陋的、土制的办法，完成了一大批部队战斗、生活、训练的拍摄任务，为我军战争年

代的真实历程留下了许多极其珍贵的影像资料。爸爸非常珍惜这批照片，还自制了几本影集，把冲洗好的照片按时间顺序和内容，分门别类地排列到影集里，并用文字做出注明。

可惜其中的一部分，在"文革"中被抄家时搜走了，后来再也没有追回来。别说爸爸感到非常可惜，我们因为经常看着，对它们产生了感情，也非常非常痛心。但曾经印在脑海里的那些影像，却永远留在我们的记忆里，成为激励我们后一代的宝贵财富。

1941 年，二分区组织乡绅士座谈会

准备展览会

1943 年 3 月，父亲奉调到三五八旅独立第一旅的七一四团，任团政治处副主任兼组织股长。在《烽火岁月——战争年代的步兵第二师》这本书中，记述了七一四团在 1943 年间的战斗历程，包括 1943 年 7 月，七一四团奉命由晋西北偏关经河曲、保德渡过黄河，到陕甘宁边区绥德警备区子洲县马蹄沟、周家捡一带，接替七一五团原来的防务，以粉碎顽固派的进攻。在国民党第三次反共高潮被击退后，七一四团参与了保卫陕甘宁边区并开展生产与练兵运动。其中一营营长刘业林在荔北战役中英勇牺牲，爸爸失去了一位亲密的战友。

这一期间，延安开展了整风和大生产运动。像爸爸这批从国民党统战区来的青年，尤其又从事地下工作的，便受到怀疑。

爸爸在《自传》中谈了那一段的经历："8 月军内开展整风运动，我团大部分营以上干部集中旅部整风。我开始还参加整风队的领导工作，不久，组织就不叫我参加会议了，让我住在旅政保卫科长李仲卿同志隔壁。偶尔，老李问我一两句：'老温，有啥问题就交代吧！'我知道我历史上没有任何问题，工作中也没有什么大错误，相反一直受到组织信任、器重。我当时对组织审查的态度是端正的。我并没有因为组织这样对待我而有什么不满情绪。我坚信一定会弄清楚。这样大约有一个多月。10月间旅政治部主任金如柏（他是整风领导小组负责人之一）找我谈话，他说：'老温，原来组织上对你有怀疑。因为延安你有个朋友丁雪松坦白了。现在查清楚了你没有什么问题，是好同志。组织上给你一个任务，担任整风队小支部书记，负责审查干

1943 年 3 月，独一旅七一四团领导摄于陕西洛川甘泉台庄（左起：爸爸、贺文代、萧显旺、刘业林、刘月生）

抗日战争时期，爸爸（后排右一）与战友合影

独一旅政治部主任金如柏

自习互助运动

1943年大生产运动中，部队开荒

1943年大生产运动，部队手工生产纺线

部。'这样，我便在一百多人的整风队小支部工作，到1944年10月完成了任务。组织又决定留我在旅政任宣传科长。"后来，贺老总特派甘泗淇主任和在中央党校学习的杨琪良同志来到旅部，进行平反和善后工作。

在大生产运动中，爸爸作为从城市里长大的青年人，自觉真诚地投入运动中，希望通过艰苦劳动锻炼自己，也学习到一些生产技术和本领。这种"自力更生、丰衣足食"的优良传统，爸爸一直保持下来。在20世纪60年代国家特殊的艰难岁月里，爸爸就是用大生产的自救方式，在他主持新疆大学工作期间，领导全院教职员工自己种菜、种瓜，补贴粮荒，很快摆脱了经济紧缺和物质极

1943 年，部队大练兵运动——刺杀演习

1945 年，爸爸妈妈在战火纷飞的年代结婚

度匮乏的困境。这是后话。

1943 年冬和 1944 年冬，一二〇师及陕甘宁部队开展了轰轰烈烈的练兵运动。爸爸作为负责政治宣传的干部，一方面积极参加了练兵，另一方面的主要任务是将这一大规模的练兵活动以及部队这一时期开展的文化活动记录下来，并宣传出去。

1944 年 6 月，在参加保卫边区的战斗期间，爸爸得了一次大病——伤寒，病情非常严重。一会儿发烧，一会儿打摆子，人已经虚弱得只能被担架抬着走。也许凭着坚强的毅力，也许仗着年轻气盛，爸爸竟然战胜了疾病的侵袭，坚持活了下来。

1945 年，对于爸爸来说，是人生中一个重要的年份。这一年春天，他与"战力剧社"的张战英——我们亲爱的妈妈结婚了。他们从相识、相知到相恋，最后结为连理，并白头偕老，有很多动人的故事。

解放战争

（1945—1949）

1945 年 8 月 15 日，日寇宣布无条件投降。中国人民浴血奋战十四年，终于迎来了胜利的一天。8 月 17 日，父亲所在的七一四团和第二团，由绥德、米脂、子洲等县出发，从宋家川、螅蜊峪两地东渡黄河，进入山西的临县、方山地区。爸爸说，当时沿途的老百姓看到自己的队伍来了，非常高兴，把烧好的开水端给战士们喝；老大娘把煮熟的鸡蛋硬是塞到战士们的衣兜里；有的老乡把自家树上的大红枣摘下来，一把把塞进战士们的衣袋里……部队每到宿营地，老乡们都把自己好一点的房子腾出来给部队住。八年全面抗战，人民军队所付出的，所取得的战绩，老百姓心里最清楚。

1945 年 9 月，汾阳群众夹道欢迎八路军

抗日战争结束了，但战争并没有就此结束，仗还没有打完。为了保卫中国人民的抗日胜利果实，中央军委决定，晋察冀军区和晋绥军区共同组织发起绥远战役。此时，爸爸随部队下山，在旅政治部主任金如柏带领下，在山

西汾阳、平遥、介休、孝义一带，组织民运工作团。爸爸任同蒲路以南工作团长，在那一带打游击，协助地方政府实行减租减息，生产救灾，发动群众反汉奸，反恶霸，反贪污，组织地方武装，为部队征集新生力量，以后还成立了"平介支队"。

独一旅政治部主任金如柏与家人

9月2日，爸爸所在的七一四团与大部队一起，胜利完成解放文水的战斗。

1945年9月，一二○师独一旅、三五八旅奉命，经岚县、岢岚、五寨、神池，北上绥远。在绥远战役中，晋绥野战军在卓资山歼灭国民党六十七军新编二十六师何文鼎部，击溃援敌一○一师，毙伤俘少将副师长以下4000余人，取得了自卫反击以来的重大胜利。此时爸爸也结束了凉城之战，并完成工作团的扩军征兵任务，带领900多名经过初步训练的新兵，路经晋西北，到达旅部当时所在地——绥远卓资山车站，将新兵补充到大部队中。

胜利完成任务，爸爸非常高兴。他后来在日记中这样记录："我将新兵交与各团补充了，仍回宣传科过春节。王尚荣副旅长（新中国成立后曾任总参作战部部长）请我们喝酒，我喝多了，没有解绑带就躺到炕上睡觉了。第二天，大腿弯部疼痛不止，生了一个大包，是结核，疼痛得彻夜不眠。傅传佐副旅长来看我，批准我抽几口大烟，这样才睡了一个晚上。后来，实在不行了，送卫生科，在临时驻地开了刀，把所有的毒排出来，每天吃磺胺片（当时两片值一块白洋），那是极特殊的关照，终于治愈了大疖疮，同时也把我的支气管炎治好了。从此，就再不咳嗽了，真是意外的结果。如果当时我的支气管炎不好，肯定往后在作战中还不知会出现什么情况，也可能活不到战争结束就完蛋了。这算我人生中过了一个大关，而且是莫名其妙地渡过了一个大关。我的支气

1946年1月，爸爸在绥远卓资山

1946年3月，爸爸（前排着浅衣）与战友摄于卓资山交际处

1946年3月，爸爸（后左蹲者）与战友摄于卓资山车站

管炎，从1945年7月起直到1946年这次开刀前，每天晚上要咳一两个小时吐很多白色的痰。我也不知怎么熬过日日夜夜的战争、行军生活。我的确能吃苦，能坚持，不然是过不来的。"

根据《步兵第二师大事记》记载："1946年2月，独一旅根据上级指示，在卓资山成立交际处，七一四团政治处主任温厚华兼任交际处主任，旅司通信科副科长袁鉴常兼联络官，负责接待军调部集宁和绥远联络小组及傅作义部来往人员，视察傅部与我停战分界线，报告傅军违反协议活动。"据爸爸回忆，当时交际处的主要任务"是接待路经卓资山的军调小组的伪国民党人员、美国人。想各种办法限制他们的活动，不叫他们侦察了解我方情况"。上任不久，他就接待了一个中美双方国共合作的代表团。爸爸讲了一个细节，说那些美国人很讲究，晚上睡觉前，要在房子里喷洒自带的防虫药剂。这与爸爸他们当时艰苦战争环境中简陋的生活条件形成鲜明的反差。

5月，交际处撤销，爸爸又被调回七一四团任政治处主任，并在团党委建立后，任副书记。1946年6月，国民党撕毁停战协定，蒋介石以围攻中原解放区为起点，对解放区发动全面的进攻。9月10日到12日，爸爸所在的部队参加了集宁保卫战。对于这场战

1946年3月，爸爸的战友摄于卓资山车站（左起：高法鉴、蔡德芳、韩金城、黄林、吕林）

役，爸爸终生难忘。20世纪80年代他出差去内蒙古，路过集宁，40年前的往事顿时从心底里涌现出来。他在日记中这样记述："我回忆起，我们在卓资山集宁县作战的种种情景。我真想一一说出来，又怕人家说我自我吹嘘。不知怎的，过去战斗中的种种过程、具体细节都浮现在我的眼前。我亲自在指挥作战，亲自在照顾伤员，亲眼看见有许多阵亡的战士被遗弃在撤退时，他们来不及掩埋，为人民流尽了最后一滴血。他们的白骨奠定了今天人民幸福的祖国，真是无名英雄！为着他们，我也要尽最后一点力，继承他们的事业。我想起了在集宁作战的三个晚上、四个白天，我在山头上同当时傅作义队伍来回拉锯。我团奋勇把敌人赶走了，把集宁城中的我军两个团接出来了。而我们的伤亡是非常之大的。一个营没有多少步枪了。我们一共吃了三次生煮的莜面。每个人嘴都是乌黑的，有的破裂了，主要是没有水喝。贺文代当时是团参谋长，我是团主任，我俩同傅传佐一块，是最后撤离阵地的。我们冲过一个开阔地，我的绑带被打破了，没有打到肉上，真奇怪！算我命大福大！我们撤下来之后，集

1946年，爸爸在入党宣誓仪式上领诵

1947年大姐飞飞一岁，摄于山西岚县

1948年，爸爸抱着大姐飞飞

中了队伍，收容了伤兵，立即又向大同方向进发。都是夜行军，真是疲劳不堪，到了大同附近夜营，夺得了日本人留下的大米，算是实实在在地吃了顿饱饭……"

11月，爸爸随部队先后在晋北大同以南的怀仁地区和岚县进行短暂的休整。11月中旬，由临县碛口西渡黄河，回师陕北，开赴延安，参加了保卫党中央、保卫毛主席、保卫陕甘宁边区的历次战役。

这一年，爸爸随部队转战南北，戎马倥偬。虽然已经结婚有了家室，却没有多少时间享受新婚的幸福。就在这样的奔波和战斗中，1945年的腊月二十九日，家里迎来了第一个孩子。但爸爸根本不能赶回去照顾分娩的妈妈，

1948 年，妈妈抱着大姐飞飞

七一四团参谋长贺文代与妻子玉兰

因为前线战事正酣。只到孩子出生快一岁，爸爸才第一次看见自己的女儿。

1947 年 3、4 月间，爸爸随西北野战军主力，按照党中央的战略部署，主动撤出延安，然后参加了著名的青化砭、羊马河和蟠龙三大战役。爸爸告诉我们，青化砭、羊马河和蟠龙战役，每一场战斗都非常激烈，险情重重。当时部队连续作战，给养非常缺乏，打蟠龙很大程度上解决了我军的后勤补给问题。爸爸说，打下蟠龙，战士们高兴至极，扛起成包的洋面就跑。他亲眼看见，一个战士为了赶上前面的部队，扛着一袋面粉跑下公路，想抄近道赶上去。他们紧着喊："不要乱跑，小心地雷！"说话间这个战士真的就踩上地雷，当场起爆被炸，牺牲了。

爸爸讲，通过这三战三捷战役的胜利，他从心底里敬佩党中央、毛主席和彭老总高超的指挥艺术，真是料事如神、用兵如神，牵着国民党军队的鼻子跑。几场大仗，就把局面给扭转过来了。爸爸在出生入死的战斗中，积累了丰富的战斗经验，譬如如何利用土沟土坎选择正确的方向，以躲避敌人飞机的扫射；再如根据子弹、炮弹的声响，判断射击的方向和敌人的距离等。在严酷的斗争中，父亲逐渐成长为一名成熟的部队领导干部。

7月31日，西北野战兵团正式定名为西北野战军。9月15日清涧战斗前，独一旅各团实行新的番号，爸爸所在的七一四团奉命改为第一团。爸爸随部队浴血奋战，接连又参加了打清涧、沙家店、榆林、元大滩等各个战役。"这个时期我肺病十分严重，每冲上一个山头，就要吐几口鲜血。在当时严酷的战争环境下，哪里有医疗条件？也不知道自己已经患了肺结核。尽管这样，我仍坚持在前线作战。我团担任的历次战役，除个别战斗如第二次打榆林强攻未果外，其他战斗都完成了任务"。也就是从那时开始，爸爸的肺就时不时给他带来麻烦，肺功能逐渐衰弱，致使他晚年备受折磨。

1947年8月间第一次攻打榆林，爸爸所在的一团和二团担任打击增援榆林的马鸿逵部队的任务。爸爸曾告诉我们，第一次打榆林时，由于一时轻敌，敌军从沙漠包抄过来，打得我们措手不及。而榆林防守又非常坚固，攻城战斗异常惨烈，甚至敌人的炮弹直接就砸在指挥所的房间上。战斗处在胶着之时，心急如焚的彭德怀司令员亲自来到团部，看到担架上负伤的团领导，彭司令员就没有再说什么。

1947年底，爸爸随部队先在横山响水堡地区，后转移到清涧殿寺一带进行休整，12月11日移驻清涧折家坪，进行以"诉苦三查"为中心内容的新式整军运动。

1948年1月，爸爸在历经无数艰苦卓绝的战斗、在解放战争即将胜利之时，奉上级之命，调往第一野战军西北军政干部学校，任西北军政干校宣传教育科长。1948年11月，我们家的第二个孩子在山西安邑县出生了。"我非常高兴，因为这是我第一个也是唯一的儿子！"爸爸在自传中这样写道。

我们的母亲张战英

抗日战争和解放战争时期，在西北战场上，有贺龙师长亲自领导的一批文艺劲旅。其中八路军一二〇师独一旅的"战力剧社"是一支活跃的生力军。在这支光荣的军队宣传队中，有我们亲爱的妈妈张战英。

妈妈张战英，1920年农历三月初三出生在河北定县（定州）翟城村一个贫苦农民家中。她是全家五个孩子中最小的，排行老五。原来还有一个大姐，后来她在很小的时候就得病去世了。也许是因为老小，有姥爷、姥姥和两个舅舅、一个二姨的宠爱、娇纵，造就了妈妈性格中混杂着开朗、率直、任性，又格外刚强的多重因素。

那时家里虽然不富裕，但生活总还是过得去。1926年，著名的乡村教育运动倡导者晏阳初带着一批优秀的知识分子下到农村，在妈妈的家乡定县试验和推广平民识字教育。他们和农民同吃同住，把那里作为"定县实验区"，举办工读班识字班或半工半读学校。妈妈这些孩子有幸成为"实验区"的受益者，开始了自己的启蒙教育。

由于生活的艰辛和传统思想的阻碍，妈妈的学习时断时续，许多时间还得在家帮着父母和兄长务农，勉强撑到高小毕业。

1937年七七事变爆发，中国人民身处水深火热之中。妈妈的家乡很快成为敌占区，经常遭日本侵略者袭扰。妈妈清晰地记得，当时老百姓成天提心吊胆地过生活，一边在地里干活，一边还随时准备逃难，以躲避日军骚扰。妈妈这样的年轻姑娘，就更是惶惶不可终日，经常要用炭把脸涂成花脸，以躲避日本鬼子的侵扰。一听说鬼子要来了，就赶紧往庄稼地里跑，天黑了才悄悄摸着黑回来。那种成天担惊受怕的日子实在过不下去了。后来，家里想，干脆找个人家把妈妈嫁了吧，就在父母包办下，给妈妈定了一门亲事。

从小任性而倔强的性格，使妈妈根本不能接受这样的命运安排。为了躲避战乱，也为了逃婚，18岁的妈妈毅然走出家门，直接投身抗战了。

这要感谢当时村里的其他一些青年人，其中有一个姑娘不知从哪儿打听到，八路军的部队离这儿不太远，那里有一个被服厂正好在招人。姑娘几个一商量，决定自己出去闯一闯。在没有和家里人打招呼的情况下，结伴偷偷跑了出来。

1938年春，妈妈她们居然就找到部队了。她直接进了八路军冀中军区被服厂，先在那里干了一段时间，后来又到区妇救会工作。离开家有一年了，一方面想家，另一方面赶上得了场病，妈妈只得先回村，在家休养了一段时间。

1939年，妈妈再次走出家门。妈妈告诉我们，听说她还要去找部队，姥姥很舍不得，一直想劝说妈妈留下。但当有一天部队经过村里时，妈妈再也顾不得许多，匆匆和家人告别，跳上一辆马车就跟随部队走了。妈妈说，姥姥迈着小脚，跟着马车一边费力地跑着，一边不断地叮咛嘱咐，还紧着给妈妈怀里塞吃的。尽管妈妈心里很难受，也很舍不得，但她终于还是义无反顾地走了，走上救国救民的抗日之路。

这次是真正参军入伍，开始在一二〇师独立游击第一大队教导队学习，后因日寇"扫荡"，由组织护送，辗转入晋察冀边区一二〇师，先后在特务团"战胜剧社"和七一五团第五支队任宣传员。

日本侵略者在中国的土地上烧杀抢掠，家乡人民水深火热、颠沛流离的生活，在妈妈心中激起越来越深的仇恨。而八路军部队里那种充满革命朝气、充满阶级友爱、人人平等自由又团结一心打侵略者的氛围，使妈妈的思想逐渐发生变化，开始由追求个人的生存解放，逐渐演变为要为劳苦大众争取自由，要为民族求得解放。1939年10月，妈妈加入中国共产党，从此，她由一个朴素的农家姑娘，逐渐成长为一个为着更高理想和信念而奋斗的战士。

1940年夏，妈妈调入一二〇师独一旅"战力剧社"。战力剧社是1939年独一旅成立时命名的，它的前身是1938年3月冀中军区独立四支队在任丘县成立的群声剧团。战力剧社在部队政治机关的领导下，继承和发扬红军文艺工作的光荣传统，在左翼文艺运动和一·二九学生运动的影响下，作为部队政治工作的有力武器，辗转于战斗最前线，鼓舞士气，活跃部队文化生活。

据《烽火岁月——战争年代的步兵第二师》回忆录记载："在抗日战争和解放战争时期，剧社随部队转战冀中、晋察冀、晋西北、陕甘宁等地，参加了保卫延安、保卫党中央、解放大西北的伟大斗争，为部队和群众进行了数千次的演出活动。"

妈妈给我们讲，那时成天除了跟随部队不断行军转移，剧社的主要任务就是赶着编排节目，为战士们演出。当时剧社的大部分演员都不是专业的，也没有受过什么表演的训练，各方面条件都很简陋。但大家的革命热情很高，尽自己的所能为战士们演出。编排的节目都是根据战时发生的真实故事，力求短小精悍，形式多样。既有讲演、歌咏、化装宣传、街头剧，又有相声、双簧、大鼓书、数来宝、京戏等传统节目，更多的是自己动手编写的歌曲、新编京戏、儿童剧、活报剧、秧歌剧等。妈妈就出演过好几个京剧折子戏和河北梆子。

剧社和部队的关系非常密切，经常派人到连队去做文艺宣传辅导，教唱歌，培训文艺骨干，采访先进人物和先进事迹，体验生活等。剧社不仅要写标语、发传单，随军做好宣传工作，而且还经常参加组织担架、看护运送伤员、押送俘虏等。这些都是剧社工作中的重要组成部分。遇到有战斗任务，剧团同志就和战士一起参加战斗，有的队员在战斗中牺牲了年轻的生命。

妈妈告诉我们，他们经常随部队转战南北，走夜路行军是常事。晋西北原本生活就很苦，很贫瘠，日本军一年到头频繁"扫荡"，还搞"三光"政策、"蚕食"政策，再加上当地军阀的搜刮，老百姓的日子就更苦了。部队的生活也极端困难，缺吃少穿，营养极度缺乏。妈妈说，有好多次在行军中，实在饿得不行了，就一边走一边撸树叶吃。剧社有很多同志患了浮肿和夜盲症，白天还好办，一到夜行军就更加困难。当时军需非常简单，夏天还好，每人发一套土布军装。到了冬天，

妈妈于 1938 年参加八路军

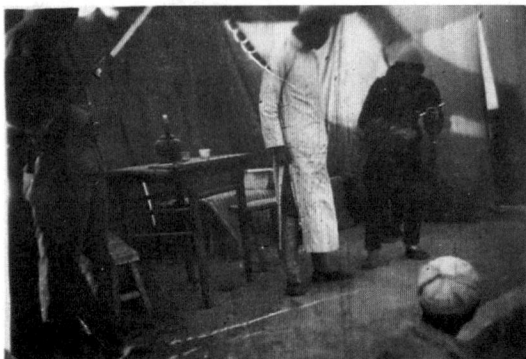

1941年，剧社为战士演戏

就只发一套棉装，里面没有什么穿的，只能光着身子套上棉袄。

1942年底，剧社随部队调往陕甘宁边区的绥德，队伍扩大了，就根据需要调整了组织，分别组成文（学）美（术）、戏剧、音乐和平（京）剧四个队。当时的一批战友，如社长鲁勒、徐一鸣，支部书记田伟，协理员边固，各分队长孙冶、蔡德芳、林里，还有队员张毓明、李芳、高保成、刘莲池、黑铁等，和妈妈结下了深厚的战友情谊，从战争年代一直到新中国成立后，只要有机会，大家就要聚在一起，回顾当年的烽火岁月，重温战友深情。这种友情一直保持了一生，对我们子女也产生了很大的影响，许多家庭成员彼此成为挚友和世交。

为了更好地完成宣传任务，剧社非常重视学习，以提高大家的文艺素养。各队组织了专业学习，大家十分刻苦认真。有人自编了顺口溜："戏剧队成天装疯卖傻，文美队又写又画，音乐队喊爹叫妈，平剧队折跟头'起霸'。"在学习专业的同时，还组织了语文、数学等文化基础知识的学习。妈妈后来的文化水平大都是在那个时期提高起来的。

1943年，绥德部队开展了大生产运动。当时剧社的同志们主要任务是纺棉花。此时妈妈可是找到了"用武之地"。在河北农村老家时，妈妈就心灵手巧，做得一手好针线活，因此，纺棉线是她的拿手活。她纺得又快还好，还得到了部队的嘉奖。《烽火岁月》一书中的《战力剧社记事》篇中，忠实地记录了这段历史："在绥德大生产运动中，剧社的同志们主要是纺棉花，半天工作半天生产，一周每人可纺二三斤线。张战英、郝集成等同志能纺出可供缝纫机用的特等线，生产任务以小米计算。"妈妈每每提到这些事，就掩饰不住由衷的自豪。

剧社同样也参加了整风运动。当时给妈妈留下印象最深的是与整风同时的

战力剧社战友（右起：赵金克、刘莲池、
高保成、黑铁）

战力剧社成员赵金克

战力剧社社长鲁勒和夫
人李芳

1946 年春，独一旅
战力剧社摄于卓资
山。后中为田伟

审干运动。由于运动的扩大化，连妈妈这些贫苦家庭出身的人，也被怀疑是特务。妈妈就是不承认。领导做工作，说只要承认就没事了。好在中央及时纠正了扩大化错误。

"文革"期间，爸爸的老战友张毓明阿姨（右二）来新疆探望我们

在整风学习中，剧社多次观看延安鲁艺工作团的演出，并请他们上课，传授经验。这对剧社的创作演出有很大的帮助，节目的质量和数量都有提高，在实践中还形成了战力剧社的特点和艺术风格。由于创作和演出的节目大都取材于即时的战斗生

1988 年夏，爸爸和张毓明摄于新疆天池

活，作品中所反映的大部分是真人真事，为部队熟悉，因此战士们看着很亲切，也容易收到宣传的效果。

这一时期，妈妈把全身心都投入到剧社的演出、学习中，没有想到，爱情的"丘比特箭"正在对向自己。1941 年 3 月，爸爸调回三五八旅，担任旅政治部宣传科长，正好主管战力剧社的工作。此时，父亲、母亲都正当青春年华，革命的理想和战斗的情谊使两位青年渐渐走到了一起。听爸爸讲，他虽然出生于大城市，但他更喜欢农村姑娘的朴实、自然。妈妈那会儿也是剧社的活跃分子，年轻时长得也漂亮，"俩儿花花的大眼睛"，很有精气神。演出时嗓音又高，经常在戏剧里表演角色。这些都吸引了爸爸的目光。尤其是妈妈刚直的性格更给爸爸留下了深刻的印象。当时妈妈有一位好朋友因家庭琐事受了点委屈，妈妈凭

着"侠肝义胆"，硬是找到这位领导，要跟人家理论。爸爸赶紧出来打圆场。也许这就叫不打不相识，爸爸喜欢上了妈妈，喜欢她这种性格和为人。据妈妈说，别看她是农村出来的，但心气很高，对那种无所作为的人还真的看不上。当时的爸爸充满朝气，热情而儒雅，工作认真负责，群众关系又好，作为自己的领导，经常接触就多了一分了解。总之，他们于1945年初最终走到一起，并相伴度过了一生。

1945年，爸爸妈妈在一起

1946年初，妈妈生下大姐（左一为妈妈抱着大姐，和同室战友张祖朋等人在一起）

　　结婚不久，爸爸就又上前线去了。一直等到妈妈1946年初生第一个孩子，爸爸都没有陪伴在身边。1945年的腊月二十九日，眼看着就要过年了，他们爱情的结晶终于来到人世。妈妈说，当天和几位同是孕妇的战友住在一起，大家都在包饺子。妈妈是最爱吃饺子的，可还没等吃上，这边就要临盆了。好在孩子生得很顺利，第一个女儿就这样迎着新春的气息，在战火纷飞的时刻，在陕北绥德出生了。

　　生了大姐飞飞后，部队飘忽不定的艰苦生活，更增加了许多难以克服的困难。当时爸爸在前线，妈妈随留守大队走。那时部队装备很简陋，女兵冬天也只是穿一件空心棉袄，没有内衣。行军时为了使孩子不受冻，就只能自己敞着怀，把孩子裹在胸前，自己的前胸就只能赤裸着，忍受着寒风的侵蚀。

　　大姐两岁时得了一场病，由于部队药品极其匮乏，一块大洋才能买两片磺

大姐穿的衣服是由大人的军装改的，好似一个小战士

爸爸和勤务员杨德山

胺。病情很快发展成肺炎，愈来愈严重，时常一口气喘不上来，小脸憋得通红。妈妈不忍心看着孩子快憋死过去的样子，只能焦急地在屋外边走边哭。后来医生赶过来，说死马也要当活马医。一位旅首长将给自己治疗的磺胺交给大夫，让赶紧给孩子治病，这样大姐终于才拣了一条命。

大姐一定是继承了爸爸"乌孜别克"的血统，小时候长得非常可爱，有点像一个洋娃娃。爸爸不在身边时，女儿跟着妈妈一路奔波，走哪儿都自己拿着一把小扫帚，到了驻地先像模像样地"打扫"一番。那时部队生活艰苦，哪里有专门的小孩衣服？妈妈心灵手巧，就把大人的军装改小，给女儿穿上，腰里还扎着腰带，俨然一个小战士。大姐两岁多时正赶上爸爸部队休整，爸爸把大姐带到连队。爸爸说，班里的战士可喜欢她了。训练间隙，战士们都抢着带她，这个班传到那个班，那个班传到这个班，帮着爸爸照看，好让爸爸腾出手来工作。有次大姐又生病了，晚上吃药没有热水，慈爱的爸爸就用小洋瓷碗，碗底倒一点点水，手举着，用小小的油灯那么一丁点火苗，把水慢慢加热烧开，给大姐喂药。那时条件太艰苦，也没什么吃的。爸爸说："有一次战士们想法儿打了一只鸟，炖了一大碗汤，谁都没舍得吃，全给我们端来了，让我们给女儿补充营养。"

后来妈妈调到独一旅四团，继续做宣传工作。1948 年底，哥哥小军在山西保德出生了。那时妈妈还是经常随部队行军转移，带着两个孩子，困难更是可想而知。当时爸爸作为团级干部又有两个孩子，部队给配了一位勤务员叫杨德山，可以帮助妈妈带一下孩子。那时候，为了防止被敌人发现，大部队行军，经常在崎岖陡峭的山路上摸黑行走，稍不留神就会连人带孩子掉入山涧。有一次又是晚上长途行军，要翻一座大山。妈妈用两个筐子，把女儿和儿子一边一个放进筐里，再把两个筐子搭到骡背上，和警卫员一起，小心翼翼地赶着骡子走。妈妈说，那天晚上，天特别黑，只能隐约看到前面人的身影。山路很

1949 年夏，爸爸妈妈和两个孩子

1949 年，爸爸和妈妈抱着哥哥小军

窄，只有一条小路，骡子驮着两个筐勉强可以通过。路下面就是深渊，山路拐弯多，特别难走，不时有石头滚下去。大家一个接一个，默默地疾奔。为了减少动静，大家都不许说话。时不时从前面悄悄地传过话来："注意，有人（畜）滚下去了！"妈妈的心简直提到嗓子眼，但咬着牙紧跟着队伍，提心吊胆地走了一夜。

就这样，两个孩子在艰苦的战争岁月里，跟随父母南征北战，吃了不少苦头，在部队行军骡子驮着的两个筐中度过了幼年时光。

1948 年 1 月，妈妈跟随爸爸一块调到西北军政干校，任支部书记。

全国解放后，妈妈又随爸爸回到重庆，先后在西南军区图书馆、战斗剧

社、西南局托儿所任政治协理员。

1954 年，妈妈随爸爸调中央宣传部，在图书馆工作。那段时间，妈妈虽然文化程度不高，但工作兢兢业业，认真负责。有时候白天在班上写图书卡片搞不完，就带回家，晚上让爸爸帮着写，从来不计较个人得失。

妈妈和战友们

这种老八路的作风给同事们留下了深刻的印象。

妈妈告诉我们一件事：刚到北京不久，单位组织到北京展览馆参观。那是一次中日友好活动的展览。当妈妈一看到展览馆前的旗杆上飘着的日本太阳旗，顿时抑制不住心头的悲愤，冲上去就要扯下来，被同事们拦住了。原来妈妈参军后得知，自己的父亲就是在一次日军进村抓八路军时，被日军机枪扫射身亡的。当时日本兵进村，硬要说有一个八路军战士在村子里，当下把全村人集中起来，男人们在一边，妇女小孩站一边。日本兵说，如果不交出"八路"，

1957 年，妈妈（前排右二）在中央宣传部图书馆与同事合影

1958 年，妈妈摄于中央宣传部办公大楼前

就要把全村人杀掉。开始没有一个人说话，日军恼羞成怒，真的就朝男人们站的一边开枪了。我们的姥爷和表舅正好站在最前面，当场就被机枪扫到，倒下了。眼看着老百姓还要遭殃，村里的一个铁匠勇敢地站出来，大声说："我就是'八路'！"顿时几个日本兵冲上去，生生把铁匠的两个胳膊扭断，押走并杀害了他。这才把全村人给救下来[1]。我们的姥爷因伤势过重，回到家不久就去世了。这种民族的深仇加上家庭的大恨，妈妈怎么能够忘怀？后来两个舅舅也先后参加革命，成为共产党员，在当地与日军打游击，开

妈妈家的亲人（中坐姥姥，后左二为大舅，左三为二舅，其他为舅舅家的孩子）

[1] 其实这位铁匠并不是八路军，只是为了救全村人才英勇地站出来。新中国成立后，妈妈意外得知这位铁匠的儿子名叫王振英，在新疆乌鲁木齐实验中学任数学教师。妈妈和大姨立即备厚礼前去拜访，以表达深深的感激之情。

展地道战。

生活安定了，北京离老家定县又近，妈妈不久就把姥姥接来北京，尽一份女儿的孝心，让老人家晚年能享点福。那时我们五个孩子全齐了，妈妈一再叮嘱，一定要对姥姥好，不能惹姥姥生气。家里有好吃的必须先请姥姥吃。为了接济家乡的亲人，妈妈相继把舅舅的孩子接到北京，尽量帮助安排工作和生活。后来妈妈离开北京，但一直按月给姥姥寄钱，赡养老人直到去世。对于其他亲戚，她也尽可能地提供帮助。

1958年，妈妈义无反顾地跟随爸爸奔赴新疆，投入到大西北建设开发的事业中，先后在新疆学院、新疆大学担任机关总支书记等职。三年自然灾害中，她积极支持爸爸倡导的自力更生的号召，带头开荒种菜，生产自救。

1965年，妈妈调新疆艺术学院任办公室主任。在"文革"中受到冲击，承受了巨大的精神压力，但妈妈终于坚强地挺过来，在最困难的时候与爸爸相互支撑，保全了完整的一个家。"文革"结束后妈妈调新疆电影机械厂任党委书记，直至1980年离休。

1964年，爸爸妈妈在一起

妈妈时常用战争年代那些艰苦的事例告诫我们，要珍惜现在的生活，任何时候都要自尊、自立、自强，不畏艰难困苦。妈妈知书达理，乐善好施，淳朴正直，勤劳俭朴，且性格刚强，自尊自爱。妈妈用自己一生对信仰的忠贞、对世人的博爱，为我们子女做出了最好的榜样，她传承给我们的优秀品德和做人做事的准则，培养和教会我们的生存本领和生活能力，潜移默化地影响着我们这些后代的精神品格和人生道路。我们为有这样的父母感到无比幸福和骄傲。

20 世纪 60 年代，妈妈在新疆大学工作

1965 年，妈妈摄于天池

1965年6月，自治区党委城市社教第四分团矿冶学院（新疆工学院前身）工作队合影，前排左四为妈妈

20世纪70年代，爸爸和妈妈摄于武汉

1994年，爸爸和妈妈摄于海南

迎接全国解放

从 1938 年奔赴抗日战场到 1948 年底，爸爸和妈妈经历了艰苦卓绝的抗日战争和艰难曲折的解放战争。其间参加的大小战役不计其数，也多次遭遇生命危险。他们用自己坚定的信念、乐观的豪情、勇敢的意志和聪颖的才情，在历经无数次的战斗洗礼后，共同从普通战士逐渐成长为优秀的部队干部。

1948 年 1 月，为迎接全国解放，为实施战略大反攻培养准备工兵干部，部队从第一野战军抽调副排长以上的干部共 130 余人，到西北军政干部学校受训，以保存、培养、提高干部队伍。工程兵的教师大都是在国民党军队中受过专门训练的解放军军官。一年多训练结束后，学员全部分配到一野各部队。

爸爸此时奉命调到西北军政干部学校，担任工兵队政治指导员。学习结束后，本来准备再上前方，但干校领导让爸爸继续留在学校，任该校宣传教育科长，并当选为校党委委员。

在担任学校宣传科长期间，爸爸为部队的训练、军校生活等拍摄了大量照片。他不仅自己拍摄，而且因陋就简地冲洗出来，还自制了

1948 年，爸爸任西北军政干部学校宣传教育科长

1949 年，爸爸和妈妈摄于山西安邑

1949 年夏，爸爸妈妈与两个孩子

几本影集，按着照片内容粘贴好，并在空白处做了标记。这些照片忠实地记录下当时军校军事训练、工兵演习、学习生活，以及军政干校从西安向四川挺进途中的活动等，是极其珍贵的历史与军事史料。

"1948 年底，解放大西南的喜讯传来。12 月，我们全家跟随西北军政干部

1948 年爸爸在西北军政干校期间拍摄并制作的工兵队架桥演习影集

在西北军政干部学校架桥演习中，首长检查桥的负重力与结构

战术演习：通过各种障碍

战术演习：遇沟搭桥

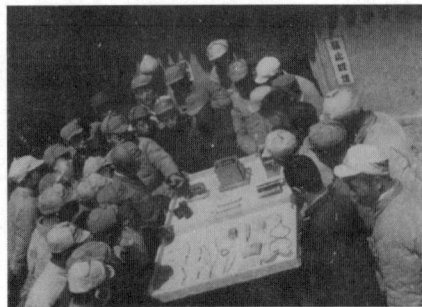

各种爆破器材

军校开办军事展览，培训学员

干校学院大会

学院大会上，王邵南教育长讲话

干校办黑板报

军校业余生活

军校生活

学校的数十辆汽车大队，浩浩荡荡从西安出发，经宝鸡，越秦岭，经广元、江油、绵阳等，到达新津县"。爸爸用文字和影像记录了这一段历史。

其间，妈妈一边陪伴着爸爸，一边带着两个孩子，跟随西北军政干校在支部书记任上一路奔波。其旅途的颠沛和生活的艰难可想而知。

在解放战争中，大批国民党军队迫于人民解放军的军事压力，在共产党的

军校生活影集

1948 年底，西北军政干校从西安出发向四川
进发途径鼓楼大街

在宝鸡换乘汽车，向四川前进

干校宣传演出队在途中宣传

政策和人民解放军的政治攻势的感召下，共有各军兵种、总计 177 万人向人民解放军投诚、起义或接受和平改编。如何使这些放下武器的国民党军队在思想上得到彻底改造，成为人民解放军的一项重大政治任务。为此，遵照中共中央和中央军委的指示，从 1949 年 2 月至 1950 年 5 月，各部队抽调一批优秀干部组成工作团，担负起改造起义部队的光荣任务。

1949 年 1 月 29 日，贺龙签发了成立工作团的命令。随后，便挑选了一批干部，首先向川西的原国民党军第七、第十六兵团，第二十、第二十四、第九十四军派出了工作团，对这些起义部队进行教育改造，以取得经验。2 月 8日，贺龙在中共中央西南局第一次会议上，对改造国民党起义部队的方针政策、步骤方法等做了阐述。

爸爸回忆："1949 年 1 月，我被抽调到西南工作团，任秘书室副主任。这是党中央决定，由西南军区组织的工作团。李夫克任团长，傅传佐任副团长，其任务是改造国民党宣布起义的孙元良兵团（司令员孙元良只身逃往台湾，由四川地方军阀接替后宣布和平起义）。工作团进驻成都以北什邡县起义部队驻地。当时工作团人少，一个团还分不到一个军事代表。"

1949 年，爸爸在改造起义部队工作团工作

爸爸的工作团到达起义部队后，首先了解情况，宣传中国共产党的方针政策和人民解放军的优良传统，稳定部队官兵的思想情绪，发动士兵诉苦，绝大多数官兵的思想有了明显转变。爸爸告诉我们，本来他是不大会喝酒的，更不会打麻将，但为了工作，为了和起义部队的官兵打成一片，联络感情，争取他们，他不得不学习喝酒、划拳、打麻将，同时规定工作团的同志绝不能喝醉，贻误大事（曾经有一位干部因缺乏经验，就被对方灌醉了，为此还挨了批评）。

虽然改造工作成效显著，但仍有极少数军官坚持反动立场，拒绝改造，甚至发动叛乱，残杀了我军派去的政治工作干部，以及起义官兵中的部分积极分子。

爸爸回忆了那一段曲折而惊险的战斗经历："1949年3月间，国民党特务及极少数军官煽动兵团下属的国民党交通警察纵队（装备全部是美式装备），在绵竹发动叛变，残酷杀害我11名军事代表，将部队带往川西山区，继而向云南逃窜。"爸爸说："武装叛乱分子残杀了工作团军事代表，并残忍地将他们抛入粪坑，有的烈士身上被敌人射杀了十几个枪眼。我那天正好去上级机关开会，没有赶回来，才捡了一条性命。"

当日，我军将准备好的西南军区部队（十八兵团）以三个团的兵力，围剿叛匪。不到一天战斗，将其全部歼灭，活捉为首分子五人，押回什邡县城，当众枪毙。叛乱平息后，工作团在全兵团开展了诉苦运动，揭发、控诉叛匪残害军事代表的罪行。并且，将在国民党中央军校毕业的全兵团各部队副排长以上的军官，全部调往工作团团部所在地，成立随营学校，人员有2000余人。其目的是将这批人员集中，脱离武装部队，减少继续叛乱的因素。此时，组织派我去那儿，任该校副军事代表，领导改造这一大批国民党军官。"（当时的军事代表是工作团副团长傅传佐同志，实际上由爸爸和另一个副军事代表龚辉同志负责。随营学校的校长由国民党第四十一军军长担任）。

"1949年5月间，奉党中央及西南军区命令，我们工作团带领国民党第十六兵团，从川西什邡、绵竹出发，路经广汉、金塘、资中、内江、壁山等县，先到重庆，然后全部乘轮船，沿长江顺流而下，经

1949年，爸爸在随营学校任军事副代表

宜昌、武汉，在镇江登岸，转乘火车，到达江苏省常熟县集中。再经过两个多月的工作，主要是开展诉苦运动（如国民党抓壮丁），揭露反革命叛变活动。我带领的随营学校规定，凡愿意回家自谋出路的，一律发路费回家；凡愿意留在解放军工作的，经审查，

1950 年元旦摄于重庆，此时大姐四岁，哥哥一岁多

有选择地留少数军官。至于部队士兵，全部交由人民解放军第九兵团，改编补充战斗部队。"至此，爸爸所在的工作团胜利完成了改造起义部队的任务。

当时全国刚解放，各种情况非常复杂，妈妈也曾遭遇一次险情。一天，妈妈带四岁的大姐和两岁的哥哥前往爸爸所在的改造起义部队探望，之前先回爸爸的老家重庆看望亲友。当时组织安排妈妈和两个孩子乘坐一辆美式吉普车，司机正好是一个刚从国民党部队投诚的年轻士兵。当汽车进入重庆崎岖的山路上时，突然刹车失灵，汽车顺着山路就自己滑行起来，接着就向山沟冲去。就在翻出路边的一瞬间，恰巧猛撞到一块大石头上，阻挡了汽车翻到沟底，而妈妈他们一下被从车里甩出车外，幸好落在一个小土坑中，避免了一场惨剧。据事后妈妈讲，当时就要把那个司机给捆了起来，因为担心这是精心策划的一次阶级报复。但善良的妈妈不同意，到重庆后，她专门找了重庆军管会去说明情况，认为这只是个意外事故，没有人为因素。在我妈妈的努力下，经过调查，最后认定没有问题，释放了那个"解放兵"。由此可以想见，当时的形势是多么险恶，斗争是多么的惊心动魄。

新中国成立初期，爸爸妈妈他们这批投身革命、浴血奋战的英雄们，带着胜利的光荣回到家乡，是一件十分荣耀的事情。爸爸自 1937 年底告别重庆家乡，一晃十多年杳无音信，在家的老祖母日夜思念着自己的孙子。当部队在解放后入川，老祖母就每天拄着拐棍，站在当街，挨个询问过往的战士："你们认不认识我孙子，叫温厚华……"她没有想到，孙儿不仅回来了，还带来了

孙媳和两个重孙。老祖奶奶（我们的曾祖母）别提有多高兴了。当时妈妈带着孩子，还有一个通信员，一起住在了老祖奶奶家里。由于家里穷困，很快就没多少粮食了。妈妈当时并不了解城市的状况，只是发现老祖母脸色不好，总有难言之隐。经再三寻问，才知道了实情。当时部队是供给制，妈妈身上也没有钱，只好去找军管会反映。军管会马上特批，让警卫员背了一袋大米及其他物品回家，才暂时解决了问题。

1950 年 10 月爸爸奉调西南局工作时，回重庆与奶奶团聚

就这样，爸爸妈妈和全国人民一道，终于度过了艰苦的战斗岁月，在国家百废待兴之时，迎来了新中国的诞生。

四　火热的年代

在西南局的日子

（1950—1954）

1950 年 9 月，改造起义部队工作基本结束，组织上安排爸爸带领工作团到上海参观、休息。爸爸在自传中记录下在上海参观的经历和感受："改造起义部队工作结束后，我工作团由华东军区、九兵团负责招待，组织全体同志到上海参观访问。他们告诉我们，说上海是旧中国社会的缩影，如果现在不看，过些时候就看不到了。我们参观了上海的市容，傍晚看了南京路。这是上海最热闹的一条商业街，可是到了晚上，整条街站满了妓女。又看了上海最热闹的娱乐场所'大世界'，一进门就是奇形怪状的哈哈镜。场内有各种戏曲、杂耍，有电影，每一层楼都站满了奇装异服的妓女。我们穿着军装，整齐地排着队，鱼贯而入。她们除了用惊异的眼光看我们外，都规规矩矩地站在一边。我们将整个大楼转了一遍，然后又上街看了上海最大的百货公司。我们还参观了华东军区前哨雷达侦察站。我第一次见识雷达是什么东西，它如何能"看"到天空的飞机，海上航行的轮船、军舰等。之后我们到机场（军

1951 年，爸爸随工作团参观

用），观看了苏联米格式飞机备战的情形。参观后我们乘长江轮船沿江北上，几天几夜航行，才回到重庆。"

回到重庆后，工作团成员由西南军区分配工作。开始，爸爸被分配到北川军区政治部任宣传部长，一切准备停当，在即将出发的时候，组织又决定调他到西南局政策研究室工作。1950年12月，爸爸到西南局报到。也就从那时开始，爸爸正式脱下军装，走上地方工作岗位，投身于国家建设的大潮。说心里话，爸爸自从1938年来到延安加入八路军，跟随部队转战南北，在艰苦卓绝的战斗中，与部队、与战友结下了深厚的感情。他很留恋部队，更舍不得那些一起出生入死的战友，因此，一开始思想上还真有点不舍，为此还闹了点小情绪。

当时国家百废待兴，地方非常需要经过战争洗礼，既有坚定的政治信念，又有久经沙场斗争经验的管理干部。而当年许多跟随部队多年的干部战士，对军队产生了深厚的情意，都不愿意转业，希望留下来继续在部队工作（和爸爸一块分配到地方的其他几个人，就因为坚决不走，后来也就留在了部队，而且一直干到离休）。然而爸爸最终毅然服从了组织的安排，正式转业到了地方。我们曾经问爸爸：别人都坚持留下来，你为什么那么"听话"？爸爸想一想说："战争结束了，全国解放了，国家建立了新政权，开始进入全面建设时期。这时国家最需要的是什么呢？是大批在地方工作、直接从事经济建设的人，这就跟战争需要战士一样。"

纵观爸爸的一生，为党、为国家的事业奋斗终生，任何时候都以国家的需要为第一选择，不碌碌无为，不虚度生命，是爸爸最朴素、最执着的信念。

1951年初，爸爸正式转业来到西南局报到。他接任的第一个工作职位是川东农协重庆市办事处副主任。这是一个新成立的、政策性很强、专门处理川东一带农村"清匪反霸，减租退押"的工作机构，它直接在西南局领导下开展工作。

据史料记载：重庆解放前夕，市场粮价飞涨。平抑粮价，保证军需民食，成为人民政府一项极为紧迫的任务。其时，农村的粮食主要掌握在地主、富农手中。国民党特务、土匪纠集农村封建势力提出"抗粮反共"的口号，组织武装暴乱，公开对抗与破坏征粮工作。为使征粮工作顺利进行，政府的工作重点

1952 年，爸爸在重庆中共中央西南局工作　　爸爸同西南局一处工作人员合影

被迫转为剿匪、征粮并重。从 1950 年下半年开始，广大农村先后开展了"清匪反霸、减租退押"的群众运动。在党的领导下，各地农村普遍建立了农民协会，组织广大农民开展斗争。"减租退押"后期，复查和建立起村一级政权，正式废除旧的保甲制，选举出具有政治觉悟的农民积极分子任村长，建立了人民当家做主的基层组织，巩固了"减租退押"的成果。

1951 年 5 月，爸爸结束了在农协办事处的工作，调任西南土改委员会任宣传处长。1951 年底，西南局建立农村工作部，爸爸又被调该部任一、五处处长。这一时期，爸爸的主要工作是下乡到农村基层做调查，落实党在西南地区的土地改革政策，并以长寿县作为农业合作化的试点，搞农业合作化建设。后来又分工负责农业生产和国营农场工作。

其间，爸爸最重要的工作是负责主编《西南土改工作简报》。爸爸回忆说："《简报》每月一期，内部发行，每月向党中央报告农村工作情况。当时的电报报告均由我按月负责起草，交张际春同志审阅后，发往中央。这一时期，西南局《机关报》，即重庆原出版的《新华日报》，有关农业及农村工作的社论大都由我起草，最后由际春同志审阅。这些工作一直到 1954 年 9 月中央西南局撤销后才结束。"

当时邓小平同志作为西南局的第一把手，直接领导了当地的土改运动。爸爸对在邓小平身边工作的经历记忆犹新，他说，邓小平同志确实是一位非常有政治远见和工作谋略的领导者。他这人很务实，不喜欢搞虚的。爸爸清楚地记得，在一次干部大会上，许多在台下的干部都在埋头做着记录。邓小平同志说，工作要根据当时当地的实际情况，创造性地开展工作，不要搞本本主义。

爸爸说，从这件小事就可以看出邓小平同志的工作作风。他鼓励开动脑筋，积极开拓性工作；坚持实事求是，反对教条主义和做表面文章。估计这样的细节没有多少人能记得住，但爸爸记住了。因为他认同这样的作风。正是这种务实的精神，这种不唯本本主义，大胆在实践中创造性开展工作的作风，这种坚持真理、绝不人云亦云的品格，影响了爸爸一生。他就是这样去做的。

在那一段时期，爸爸全身心投入到工作中，深入农村一线做实地调查，解决运动中出现的各种复杂的困难和问题，并撰写出一批非常有分量的调查报告，定期向中央报送，被刊登在党内刊物上供中央领导参考，为新中国成立之初的农村土地改革运动提供了大量珍贵的第一手经验和资料。有些材料和观点直接作为中央文件转发。在邓小平同志的直接领导下，西南局的土改工作很有成效，对指导全国的土改运动发挥了重要的作用。由于爸爸突出的工作业绩和写作能力，在完成西南局的土改工作后，被点名上调北京，到中央宣传部工作。

也正是在这一期间，爸爸经历了人生当中一个重要的抉择。有一天，一个女子突然找到爸爸，告诉他，他的母亲（即我们的亲奶奶谭寿英）全家土改时生活很凄惨，奶奶现在正生着病，而且病得很重。听说爸爸是土改队的负责人，很希望爸爸此时能接济一下他们。前面已经叙述了，奶奶家曾经是当地的一个大户人家。爷爷和奶奶分手后，奶奶又改嫁了，虽然后来家境已大不如前，但按照土改政策，奶奶家的成分被划成地主。爸爸一生是一个非常注重感情、具有浓厚家庭观念和责任心的人。但此时他更明白自己身上的责任。他知道，如果自己把母亲保护起来，那怎么去做别人的工作？他强压住自己多年来对母亲的思念，克制住要尽一个孩儿孝道的冲动，对那位亲戚说："我现在是土改工作队的负责人，我要按照土改政策办事。请转告母亲，等这段工作搞完了，我再去接你们。让妈妈自己先保重。"然而，奶奶终于没有等到爸爸接她的那一天，没有和爸爸见最后一面，就在疾病和困苦中默默地离开了人世。

这件事成为爸爸心中永远的痛。20世纪80年代中期，有一天，家里突然来了几位客人。大家谁都没有想到，其中一位中年妇女竟然是和爸爸一母同胞的亲妹妹。姑姑见到爸爸悲喜交加，泣不成声地讲述了我们不知道的一些事情。原来当年虽然我们爷爷奶奶的婚姻被拆散了，但两个人的感情依然还在。当奶奶的父亲过世时，爷爷前去吊丧。这一期间他们有了短暂的接触，并孕育了一个新的生命，她就是我们的亲姑姑温莲杰。这件事爷爷家这边毫不知情，因此爸爸也并不知道有这么一个亲人。后来奶奶家败落，她被迫改嫁到一何姓家，在那里带着姑姑吃尽了苦头。临终前，奶奶再三叮嘱姑姑，告诉她："这个世界上唯一的亲人是你哥哥，小名叫温毛，大名叫温厚华。你一定要找到他！"从此找到亲人成为姑姑一生的夙愿。她逢人就打听，百转千

爸妈和姑姑一家（前排左一为姑姑温莲杰，左二为姑父熊建国，后排为表弟等家人）

1999年夏，亲戚看望爸爸（前排右二是婶母罗自镛，其他有表弟光华、光祥，侄孙许超英等）

回，锲而不舍。最终得知我们的消息后，马上从四川忠县老家赶到新疆，与亲人团聚了。当然开始我们还不能确认这一切，爸爸也曾通过组织和老家的亲友协助了解情况，当后来事情被证实了以后，我们全家真的是百感交集。姑姑后来和我们生活了很长一段时间，她的两个儿子也在大家的帮助下，通过自己的努力，打拼出了属于自己的一片天地，让姑姑不仅了却了心愿，而且晚年过上了舒心安逸的好生活。

2018年春节，我和小妹回了趟重庆，并专程回到奶奶的祖籍忠县。费一番周折，我们终于来到了当年奶奶的安息之地。六十年前，我们的奶奶被草草掩埋在一片翠竹绿林中，没有一口棺木，没立一块墓碑。如果不是姑姑多年的

60 年后，我们终于追寻到家族血脉之根

1952 年，七岁的大姐飞飞上小学一年级了

1952 年，爸爸妈妈和三个孩子摄于重庆

坚守和执着的寻亲，也许我们家族的血脉就无从寻觅了。站在这块不足三平米的土地上，我们悲伤难抑。奶奶的一生充满了悲剧，不管是时代还是家庭抑或其他原因，作为一个生命个体，她是不幸的。"苍山翠竹埋悲剧，一抔黄土掩凄凉。"我们包起浸透奶奶心血的泥土，为她寻了一处真正的安息之地，安葬了她老人家，代爸爸了却了终生的遗憾，也告慰姑姑和所有在天国的亲人。

从 1950 年回到重庆，到 1954 年离开，我们家的二女儿小明、三女儿小珊陆续来到人世，一家六口人第一次过上了不再颠沛流离的生活。当时西南局的家属院和邓小平家的院子仅一墙之隔。爸爸说，住在我们家的二楼，经常可以听到邓家小院的欢声笑语。后来大姐从幼儿园毕业后，直接进入卓琳任校长的重庆人民小学，开始了读书的生活。

回到重庆后，起初妈

1952年，叔爷温田丰一家（中为婶母罗自镛，当时在西南局托儿所工作）

1952年夏在重庆南温泉，与亲友团聚（前排右三为爸爸，右二为妈妈，爸爸左侧为叔爷温田丰）

1954年，小军、小明、小珊摄于重庆

妈被调到西南军区战斗剧社，任舞台装置队政治协理员。1952 年 4 月妈妈也转业了，被安排在西南局托儿所继续任政治协理员一职。在那里，她与自己的婶母，也是爸爸革命引路人温田丰之妻（也是战友）的罗自镛成为同事。共同的革命志向，真挚的同志情谊使婶侄两辈人成为工作中的好搭档。这种亲情一直延续了她们的终生。

这一段时间，我们家还有一件事，影响了我们全家一生，这就是陈妈走进了我们家。陈妈本名叫李淑民，四川长寿县人。来到家里时已四十有余。陈妈自小家境贫苦，母亲去世早，父亲带着三个女孩子艰难度日，生活非常困苦。后来她嫁给一个姓陈的男子，生下孩子不久丈夫就被抓壮丁，走后就再也没有回来。陈妈带着个孩子没法生活，就开始给地主家帮工，受尽苦难。重庆解放时，父母工作都很忙，我出生后得了一种叫"重庆热"的怪病，长时间高烧不退，怎么医都不见好。后来在爸爸的坚持下，医生"死马当活马医"，竟然慢慢使高烧退了，人也缓过来了。为了照料我，经组织联系介绍，陈妈来家里专门带我。她精心调理饮食，像对待自己的孩子一样呵护着我。慢慢地，我的身体开始健壮起来。妈妈很高兴，看到陈妈是个老实人，工作又尽心，就让陈妈留在家里。其间发生了一次小火情，我的脸不慎被火烧了。这事妈妈没有怪罪陈妈，大家的感情反而愈加深厚。当父亲要调去北京时，爸妈征求陈妈的意见：是留在重庆还是跟我们走？陈妈表示愿意跟我们家到北京。就这样，陈妈从重庆到北京，又从北京到新疆，在这个家一待就是 40 年，成为家里重要的家庭成员，直到最后，我们为她老人家养老送终。由于当时部队实行供给制，因此陈妈的儿子也就由公家负担，一直资助读书到高中毕业。

陈妈晚年和儿子一家合影

在中共中央宣传部工作

（1954—1958）

1954年2月12日，中共中央农村工作部向中央报告，指出目前各地在建立农业生产合作社中存在着问题，在建设工作中出现了"夹生"情况。3月12日，中共中央向各地批转了这个报告。1954年11、12月间，全国农村开展了粮食统购工作。当年夏季，因长江、淮河地区以及河北省遭到了罕见的水灾，全年的粮食生产计划没有完成，但粮食收购却完成全年计划的110%，在粮食收购中出现了严重的强迫命令现象。发展农业社中的方法简单粗暴，粮食收购中的强迫命令引起了农民的极大不安，生产力开始遭到破坏，农民大量出卖和宰杀牲畜。因吃不饱，出勤率大大降低，农民同党和政府以及乡村干部之间、乡村干部与上级干部之间、乡村同城市之间的关系一时间都很紧张。

正是在这样的历史背景下，1954年9月，爸爸带着我们全家从重庆北上，前往北京的中共中央宣传部报到。父亲上调中央，是由时任中央宣传部常务副部长的张际春同志点名特邀的。

张际春（1900年12月20日—1968年9月12日），湖南宜章人，字晓岚。从井冈山时期起，他就跟随毛主席南征北战。在第一次国内革命战争、抗日战争中，长期从事军队政治工作，曾任抗大政治部主任、第十八集团军野战政治部副主任等职。解放战争中，作为邓小平、刘伯承同志的战友，在第二野战军任副政治委员兼政治部主任。新中国成立后，他历任重庆市军事管制委员会主任、西南军区副政委兼政治部主任、中共西南局办公厅主任、组织部长兼纪检委书记、西南局第二书记、农村工作部部长等职。1954年初，张际春调中央宣传部任常务副部长、国务院文教办公室主任等职。张际春同志非常注重深入实际，搞调查研究，掌握第一手资料，并且亲自撰写文章或报告，是一位严于律己、讲求实际、作风扎实、平易近人的党的优秀政治干部，被誉为"一个高尚而纯粹的人"。1968年9月12日在"文革"中含冤去世，他的夫人、红军老战士罗屏同志也遭打击。1979年，中共中央为其平反昭雪，恢复名誉。

爸爸和张际春伯伯相识在战火纷飞的年代。1938 年 5 月，在抗大召开奔赴延安的重庆救国会成员座谈会上，爸爸作为救国会骨干分子参加了这次会议。时任抗大政治部主任的张际春在会上听取了与会同志的汇报，并在会上讲话，对重庆救国会的工作给予了肯定。后来爸爸被调往西南军区改造起义部队工作团工作，完成了改造起义部队任务后，被组织安排到西南局农村工作部，从事土改运动。此时，张际春伯伯恰好担任西南局副书记、农村工作部部长和西南军政委员会土地改革委员会主任等职，

张际春同志

爸爸直接在张际春伯伯手下工作，他们一起共事了多年。

正是由于爸爸很好地执行了党的土改政策，在张伯伯的直接指导下，深入基层搞调查研究，并撰写了一批高水平的文字报告，使张伯伯对爸爸有了更深入的了解，十分赏识爸爸的才干，因此，在张伯伯 1954 年初调任中央宣传部不久，即点名调爸爸去中央宣传部工作，任其秘书达一年。后来在爸爸调新疆大学工作时，他也给予了许多指导和帮助。（"文革"中，张伯伯的几个子女也受到牵连，相继来到新疆。当爸爸得知后，在自己深陷危难的条件下，尽最大努力想办法给孩子们以亲人般的温暖。）

1954 年 9 月起，爸爸开始任张际春伯伯的秘书。爸爸在自传

1954 年，爸爸妈妈摄于北京

1955 年秋，爸爸在中央宣传部任部长秘书

中记述，他当时的任务是："（1）接受国内各省市自治区的文件、电报，世界各国大使馆发给党中央的电报，以及收集各国情况等，平均每天登记的文电达 90 件以上。进行分类后，在每天晚饭前整理好几个文件袋，送到际春同志的办公桌上。第二天取回，按际春同志批示的轻重缓急，分发到有关领导单位负责人办理。（2）帮助际春同志草拟文件、讲话稿等。（3）接待来访者。（4）安排各种会议时间等。每天工作非常繁忙，事情紧急就不回家，住在中南海办公室里。"

一年多以后，爸爸希望到更能发挥自己长处的部门去工作，得到张际春伯伯的应允，便转到中宣部宣传处。当时该处分工业和农村两个组，爸爸到了农村宣传组任组长，负责全国农村的宣传工作，并当选为机关党委委员。

爸爸后来回忆："在宣传处的三年中，我开始参加了一个时期的审查干部及外调工作，后来就陆续到农村做社会调查。曾先后到北京市郊通县古城村、河南省临汝县东王村、山东省泰山县、辽宁新津县等地做农村调查。调查的主要内容是农村干部的思想作风问题（当时称作民主办社问题）。这一时期，正值毛主席做了《关于正确处理人民内部矛盾的问题》的报告。当时各地农村闹事的事件时有发生。河南临汝县村民闹事，我和戴临风同志一块，专门下去调查此事。回到北京后，我们撰写了河南临汝县正确处理人民内部矛盾的报告。后来听秦川处长讲，这个报告小平同志看了，批发全国。其间，根据组织分配的任务（个别是自己投稿），我写过几篇文章，在《中国青年》《时事手册》《学习》等杂志上发表了。"

那一段时间，农村接连出现各种问题，使中央非常关注农村和农民工作，派出大量干部下到基层，进行实地调查，摸清情况，协调矛盾。当时给我们孩子印象最深的，就是爸爸经常出差，而且一去要很多天才能回来。

这一时期，爸爸对张际春伯伯的人品有了更深的了解。他曾告诉我们：际春同志真是个好干部，那次出差去石家庄，回来时火车卧铺票已经售完。按照际春同志的部长级别，是应该享受软卧的。但他说，没有多远的路，赶回去还有很多事情，就坐硬座吧。这样爸爸和际春伯伯俩人就坐硬座回到北京。此外，组织上看到他办公室沙发很旧了，提出要给他换一套新的，他说，我的屁股没那么金贵。最终没有让换。张际春伯伯这些优秀品质和领导作风，深深感动和影响着爸爸，也成为他一生效仿的榜样。

爸爸被调到中央宣传部工作，我们全家也跟着进了京城。最初，中央宣传部还设在中南海的乙区，爸爸每天上下班由单位的班车接送。1954—1956年，中南海内进行了大调整，中央宣传部从中南海迁出，搬到景山东面的沙滩，办公室就设在著名的北大红楼里。

新中国成立几年后，国家逐步从供给制转向工资制。1955年5月，爸爸第一次领到了工资。爸爸回忆说："我被定为行政11级，拿司局级的工资。由于没有花过钱，一下领了几百元钱，我便购买了中宣部一个旧缝纫机（上海牌）。同时又到公安部经批准，购买了一个电子管的老式收音机。据说这种电子管可以做收发电报之用，故当时需经公安部批准方能购买。这两件东西一直用到今天（'文革'时期）。"

中央宣传部作为党中央的舆论喉舌，在20世纪50年代那种风云变幻的政治环境中，在宣传党的路线、方针、政策和意识形态方面，始终处于斗争的风口浪尖上。有一件事爸爸从来没有和我们谈起，直到不久前我们才得知。在"反右运动"斗争来临时，爸爸因表达过对丁玲同情的言论，以及对文艺批判的不同看法而受到组织的批评。他思想上也一定承受了不小的压力。也许这是他自参加革命以来，第一次为党的方针感到困惑。那一段时间，爸爸情绪比较消沉。记得有一次他回到家，对大姐飞飞说："有时间你看一下丁玲写的《太阳照在桑干河上》。"当时大姐不知为什么爸爸突然让她看这本书。若干年后，历史证明，爸爸当时的想法以及对文艺批判的看法并没有错。虽然这件事对爸爸没有产生什么影响，但在后来的历次运动中，他始终坚定信念，独立思考，并且敢于公开表达自己的见解。他是一个正直而诚实的人。

对于 20 世纪 50 年代的那一段历史，相信后人会有正确的评价。而对于我们来说，爸爸在中宣部工作的那段时间，是我们全家最幸福的一段时光。当时妈妈在中宣部图书馆工作。1955 年 2 月，小妹莎莎出生了。大姐和哥哥陆续进入北京育英学校上小学；三个小的在中宣部幼儿园享受着非常好的托儿待遇。家里的一切就由陈妈负责打理。

妈妈自打从家里跑出参加革命，一走就是十多年，家里老人主要靠两位舅舅赡养。现在条件好了，北京离妈妈的老家定县路途不远，妈妈很快就把姥姥从农村老家接出来，和我们住在一起。两个舅舅也时常从老家来北京串门。那时爸爸的亲友在北京就更多了，不仅爸爸的祖母（我们叫祖祖）、两个姑姑都在北京，而且，当年一块儿在重庆搞救亡运动的一批老战友更是大部分集中在

1958 年 6 月 23 日摄于中央宣传部办公楼前，前排右二为小姑奶奶温士一，右三为老祖奶奶，后排左三为大姑奶奶温嗣莹

首都，在国家各个机关或关键岗位上担任领导职务。还有妈妈的一批战友也相继来到首都，在一些主要的文化艺术部门和团体工作、生活。

有这么多的亲朋好友，爸爸、妈妈又是两位非常注重感情、非常具浪漫情怀的人，我们家的周末和节假日的安排就可想而知了。周末，只要爸爸在家，我们大都会全家出动，不是到公园游玩，就是和父母的老战友聚会。那一时期，我们留下了许多美好的瞬间，从这些照片中可以看出，当年我们的生活是多么的安定和优越，每个人脸上都充满了幸福愉快的阳光。

全家人和姥姥、表姐合影

20 世纪 50 年代，妈妈与老战友聚会

五　献身边疆的教育事业

临急受命　奔赴边疆

1958 年上半年，中央决定成立宁夏回族自治区。此前，先成立一个宁夏工作委员会负责筹备自治区成立工作。这个委员会相当于宁夏区党委。爸爸被中央任命为宁夏回族自治区工委委员、宣传部长，参加筹备工作。

爸爸曾经告诉我们：当时中央宣传部与现在不大一样。中央各部门人员精干，有许多普通职务是从战争年代走过来、级别较高的老同志担任。"我当时也只有三十来岁。戴临风（曾任中央电视台副台长，电视剧《红楼梦》《三国演义》的总监制）就在我的组任干事。宣传处处长秦川（后来任《人民日报》总编辑、社长）也是一位老同志。称老同志并非讲年龄，而是指经过战争考验的一批同志。其实大家年龄都不很大。"

关于调宁夏的事，爸爸回忆说："这个决定是由当时中宣部干部处的一位领导找我谈的话，通知我的工作调动。调我到宁夏工作，也许因为我是回族干部吧。那时从中央派到地方，而且是比较边远落后的地区，并非每个人都十分情愿。当时就有一位同志因条件艰苦，没有去。但我觉得，共产党员嘛，就应该服从组织安排，让你到哪儿去就到哪儿，没有什么条件可讲。战争年代我们就是这样过来的，建设时期也应该这样。因此就欣然应允，开始收拾行装，准备前往。"

此时，一个意外改变了爸爸和我们全家今后的生活轨迹。

爸爸回忆："正当我准备动身去宁夏时，新疆维吾尔自治区党委派关欧洛和麦苗两位同志到中央来要人。当时自治区准备在新疆学院的基础上筹建新疆大学，请求中央支援干部。关欧洛同志听说我在中宣部工作，就来找我，动员我去新疆。我和关欧洛同志在战争年代就相识了。那是1945年，在保卫延安的战役中，打沙家店战斗。我当时在彭三五八旅（旅长彭绍辉）七一四团任政治部主任，关欧洛同志在二军任侦察科长。当时我们的任务是追击敌人，他也带着部队在这一带侦察。由于好几顿没有弄着饭吃，饿得不行，正好来到我们部队，就找到我，让给解决吃饭问题。这样我们就认识了。也许是因为都经历了战争年代的考验，相互有一种信任感，因此，当他听说我在中央并准备调宁夏时，就立即找到中宣部干部处，提出让我支援新疆，希望我不去宁夏，干脆到新疆来。

"中宣部干部处领导告诉我，新疆来要人，征求我的意见，看我愿意去哪儿。当时我已经准备好了去宁夏，对这个请求，我没有马上接受。这倒不是说我对新疆有什么格外的看法，宁夏、新疆都是边远艰苦地区，这没有问题。关键是我考虑到自己文化程度不高，又从来没有从事过教育工作，连正规大学是什么样子都不太清楚，怎么能担当此重任呢？为此，我专门去找了张际春同志。"

爸爸向张伯伯谈起了事情的前因后果以及自己的顾虑。爸爸说："他当时的一段话，我至今记得非常清楚。他说：'大学你没有搞过，那过去仗你打过吗？这不就是在战争中学习战争吗？不要有顾虑，只要虚心学习，多听专家的意见，会搞好的。'这一席话增强了我的信心，这不就是我们经常说的实践问题吗？"

爸爸回忆道："当然，对没有从事过的工作，自己需要学习。而且听说要把新疆大学建成一所综合性大学，即像北京大学那样，并且又是多民族的综合大学，因此我就有个想法，希望能到咱们国家的最高学府北京大学去看看，看人家究竟是怎么办学的，大学到底应该如何办。我提出这个要求后，张部长立即允诺，马上把干部处的领导找来，让他安排此事。当时的中央宣传部统管全国的文教卫体工作，包括各高校的干部任免都由它管，而教育部只管业务。不久，他们给当时北大的党委书记兼校长陆平同志打了招呼。大约是在6月初，我来到北京大学，开始了一个月的学习。

"记得那时北大的党委行政办公楼在未名湖畔的一座旧式建筑中（现在依然是）。我去后，一方面参加学校的党委会议，看人家是如何工作，了解大学的组织机构、系部设置、开多少专业、有哪些实验室等等，另一方面深入到各个系部、实验室去参观。反正我提出什么要求，北大的领导都尽量满足。

"有一件事我印象很深。当时国家还比较落后，但有什么最先进的设备，就先给北大和清华。当时北大准备搞电子计算机，那时计算机没有集成电路，没有半导体，都是电子管，其中有一种叫异型电子管的国内没有，北大准备建一个厂子专门生产这种产品。建这个厂我去看了，厂房不大。另外，什么生物实验室、物理实验室、化学实验室等等，我都去看。说来也巧，当时新疆学院正好送了几位教师到北大进修，记得有化学系的胡元珍，有教近代史的维吾尔族教师穆合塔巴尔，还有生物系的沙拉麦提·阿巴斯等教师。我知道后就去看他们。他们听说我要到新疆去工作，很高兴，很亲热。后来，这些同志都担任了领导工作。"

一个月短暂的学习很快就结束了，但这次学习和参观，对爸爸后来从事的教育工作，为创建新疆大学奠定了最初的基础，尤其使其对如何创建一所综合性大学有了初步的了解和认识，这为他后来在新疆大学规划学科体系、制定专业设置，以及具体的教学计划、教学大纲、教学方法和内容等等，提供了许多宝贵的理论指导和实践经验。

爸爸讲："我有许多思想和认识，都是从那时开始建立起来的。尽管对新的工作还缺乏了解，但当时凭着一股热情，凭着对党的事业的忠诚，以及多年来培养起来的不畏艰难、不计得失的献身精神，自己还是对未来充满了信心。"

爸爸曾深情地回忆说："回想那一段时光，很有意思。当时自己虽然还未进入壮年，但也可谓历经风霜。我从十六七岁开始参加革命，那时在国民党的陪都重庆从事秘密抗日救亡运动。后来奔赴延安准备进抗大学习，但因脚伤改读陕北公学。这也许是我唯一的、短暂的大学生活。后来就转战南北，一边战斗，一边从事政治宣传工作。那时自己同无数热血青年一样，怀着崇高的理想和追求，提着脑袋干革命，就没有想到还有什么个人的利益可以贪图，对组织的历次安排和调动都是无条件服从。这次，虽然自己心中没有太大的把握，但既然党的工作需要我，我就应该服从。而且那时自己也还年轻，充满理想，无所畏惧。就这样，我一如既往，再次服从了组织的分配，不仅自己来，还举家西迁，开始了自己后半生的奋斗历程。"

1958 年秋，爸爸终于推掉去宁夏的成命，接受来自边疆的邀请，奔赴新疆，去开辟一项新的事业。当年，爸爸只有 38 岁。爸爸的这一决定，也从此改变了我们全家人的命运。

当时我们五个孩子，最大的正准备上小学六年级，最小的妹妹才只有三岁。小孩子们并不知道，我们的人生轨迹将会发生怎样的转变，前面的路将会如何艰辛，新的环境和生活将是怎样的一幅情景，反正一听说全家要出远门，大家那个高兴劲简直就别提了。我们得意地和托儿所的小朋友们吹嘘，说我们要去很远的新疆。正好老师找来一幅新疆的风景画，上面背景好像是天山，前面有一片绿色的草地，一男一女两个维吾尔族青年穿着艳丽的民族服装，载歌载舞，生动极了。有了这幅画的渲染，我们更加自豪，因为我们就要去那个美丽的地方。临行前，全家的东西被打成许多行李，堆在一起。我们更加疯了，一齐跳到行李堆上，妈妈紧着劝说快下来，可谁也不听，大家又蹦又跳，真是开心极了。

然而后来我们才渐渐明白，我们将要面临怎样的生活。此时西北地区与北京中央机关优厚的工作和生活环境相比，完全是天壤之别。当时中央宣传部设在北京沙滩，紧靠景山公园。起初爸爸妈妈上班就在北大红楼里，后来为保护历史文物，又在红楼后面的空地上盖了一幢非常壮观的大楼，条件更加优越了。我们家住在一栋家属楼的四层，当时还不是单元房，但四楼一层的几间房基本就我们一家住着，很宽敞。那段时光，我们的生活丰富多彩。记得星期天，爸爸经常会带着我们全家出去玩，不是到不远的景山公园爬山，就是去北海或颐和园划船，在那里我们留下了许许多多幸福的瞬间。

爸爸妈妈周末在北海游玩

北京，周末与亲友逛公园

  当时大姐飞飞和哥哥小军已在北京育英学校上学。这是中央直属机关小学，北京的中央领导子女大都集中在这里上学。无论从建筑、设施，还是环境，这里都有非常完备的条件。

  其他三个小的都在上中央宣传部的托儿所。那里原来是一座苏联小学，条件非常好。一幢苏式的三层小楼完全按照苏联的建筑风格建造，地面是水磨石的，很光很滑；教室、寝室里，家具设施一应俱全；各种玩具，室外的秋千、滑梯等可充分满足孩子们的玩耍需要。这里的伙食也很好，每天午休后每人还发一个水果。

  但自从踏上西去的列车，一切就全然改变了。

  那次远行，原本按照爸爸的级别，全家人可以乘坐飞机去往新疆。但有一个情况使爸爸改变了主意——从四川一直跟着到北京的陈妈因不是直系家属，不能一同乘机。既然这样，爸爸就决定，全家一块儿坐火车，即使要走那么远、那么长的路。记得当时全家八口人，孩子都不大，行李又多，真是为难妈妈了。她看东西实在不好带，就将一个大洗衣盆从车上取出，扔在车站准备不带了。谁知都要开车了，陈妈突然跳下车，执意要把洗衣盆带着，在她的坚持

1958 年的大姐飞飞

1958 年的哥哥小军

下，洗衣盆终于和我们一块到了新疆，并且在最困难的时候，忠实地为我们服务了很多年。

爸爸回忆："1958 年 8 月，我携全家从北京出发，先乘火车到兰州，稍事停留，又乘了一段火车，到尾亚就没有铁路了，然后改乘军队的篷车。白天赶路，晚上住在地窝子搭的兵站里。记得那时西部的秋季烈日当头，白天在戈壁上跑起来，不仅炎热干燥，而且尘土弥漫。每天赶到驻地，人整个成了土人，灰头土脸的，又困又乏。"

对于这一段经历，虽然已经过去五十余年，但当时的景象依然历历在目。

从北京出发开始还可以乘火车，到了兰州就下车了。正好妈妈的二姐在兰州生活，我们就顺道去拜访二姨家（大姨很小就夭折了）。二姨夫抗战时也是一位在地方工作的"老革命"，新中国后辗转到兰州在一家国营企业任总经理。姐妹情深，二姨全家盛情款待我们，算是远途中修整了一下（后来二姨夫在运动中遭受迫害，1968 年病逝。几位表兄姐妹都很争气，事业有成。二姨更是在"文革"最困难的时候来到我们家，在生活上给予我们很大的帮助。

从兰州以西的尾亚开始，我们全家和一批前往新疆的支边干部一同，开始乘坐军用大卡车前行。当时正值盛夏，天气异常炎热。上面骄阳似火，下面戈壁滩滚烫的地面反射的热浪一阵阵扑面而来。军用卡车用棚布罩着，我们坐在行李包上，如同坐在蒸笼里，闷热难耐。车上的其他叔叔阿姨帮着妈妈搂抱我们几个小的，从早到晚急匆匆赶路，一直到太阳快落山才在一个兵站停下，晚上就住在兵站的地窝子里。地窝子是一种向地下挖一米多深，上面盖上一个篷顶的简易住房。从门口进到屋里，要下一个很陡的斜坡。屋里只有一排通铺，铺的盖的都是军用被服，我们就都睡在上面。记得有一次我们结伴去到很远的一个简易茅房解手，没想到去的时候天气还挺好，一会儿工夫就狂风大作。狂风卷着沙尘迎面袭来，刮得人简直站不稳。接着就是大雨倾盆，雨水密集得几步远就

1974 年，妈妈和二姨摄于北京

20 世纪 60 年代，二姨全家摄于兰州

"文革"期间，二姨在我们最困难的时候来我家帮助料理生活

看不见人了。我们当时年龄都还小，从来没有见过这般情景，当下就吓得逃回茅房大哭起来。一会儿只见陈妈从远处顶着一件东西跑来，这才使我们停止了哭泣。对于我们这些从小在京城里长大，过惯了干净舒适生活的孩子来说，眼前的一切是那么陌生，那么不适应。到处黄土弥漫，见不到一棵树，甚至连草都非常稀罕。就这样白天赶路，吃着兵站的伙食，晚上睡在地窝子里，一路颠簸，一个多星期后终于风尘仆仆地颠到乌鲁木齐。

爸爸妈妈就是这样，自打参加革命，就早已将个人利益甚至生死置之度外，一切服从组织安排，一切以党和国家的利益为最高使命，从来没有考虑过个人得失，没有计较过一己私利。一生志存高远，淡泊名利。国家哪里需要，就毫无怨言地奔向哪里。他们可以舍弃优厚的工作和待遇，告别熟悉的工作、舒适的生活环境，惜别身边经常可以相聚的一大群亲朋

20 世纪 70 年代，爸爸在上海参观党的一大会址

好友，毅然带领全家，义无反顾地奔向大西北，奔赴党和国家最需要的事业和地方。"苟利国家生死以，岂因祸福避趋之"（林则徐）。"常思奋不顾身，而殉国家之急"（《汉书·司马迁传》）。中国历来不乏以天下为己任、以身报国的仁人志士。爸爸妈妈用他们平凡的人生，为我们树立了最好的榜样。

创建新疆大学

激情岁月

1958 年 8 月，全家人风尘仆仆，颠簸一周后，终于到达新疆的首府乌鲁木齐市。

爸爸欣然接受邀请，奔赴远在边陲的新疆，是因为当时国家准备筹建新疆大学，需要大批的管理干部。此时，国家正处在"大跃进"的火热年代，全国人民以无比高昂的激情，在各条战线上为祖国的飞速建设与发展奋斗着。而大力发展教育事业、培养大批高等人才，是国家当时非常紧迫的重要任务。爸爸正是在这样的情况下来到新疆的。"半生戎马半生文，战罢黄河渡玉门"，老战友李春裪晚年祝寿时给爸爸的题字，是对爸爸人生经历最真实的写照。

新疆大学的前身是新疆学院，它的历史可以追溯到 20 世纪 20 年代。早在辛亥革命胜利后的民国筹建时期，新疆督军杨增新仿照北京俄文法政专门学校，以省立第一中学为址，于 1924 年 7 月正式成立新疆俄文法政专门学校，成为新疆当时唯一的高等专科学校。1928 年 8 月，学校改称为"新疆省立俄文法政学校"。1930 年 9 月，经省政府批准，正式改名为"新疆俄文法政学院"。1935 年 1 月，"新疆学院"在新疆俄文法政学院基础上改组成立，学院地址在原迪化（乌鲁木齐）北梁博大书院的旧址内。新疆学院成立后，先后有俞秀松（化名王寿成）、林基路、杜重远、茅盾等一批共产党人或进步知识分子进驻学院，担任领导职务，为学院培养和造就了一大批先进青年。在当时极端险恶和困难的形势下，学院有了很大的发展，甚至吸引了全国各地进步人士的注目，成为一所具有光荣历史的学校。全国解放后，学院进入新的历史发展时期，陆续合并了其他一些学校，调整了一些院系，扩大了学院规模。1954年，学院已分文、理、农三科，设有数理、生化、语文、史地、政治教育、农林、畜牧、艺术八个系。在王震司令员的亲自规划和指挥下，由驻疆部队亲手施工，建造校舍，学校条件大为改观。校舍新建筑面积达2.6万平方米，是新中国成立前的8倍。1956年经国务院批准，决定在新疆学院基础上筹建新疆大学。周恩来、朱德、董必武等国家领导人都非常关心新疆大学的建设，时任教育部长的杨秀峰同志亲自为新疆大学选址并拨巨款支持。

爸爸带我们全家来到新疆，"那时的乌鲁木齐与现在不能同日而语。记得当时城里只有北门那一带有一条柏油路，全城只有红山有一处澡堂。虽说是自治区首府，但情景还不如内地一个县城的规模。说实在的，猛然从首都北京来到这样的环境，一下子还真有些不适应，尤其是孩子们，感到特别不习惯。"爸爸非常客观地袒露了当时的心情。

"当时还没有成立新疆大学，我报到的单位就是当时的新疆学院。那时新疆学院就在现在新疆大学的校址上，著名的红楼曾经是陈潭秋等同志和新疆当时的许多老教育界的前辈们工作过的地方。还有一座教学楼连带一个礼堂。在其周围，有当时的新疆师范学院、财经学院，还有一所政法干校。"此时新疆学院的院长是张东月，惠奋任书记。那个时候，新疆的教育事业还比较落后，只有九所中学，在校生大都为少数民族学员，人数也很有限。大学的情况也大致相同。当时新疆学院设有语文、数理、史地、生化等系部，全校教师近300人，其中半数以上是民族教师。当年在校生上千人，毕业班有14个，毕业生400余人。图书馆藏书也颇丰，已达20余万册。但这时学校的学制还为三年制，招收的学生也只有初中文化程度。这就是当时新疆学院的基本状况。

"我到学校后，正好赶上全国都在大炼钢铁，学校也不例外。我来后就参加炼钢劳动。不久，学校成立民兵红旗师，我被任命为民兵师政委。这是我来后接受的第一个任命。"接着，爸爸带领学院抽调出的380余名干部学生队伍，去参加修建兰新铁路路基的劳动。他与教工和学生同吃同住，亲自参加奋战。在他的带领下，到11月份，共完成挖填土石方2.7万方，超额27%完成任务。在一张珍贵的照片背面，由工作人员写下了：修建土铁路（二营二连机械系）工地上，温书记在劳动。1960.3.6

1959 年，爸妈更是异常忙碌，几乎没有任何闲暇。"我们参加了红雁池荒山的造林劳动，接着开展了整改运动、革命传统教育，加强科研工作，干部下放劳动锻炼等等各项活动。总之，在那个火红的年代，到处都呈现出一派生机勃勃的景象。"

从史料上我们看到，那一年，新疆学院和全国其他大学一

1960 年 3 月，爸爸在新疆大学二营二连机械系修建土铁路工地参加劳动

样，陆续开展了各种运动和学习。年初，在全院开展学习党中央八届六中全会的文件，学院党委提出"提高认识，端正作风，改进工作，提高教学质量，为更好地开展教学改革加强思想基础建设"的任务。学院成立了科学技术领导小组，具体领导学院的科技工作。为此学院的科研工作轰轰烈烈地展开，在半年中各系订出的科研项目就达 30 余项。接着，学院召开整风运动第三、四阶段动员大会，爸爸做大会报告，以此掀起教学改革的高潮。4 月，为响应市委发出的"市区花园化、戈壁森林化"的号召，学院组织了由师生代表组成的民兵团，在红雁池西畔的荒山上，造林 350 余亩。在"五四"来临之际，爸爸亲自撰写文章，给全院共青团员和青年同学做了《五四运动的历史意义及如何继承和发挥革命的光荣传统》的报告。

这一时期，自治区党委对新疆学院的发展也给予了高度的重视和支持，首先指定新疆学院为自治区重点院校。接着，在 1959 年 5 月中央召开的全国教育工作会议上，决定由北京大学、清华大学、吉林大学、西北大学、兰州大学、华东工学院、东北工学院和中国人民大学等院校，支援新疆大学的筹建和

成立。

6月1日，自治区党委文教部正式任命温厚华为新疆学院党委书记，全面主持工作。8月，区党委和人委决定，新疆学院搬迁至原新疆语文学院校址，另在二宫开辟了一大片新校址，学院分南北两院进行教学和办公。12月27日，新疆学院举行全体师生员工建设新疆大学的誓师大会。为了向新疆大学过渡创造条件，经高教部批准，学院增设机械、电机、化工、土建四个工科系，学制由三年改为四年（少数民族学生加一年预科），开始全部招收应届高中毕业生，并按照内地省份综合大学的教学大纲、计划开展教学工作。由此学院正式步入本科层次的高等教育轨道（新疆学院原有的几个系部如农林、畜牧系归并八一农学院；政治教育系拨归新疆师范学院；以新疆学院艺术系为基础成立新疆艺术专科学校）。

爸爸讲："由于有了在北大学习时确立的指导思想，即新疆大学必须按照正规综合大学的路子来办，因此，我从一开始就坚持学校一定要注意质量，要高标准要求。"

这一年，学院一扫过去在科学研究中冷冷清清的局面，取得了显著的成绩，全年共完成修订教学大纲，编写教材、讲义，撰写各种专题论文、报告，试制新产品等各项科研题目130项，大大超过了原订数目，为原订科研计划项目的309%，开始出现了科学技术工作的高潮。数理系、生化系、史地系、中文系等深入基层调查研究，纷纷完成一批科研项目；建筑系参与了"新疆大学总体规划"和"新疆大学主楼设计"等。教学上试行了用汉语上课，使少数民族学生基本能听懂主要的讲授内容，实现教学上的一次突破。

这一年，爸爸妈妈没日没夜地工作，不仅白天上班，晚上也经常加班和参加各种学习。爸爸时常出差，亲自带领师生到各地去参加各种生产劳动；妈妈也去参加大炼钢铁的"砸矿石"劳动。晚上或周末，我们经常看见爸爸在昏暗的灯光下撰写文稿，有时还和妈妈兴奋地谈论工作上的事情和困惑。那种工作的激情和节奏，要比在北京紧张得多。

虽然已经过去五十多年了，但初来乍到新疆那一年多的时间，却给我们留下了深刻的印象。当时新疆学院校址还在南梁坡，各方面条件非常有限。我们全家被临时安排在"窑洞"楼挡头的两间屋子里，和学生宿舍在一栋楼里。家

20 世纪 60 年代，
爸爸的工作照

20 世纪 60 年代，
妈妈的工作照

里除了几张大床和几件简陋的家具外，完全可以用"家徒四壁"来形容。

我们三个大孩子被直接送进新疆军区子女学校，住宿制，每周六回家，周日下午又回到学校。两个小的也没有托儿所可上，就跟着陈妈在家里玩。平时上学还不觉得怎么，可一到周末，爸妈晚上经常加班，就把几个孩子丢在家里。陈妈大都在有灶台的那间屋子里忙活，我们几个就蜷缩在另一间屋子的大床上，空荡荡的房子，昏暗的灯光，外面很黑，我们很害怕，盼望着爸妈赶快下班回来。为了排遣心中的恐惧，大姐就给我们讲故事，谁知越讲越害怕。碰到外面刮风、下雨、闪电，就更加不知所措了。这一切与北京舒适悠闲的生活形成鲜明的对照。为此，我们几个大点的可没有少哭。唯一让我们开心的，是屋子外面的院子里长满了茂密的扫帚苗，一篷一篷的，非常好看。白天我们没有地方可玩，就在里面躲着藏猫猫。有一次，两个妹妹在院子外面的小河沟边玩耍，突然小妹莎莎不小心掉进了河里，所幸一位叔叔及时赶到，把小妹救起，好险啊。

初战告捷

1960 年，新疆学院正式步入向综合大学迈进的关键时期。2 月初，学院举行了首次科学研究与学术座谈会，再次将科研工作提高到新的重要地位。爸爸在闭幕式上做了讲话，进一步强调高校开展科研工作的重要性，同时开放了科研与学术成果展览室，展出学院取得的 120 项科研成果，以鼓励并扩大宣传和影响力。"为适应经济建设与科学文化的发展和需要，提高教学质量与科学水平，根据中央和自治区的指示，我院积极创造条件，有计划、有步骤地招收和培养研究生，在新疆大学成立后实施，并制订出了如何培养青年和研究生的计划。"

1960 年 3 月 20 日，是新疆大学建设发展史上一个具有里程碑意义的日子。这一天，新疆大学主楼开工典礼于上午 11 时在南院隆重举行。自治区党委第一书记王恩茂，自治区人委主席赛福鼎·艾则孜，自治区党委书记吕剑人、李铨，候补书记祁果，乌鲁木齐市市长亚生·胡达拜尔地，以及自治区文教部、计委、教育厅、中国科学院新疆分院、生产建设兵团等单位的领导、嘉宾到会祝贺。学院党委书记温厚华，副院长张东月、惠奋，以及全院师生员工一千余人参加开工典礼。赛福鼎主席在大会上讲话。下午 1 时，王恩茂、赛福鼎、吕剑人、李铨、祁果等党政领导挥起十字镐，为新疆大学主楼工程挖掘第一锹冻土，新疆大学主楼建筑工程正式动工。从那一刻起，自治区第一所综合性大学——新疆大学的建设终于拉开序幕。

6 月，在新疆学院召开的第二次全体党员大会上，爸爸代表上一届党委做了工作报告。他在报告中总结了近四年来的工作成绩和主要经验，提出了今后

1960 年新疆大学主楼模型（左侧为爸爸的亲笔题字）

新疆大学学生做课外实习

学院的工作任务。会议选举产生了第三届党委，爸爸再次当选为党委书记。

在教学改革运动中，学院党委深入研究并制订了教学改革计划。根据多民族学校特点，结合新疆实际，修订和编写了教学大纲、讲义、教材及工具参考资料。新建了专业实验室、实习工厂、资料室等。科研工作也取得了新的进展，不少系和教研室提前并大大超额完成本单位计划项目，尤其完成了自治区分配给学院的 8 个重大项目，基本完成 605 I 型模拟电子计算机的试制调整等一批科研课题。

1960 年 10 月 1 日，自治区党委决定，新疆大学正式成立，并确定新疆大学是一所以理工为主，工科为重点，兼办文科的综合性大学。共设数理系、生化系、机械系、电机系、化工系、建工系、中文系、史地系 8 个系，15 个专业和马列主义教研室。当时在校教师 340 余名，各类在校学生 1482 名，其中本科生 762 名。10 月 6 日，在新校址，新成立的新疆大学隆重举行庆祝大会，自治区有关领导、各有关单位和兄弟院校代表参加了大会。随后，学校校务委员会及各级组织机构相继建立，一大批干部得到任命。学校出版了"新疆大学成立"专刊。据统计，"自 1958 年至 1960 年，国家建筑和学院自营建筑的工程面积共计 24580 余平方米，包括校舍、工厂、农场用房，其中自建 9405 平方米"。图书馆藏书已达 28.2 万余册。

筚路蓝缕 砥砺前行

自力更生渡难关

为了实现将新疆大学建成真正具有规模和实力的综合性大学，自治区决定将新疆学院整体搬迁到二宫，在那片广阔的区域大力开发建设。当时学院分南北两院：搬迁到原财经学院校址的（一般称作北院）为主要行政机构和教学区。从长远发展规划，在现在科学分院的那片区域（称南院）为今后主要建设的校区。

1959 年夏秋，学院开始搬迁。当时北院已有几幢建筑，三层的办公大楼、两幢教学大楼和三幢学生宿舍，分布在开阔的校舍中。这些房屋是苏联为支援我国的建设而修建的，式样和质量都很明显地带有苏联建筑的特点。黄色、很厚实的墙体，绿色铁皮覆盖在楼顶，地面不是水磨石就是木地板，十分考究。虽然道路还没有完全修建好，但可以看出整体布局很有规划，每条小路两边都栽种了树木。其他如食堂、大礼堂、锅炉房等一应俱全。当时学院的教工大都还住在一片平房中。有一幢家属楼，距校园中心有一段距离。三层小楼孤零零地矗立在四周乱石滩的荒野上，非常突兀。学校周边没有建围墙，完全是开放式的，但人们没有不安全的感觉。

在我们的印象中，刚到新疆的一年多，生活的确比较艰苦，但爸爸妈妈和周围的叔叔阿姨们充满着对学校和新生活的无限向往，大家拼命地努力工作。搬到二宫的新家后，条件改善了许多，起码住到了单元房里。虽然全家人口多，还是有点挤，但至少不用再到外面去打水或上厕所了。家里安装了电话，也配置了一些沙发之类的家具。特别是家属楼周边空旷的视野，近似原始的田园风光，还有玩伴们的童趣和无拘无束的生活，给我们的童年留下了难以忘怀的美好记忆。

来到新疆，爸爸妈妈清醒地认识到民族团结的重要性，因此他们严格遵循党的民族政策，非常重视与少数民族同志的关系。工作不久就与一批少数民族同志交上朋友，经常主动请他们到家里来，既联络感情，也便于学习维吾尔语。记得有阿巴斯叔叔、祖农叔叔、拉吉米丁叔叔、哈斯肯叔叔、玛利亚阿姨……还有艺术学校的维吾尔族舞蹈家康巴尔汗。他们很快成为我们家的朋友和常客。父母平易真诚的为人和工作作风，很快受到民族干部的认可。后来这批民族干部在党的培养下逐渐成长起来，纷纷走上领导岗位。爸妈和周围同事关系处得也非常融洽，大家没有那么多上级和下级的拘束，像一家人一样，过年过节互相拜年走访，亲密无间。这种真挚深厚的同志情谊一直保持了许多年，即使在"文革"那样混乱、爸爸受迫害的时候也没有中断。许多人通过各种方式默默地给予我们帮助。

20 世纪 60 年代的新疆大学校址

20 世纪 60 年代初，爸妈与新疆大学同事在一起

当时在新疆大学工作和生活的一批苏联专家也与父母建立了很好的友谊，在他们离开中国时，大家互赠礼品，依依惜别。

正在新疆大学大踏步向前发展时，国家突然面临着来自各方面的挑战。先是苏联撤走了援建的专家，开始对我国施压并实施经济封锁，接着就是严峻的"三年自然灾害"，使国家处于严重的经济困难时期，人民生活陷入了困难之中。新疆大学的大规模建设被迫暂停，南院刚启动的一批建设项目也不得不下马。

记得当时无论是食品还是各种物资，供应全部都压缩下来，物质匮乏到几乎什么都没有。妈妈因为营养不良，出现了浮肿。我们

20世纪60年代初，爸爸与阿巴斯同志（后任新疆自治区科委主任）在一起

20世纪60年代，妈妈与同事合影（中为张志超，右为民族干部毛居德）

曾一度跟着妈妈到野外，从榆树上去撷"榆钱"，拿回家和着玉米面一起蒸着吃。

为渡过难关，爸爸高扬起了"自己动手、丰衣足食"的延安作风，发动全

院教职员工开垦荒滩，种粮，种菜，养殖，还规定了每个职工每年必须完成的上交任务量。爸爸妈妈带头在戈壁荒滩上开荒种菜，种上土豆、玉米、南瓜等各种粮食替代品，还有黄瓜、辣椒、茄子、西红柿、西葫芦、胡萝卜、甜菜等数不清的蔬菜品种，还养了一头猪和一大群鸡（爸爸虽然是回族人，但他希望用自己的行动破除风俗，尽一切办法克服困难）。记得那时我们只要周末回家，就跟着妈妈下地干活，帮着拔草、间苗什么的。放暑假，就跟着妈妈去食堂挑泔水，还到厕所掏粪，给菜地施肥。晚上大姐和哥哥摸黑帮着爸妈轮流给菜地浇水，非常辛苦。我们组织了院里的小朋友，每天晚上在周边值夜看菜地，以防附近的老乡来摘菜。经过几个月的辛勤劳动，到了收获的季节，我们家的收成是最丰硕的。爸妈不顾家中孩子多、营养也十分匮乏的困顿，一次次将成百斤的蔬菜送到学生食堂，让同学们改善伙食。每次送菜，都要动员院里一大群孩子帮着往食堂送。大家抬的抬，抱的抱，又说又笑，开心极了。这个情景成为当时新大一道亮丽的风景线。在爸妈的带领下，新疆大学的干部纷纷开荒种地，开展自救，用辛勤劳动度过了最艰难的一段岁月。

从 1960 年开始到 1963 年迁往南梁坡的校址，新疆大学全体师生员工依靠自力更生、艰苦奋斗，终于战胜了灾荒，缓解了困难。不仅基本解决了饿肚子的问题，改善了伙食，而且极大地鼓舞了师生员工的士气。至今那些老同志们对这一段经历仍然记忆犹新，充满自豪。

1961 年 2 月 18 日，中共新疆维吾尔自治区委员会批准新疆大学党委成立，任命温厚华为党委书记、党委委员。此时在校学生已达 1842 人，其中少数民族学生 1088 人，占 59%；教职工人数 1125 人，教学人员达 43% 以上，其中少数民族教职工占职工总数的 37% 左右。

全面发展时期

1962 年初，学校召开第二届先进单位和先进工作（生产）者大会，爸爸在会上做了报告。接着，爸爸主持制订"关于试行《中华人民共和国教育部直属高等学校暂行工作条例》（草案）的计划"，结合学校实际情况，将暂行工作条例作为中心任务认真试行。

7 月 2 日，自治区党委决定，新疆大学、新疆师范大学合并为新疆大学，成立并校工作领导小组,由时任教育厅厅长的阿曼吐尔·巴依扎科夫同志任组长,爸爸任副组长,领导小组由九名同志组成。同时,对新疆几所高校的学科专业进行一次大的合并和调整。8月,新疆大学在各个系设立党支部,并设机关党总支委员会,妈妈张战英担任了第一届总支书记。

1962年下半年,并校后的新疆大学再次迁回乌鲁木齐市南梁坡,从此在这里开始了学校大发展的新历程。

并校工作完成后,经自治区党委批准,新疆大学成立新的党委,任命温厚华为党委副书记(主持工作)。这一期间,召开了并校后的第一次党员大会;学校成立了新的一届校务委员会;做出"关于继续贯彻《高教六十条》的决定";召开了第三届团代会;学校落实政策,并贯彻自治区关于精兵简政的部署等。

新疆大学经过并校调整,原来的机构及教学单位有了较大的变化。新疆大学设政治教育、中国语言文学、外语、史地、数学、物理、化学、生物8个系,11个专业,另有教育、体育两个公共教研室。机械系、机电系调整到新疆矿冶学院(后成立新疆工学院);建筑工程系停办并分别转入矿业学院和八一农学院;部分农学院、医学院学生转入新疆大学理科各系。新大与师院合并后,图书馆藏书迅速扩大,达到63.4万册。

12月2日,爸爸参加自治区教育工作会议,贯彻中央关于教育"调整、巩固、充实、提高"的方针,进一步提高师资水平,加强对学生深入细致的正面教育等。

1963年初,自治区党委决定,赛福鼎任新疆大学校务委员会主任,兼任新疆大学校长(10月,中共中央批准该任命),温厚华任新疆大学

1965年,爸爸的工作照

党委副书记，主持工作，并兼任新疆大学武装部部长。这一年间，学校响应毛主席发出的"向雷锋同志学习"的号召，掀起学习雷锋的热潮；学校举办了并校后的第一届体育运动会；对全体师生员工集中进行了以"五反"（反官僚主义、反强迫命令、反特殊化、反违法乱纪、反贪污盗窃）为中心的社会主义教育。在爸爸的积极推动下，经自治区人委批准，新疆大学设立专门培养少数民族学生学习汉语的预科部，这一制度是解决民族学生高等教育学习困难的重要举措。

新疆大学少数民族教师迅速成长，通过在职学习、离职进修等方式，先后培养各族师资数百人。经过几年的努力并经批准，学校先后有一批教师晋升了职称，师资队伍得到壮大。1963年全年科研工作再创佳绩，共完成科研项目135项，包括编制教学大纲、编写和翻译教材、撰写专题论文等。学校教学实验室从34个增加到81个，建立了31个教研室和10个资料室。

从1964年至1966年上半年的两年多时间里，学校全面贯彻《高教六十条》，教学秩序走上正轨，数量质量不断提高。新疆大学步入全面发展的快车道，各项工作与建设朝着综合型大学的目标稳步前进。其间，爸爸作为学校的

20世纪60年代，新疆大学部分行政干部摄于天池（前排左二为爸爸，左四为妈妈，左六为院长张东月）

1964 年的全家福

1965 年 7 月，大姐上大学前合影

周末，全家参加新大爬妖魔山运动

主要领导，先后主持了校风整顿及"双反"工作，在全校行政干部工人会议及全校师生员工大会上，做了《关于加强纪律，巩固教学秩序》的报告；组织全校师生开展深入学习毛主席著作的活动；主持了新疆大学教学改革的试行；举行了中共新疆大学委员会第二次党员大会，爸爸代表上届党委做工作报告，并再次当选为党委副书记。1966 年初，开展了"三清"和社教运动，爸爸带领维语专业本科和专科班学生，到托克逊县红旗公社进行农村社会主义教育运动等。

爸爸清醒地认识到，高校工作当以教学为主，千方百计将教学质量搞上去是党委的中心工作。爸爸除做好党务和政治思想工作外，积极配合主管教学的校领导做好各项教学方面的工作。尽管工作千头万绪，但他一定要抽出时间到各系去听课，实地了解教学情况。爸爸清楚，提高教学质量的关键在教师。为提高教师的思想水平和业务水平，他主持制订了师资培训计划，采取请进来、派出去的办法培训教师队伍。特别是将少数民族教师的培训放在尤为重要的位置，经常组织他们到内地省份各高校进修学习，开阔眼界。同时他积极到内地省份兄弟院校请求支援。为支援新大新成立的机械、电机、建工等工科系，清华抽调多名教师前来支援。这事把爸爸高兴坏了，亲自慰问，与他们座谈，动员他们安下心来建设新疆大学。高教部也采取了让北京大学、清华大学等一批北京名校支援新疆大学的措施，经常抽调一些教师来新大任教。这些努力使许多教师的学识水平和教学能力得到提高，教学质量也明显提升，甚至还开了不少新的课程。

1965 年 7 月，我们家也出了第一个大学生——大姐飞飞以优异的成绩，考上了北京航空学院。爸爸的教育理念和实践，在我们家开花结果了。

这几年间，学校有两件大事载入史册，并被人们广泛传诵。一件是 1965 年 10 月，学校新的图书馆大楼竣工落成，新馆总面积 5600 平方米，书库可容纳藏书 65 万册，设置阅览座位 800 余个。这样的图书馆规模在 20 世纪 60 年代的高校是非常可观的。爸爸心中充满了喜悦，并要求我们每个孩子利用暑假去参加搬运图书的劳动。我们第一次走进偌大的图书馆大厅，在一排排的书架前协助整理、搬运、上架。虽然很累，很脏，但很愉快，尤其是发现了竟然有那么多喜欢看的书刊、画报，真如同掉进了知识的海洋。

还有一件事，就是修建新大红湖。1964 年夏，学校在大礼堂召开大会，爸爸代表学校党委宣布：决定发动全体师生员工，自己动手，利用暑假在校园一片低洼的沼泽处修建人工湖。爸爸的这个动议，源自他多年的梦想。

新中国成立前，爸爸怀着救国救民的理想和信念，从初中毕业就离开学校，投身到拯救民族危亡的革命运动中，成为一名职业革命家。他曾经勤奋好学，学业优异，如果不是家境贫寒、国难当头，他也许会一直求学下去。可以说，上大学是他的一个梦想。后来为筹建新疆大学，他去北京大学学习调查的一个月期间，北大的生活、北大的校园，尤其是美丽的未名湖给他留下了深刻的印象。他对自己后半生的事业，对新疆大学的建设和发展怀有无限的激情。他准备竭尽全力，让新疆大学逐步走上一所正规综合性大学建设的轨道。他渴望用他的努力，使新疆大学变得更大更美。为新大修建一个能蓄水灌溉、调节环境、优美宜人的人工湖，自然成为他一个可望而可即的梦想。

为了实现这个梦想，他亲自规划，精心设计，在全院做动员报告，并亲自参加筑坝的劳动。还让我们几个孩子在假期都去参加劳动，不能干重活就给大学生们端茶倒水。至今人们冲天的干劲和火热的劳动场面，依然历历在目。

现在，红湖恰似新疆大学校园内的一颗明珠，真正成为新大乃至南梁坡地区一个重要的景观。人们在一泓碧水旁，在茂密的树林间晨读、漫步、休闲、锻炼。它的湖光水色，为塞外北国增添了一抹江南的灵秀。

也许人们并不知道红湖名字的由来。其实，这也是爸爸的"杰作"。在那个年代，红色代表着赤诚，代表着积极向上。它多少带点时代的烙印。记得有一次爸爸带领我们全家故地重游。他也是多年没有回来过了。当看到红湖现如今发生了那么大的变化，更美、更秀了，他非常欣慰。外孙女萌萌突然想起来，问道："姥爷，您怎么起了这么个名字？"爸爸和蔼而平静地笑着说："很自然就想到'红'了。"这是一句意味深长的话！我想，叫什么名字并不重要，重要的是人们认可它、享受它、赞美它……

回顾1958—1966年这一段历史，我们觉得，这八年是爸爸人生中的第三

1997 年夏，爸爸带全家重游红湖故地

张东月（教育家，新疆大学
原校长）

朱瘦铁（20世纪60年代新
疆大学党委副书记）

个高峰。在跨入40岁的壮年时期，他正好赶上了祖国建设和教育大发展的机遇。"甘洒热血沃疆土，呕心默作育花人"是爸爸这段经历最真实的写照。从踏入新疆这块广袤的土地开始，爸爸就将自己后半生的全部心血和才智，毫无保留地献给祖国西北的教育事业。他对新疆大学倾注了全部的爱，尽心竭力想把它建设好。他曾说，今后我死后，就把我埋在鲤鱼山，我想看着新疆的成长和发展。

如果不是"文革"的突然降临，我们想，他会循着自己的雄心壮志，按照他给新疆大学描绘的宏伟蓝图，一直执着地走下去。在张东月院长、朱瘦铁、云光、阿克木·加帕尔等校领导以及身边一大批志同道合同志们的共同奋斗下，将新疆大学建设得更好、更美、更强，为国家培养更多优秀的人才！

新疆大学早已今非昔比，但历史不会也不应该忘记那些筚路蓝缕的创业者、奠基者！

爸妈晚年在海南

六　教育改革发展的春天

恢复重建新疆农业大学
（1976—1983）

"文革"期间，爸爸妈妈遭受迫害。我们家被抄、侵扰，全家被赶到极其简陋的平房里生活。爸妈被迫停止工作。爸爸在患有严重胃病的病痛中，被体罚到大学锅炉房和工人一道倒班烧锅炉，还到"东泉五七干校"从事繁重的体力劳动，身心备受摧残。

但即使这样，他们始终坚守着理想和信念，不动摇，不沉沦，以顽强的意志和乐观态度，坦然面对磨难，在异常艰难的环境中保持了忠贞和尊严。

到 1976 年，"文革"已接近尾声，爸爸不知因为什么原因或理由，被通知调往新疆农业大学（即当时的八一农学院）。妈妈也被调整到文化厅主管的新疆电影机械厂工作。"文革"十年，正值爸爸妈妈壮年之际，本可以也应该为党和国家做更多的工作：新疆大学正欣欣向荣在向正规综合性大学的轨道上奋进；新疆艺术学院也刚步入专科大学的正规。但"文革"使这一切都蹉跎了。相比他们在"文革"中受到的迫害，或许失去为党和人民做工作的机会是他们和许多老同志更为焦虑和痛苦的。因此，一旦有工作可做，爸爸妈妈没有懈怠，欣然接受组织安排，分别到各自的新岗位上开始了新的征程。

爸爸于 1976 年调往八一农学院，在此工作了七年。1983 年调往自治区教育厅，工作了三年有余，1986 年重新被调回新疆大学，一直工作到 1990 年，1992 年正式离休。

原新疆农业大学（八一农学院）党委书记、副校长罗乾昌教授的追忆文章《我们的好榜样温厚华书记》中如此写道：

温厚华书记是"文革"后期，1976年从新大调到八一农学院（现新疆农业大学）的。学校在"文革"中主体已搬到玛纳斯林场。温书记来的时候，大家正忙着迁回乌鲁木齐市老满城原校址，并积极准备立即招生开学，重新把教学秩序拉回到正常轨道上来。

傲雪凌霜，依然坚定乐观

百废待兴，虽然全院上下热情很高，但摆在眼前的困难确实不小。

当时学校领导，涂治院长已去世，侯真书记调往农委，由孟梅生书记兼院长职务，忙得不可开交，所以温书记来院真是如降及时雨。他是调来做院长的，可是正式的任命却拖了一段时间。大家那时仍称他为书记，连我自己直到现在都没有改过来，后来也不想改了，因为在我们心目中，书记这个称呼更为亲切。

那时我只是一名普通教师，直接与温书记接触很少，但对他的印象却十分深刻。有一次在礼堂听他讲话的情景，现在仍记忆犹新。因为我是四川人，听他一口地道的四川话，感到分外亲切。声音洪亮，清晰，没有套话，干脆利落，用词十分准确。这次讲话得到与会者的一致好评。他喜欢与群众交谈，交谈的时候，总是面带微笑，一点架子也没有。当时我就听人说，他是延安时期的老干部，三五八旅的，来新疆以前在中央宣传部工作。那时我也不知道这些传说是否准确，但可以看出，大家都很喜欢这位新来的院长。

虽然经过了"文革"的折腾，学校元气大伤，可是在院党委的领导下，学校很快走出了困境，教学秩序得到了基本的恢复，1977年迎来了"文革"后第一批统招生。回忆起来，有几件事当时做得的确非常出色，为学校后来的发展

1980 年 1 月，爸爸（前排右七）当选为乌鲁木齐市沙依巴克区第八届人大代表

奠定了坚实的基础。作为学院主要领导，温书记与这些成就当然密不可分。

一、基本理清了与外单位的一些诸如地界、产权方面的纠葛。"文革"时我们学院迁往农村，它原来的校址就成了很多单位觊觎的对象。新搬进的单位如新疆工学院，武警 376 医院，自治区组织部（职工宿舍），还有原来与学校相邻的农科院等单位，与学校或大或小尚存在一些有争议的问题亟待解决，不解决好就会直接影响学校的搬迁。经过努力，矛盾都一一得到了化解。用一句话来总结，就是"各归各位"。

二、基本消除了"文革"中干部与群众、这部分群众与那部分群众之间的隔阂与对立。大家心平气和了，又同心协力来做我们应该做的事情，把农学院办好。

三、做好新生入学的物质准备。虽然 1970 年以后一段时期复课闹革命，破坏的校舍也进行了初步的修缮，但不久学校搬到农村，工作又停顿下来。现在要立即全面招生上课，还必须做许多努力才能办到。当时党委动员全校职工积极参加修缮校舍，清理校园，整理实验室、资料室、图书馆与教学生产实习的场、厂等工作，迎接 1977 年"文革"后第一届招收的新生入学。一切井井有条，按期完成了任务。

四、调整机关，各系、部等机构，健全各级领导班子。这方面的工作，现在看来，有些举措应该是划时代的，是 1952 年建校以后又一个里程碑。我当时是数学老师，教研室由水利系代管。与我们一样，许多基础课教研室都分散在各系、部。例如物理在水利系，化学在农学系，体育、外语则由教务处代管。这种分散状态，直接影响各教研室的教学、科研的管理和发展。党委决定把它们集中起来，成立了基础部。另外又增加了园艺、植保、草原等几个系。机关结构也有些调整，同时相应地配备了新的领导班子。这里特别要提出的是，制订出学校 5000 名本科生、500 名研究生的发展规划。现在看来这个规模不大，但与当时 2000 学生、几个研究生比起来，的确上了一个一般人连想都不敢想的新台阶。77 级新生入校了，几年下来，应该说这一届学生质量是非常高的。因而在群众眼中，院领导、党委这个班子是一个团结的班子，一个有远见的班子，一个有创新精神的革命的班子。

1981 年我被选担任副院长、党委委员，分管教学工作，与温书记有了经常的近距离的接触。几位领导孟（梅生）、温（厚华）、张（子厚）、王（恩之——编者注）都是我的革命前辈。他们工作勤恳，办事公正、廉洁，对我的工作十分支持，使我很受感动。那时我唯一的想法就是尽力当好他们的助手，

1981 年 7 月 18 日，农业部干部培训班新疆八一农学院班第二期结业合影（前排右六为爸爸，右八为铁木尔主席）

把学校的工作做得更好。

温书记于1984年调教委任党组书记。从1981年到1984年这三年中，我感受最深的有以下几件事。

一、我进党委后，第一件大事就是参加讨论进一步加强完善机关，各系、部的领导班子的问题。在讨论中，温书记毫不含糊地提出一个原则，就是各系、部的主要领导在业务上必须是学科带头人，要在他所专长的领域中，在国内外有一定影响。他还说，不要单看一个人在"文革"时是这一派、那一派，即使有点问题，认识了就好，问题的根子不在他们身上。在政治标准压倒一切的年代，提出这样的用人标准，不但要有眼光和见识，而且还要有胆量才能做到。其他院领导对温书记的意见也很赞同。孟书记还说："×××在'文革'中还专门整过我的材料，但看来他还是讲道理的。"这些老同志一心一意为了革命事业，不计较个人恩怨的广阔胸怀，真使我由衷地佩服。在这个原则下的人事安排，对后来学校的发展有不可低估的正面影响。

二、温书记对学校的实验室，教学实习场、厂的建设十分重视。我进入班子不久，他对我说，你陪我到各系、场、厂去走走，一方面是学习，另一方面还看看有什么需要我们解决的问题。这可是一个大工程，从南山到三坪，到各系前前后后、断断续续费了几个月时间。他总的看法是，学校在这方面摊子不小，可是在生物技术与相应的实验设备方面还太薄弱。果然不久，学校就买了一台二手电子显微镜。钱倒不多，但是由于太陈旧，常常不能正常工作。这件事温书记一直耿耿于怀，几次说这件事情没有办好（不过后来，人家又想用高价把这台仪器买回去，因为这是新中国成立初期从苏联买回的不多的几台显微镜之一，现在已成文物了）。恰好，世界银行对我们有一笔贷款，党委决定就用这笔钱，不但购进了一台最先进的电子显微镜，而且还购进了一系列生物、生理、生化测试仪器，使学校在生物实验领域内进入了全国农林院校中先进的行列。

三、因为我原来在数学教研室工作，到院里后，并未完全脱离教学。学校计算机实验室的建立，前前后后我十分清楚。建立个实验室是在我进入院领导班子之前由温书记他们决定的。我做副院长后，才让我负责派人接机并把实验

八一农学院领导到学校南山林场谢家沟草原站视察后，慰问当地驻军（前排左三为爸爸，左五为罗乾昌）

室建立起来。当时一些老先生还有一些意见。他们说学校经费一直很困难，现在应该终止这个计划。温书记问我有什么意见。我说全院至少水利系、农机系、农经系，还有其他农、林、牧的统计课是需要的，还是按原计划继续下去为妥。后来院里决心一下，顺理成章，实验室很快就建成了，而且从77级开始，普遍在本科生班开了计算机技术这门课程。在全国农、林院校中开这门课，我们学校是第一个。

四、温书记是一个原则性十分强的老领导。在他的思想中除了党、国家的利益外，没有一点私利。记得有一次党委讨论为本院教职工的子女中没有达到进入大学本科合格线的应届高中毕业生办业余大学的事。开始他再三要我们考虑，这是否违反高考的公平原则？我们办大学，又搞这个特殊化，是不是以权谋私？那天的会，教务处、人事处的领导也参加了。他们反映，上面允许办这样的班，现在别的院校都办了，我们不办，职工们会有意见，反倒影响学校的工作。最后他还是同意了，但特别对我说（按分工，这事该我管），录取时要公正、按高考分数的高低顺序录满为止。要

1982年1月，王恩茂书记看望农训班学员（前排右八为王恩茂书记，右九为爸爸）

找一个得力的人当班主任，专门管理，严格要求。后来我们都按这个指示做了，大家反映很好。

五、温书记做报告，很少让人家帮他写稿子。有一次，我现在记不清是在什么会上，可能是在年终总结或是教代会上，他要给全院职工做报告。因为需要一些具体数字，就让秘书写了个稿子。他看了以后不太满意，就找到我，要我另外写，而且告诉我怎么改，说得很仔细。我按要求重新写了一个交给他。后来他又把稿子密密麻麻地改了一遍，到做报告的时候，前面还照着稿子念了几句，可后面几乎完全脱离了稿子，即兴发挥，讲得十分精彩。

六、温书记很注意群众的意见与需求，他在老师中，特别是老教授中有很多好朋友。大家有什么意见，也愿意找他。有一次我反映，教务处有几位领导对院里的教学工作有一些想法，希望给院领导汇报一次工作。他听了以后非常高兴，并对我说，他要与孟书记碰个头，专门安排一次会议，大家在一起好好讨论一下院里的教学工作。这个会没有几天就召开了。在会上，院领导倾听了下面的意见，并与做实际工作的同志在教学思想上进行了充分的交流，这对后来全院的工作有很大的促进。

因为我的家不在新疆，有时会开得长一些，散会后食堂门一关，吃饭就有些麻烦。那种情况下，他总把我带到他家里（我们家相邻），他说有啥吃啥。的确，他并不是特别招待，但两杯白酒总是少不了的。

1983年他调教委前，要我帮他物色一位高教处长。我先提了几位机关工作的同志，他嫌年纪大了一些，仍希望我在教师中找。结果我推荐了水利系的老师张六顺，共产党员，经常组织系里的一些活动，有很好的组织能力。温书记同意了。但我总有点不放心，私下对张六顺同志说，这可是温书记亲自点名要的，以后工作中虚心、谨慎第一，不要辜负他老人家的期望。张六顺到教委后，温书记，还有后来的张扬书记都还很满意。

温书记1983年调教委，后来又到自治区顾问委员会工作，但家一直还在农学院。我们还常常有些见面的机会。温书记晚年去了北京，听说他身体不好，郅院长到北京出差，我们还专门托他去看望我们这位老首长。1995年我也退休了，并到长沙定居。不幸的消息相继传来，先是侯真书记，后是温书

1983年，与新疆农业大学的外国专家合影（前排右三为爸爸）

1990年4月《新疆八一农学院史》首发式留念（前排右六为爸爸，右五为罗乾昌，右七为张六顺，右四为侯真，右二为王恩之，右一为柴桂民，几位均曾任八一农学院书记）

记去世，使我十分悲痛。现在我也到了耄耋之年，回想起20世纪80年代在他直接领导下的工作，想起他在工作中对我的信任、支持与关怀，感到特别难过。今天，我希望通过这篇纪念文章来表达我对他的感激与敬仰，并希望年轻一代以我们的先辈为榜样，继续努力，把国家建设得更加富强，以慰老人家在天之灵。

为新疆教育事业呕心沥血[1]

（1983—1986）

1983年5月—1986年7月，温厚华同志在新疆维吾尔自治区教育厅任党组

---

[1] 此为第八届国家督学，新疆维吾尔自治区人民政府教育督导团总顾问、原自治区副总督学李钧同志的追忆文章。文章题目原为：《倾注新疆民族教育发展——回忆温厚华同志在新疆教育厅工作片断》。

书记、副厅长。在他任职期间，全国正处在教育工作恢复、改革、发展时期。

教育战线是受"文革"冲击、干扰最严重的重灾区。党的十一届三中全会以来，许多工作都亟待恢复、改革和发展。温厚华同志不怕困难，担负着全疆重大的教育事业改革发展的重任，特别是为了恢复和加强少数民族教育事业，他做了大量深入细致的工作。他从新疆的实际出发，领导教育厅机关采取了许多有效的措施，积极帮助少数民族教育事业恢复与发展。他在民族教育指导思想、办学条件、师资和教学管理等方面，及时制定出台了一系列切实可行的具体措施，有力地推进了新疆少数民族教育不断地完善与迅速恢复发展，让各少数民族群众的孩子尽量享受到受教育的机会与权利，把党和国家对少数民族的殷切关怀落实到各族人民群众的身上。

我当时已从大学毕业，分配在教育厅工作六个年头了。有幸在温厚华书记的领导下，参加新疆民族教育的恢复发展工作，感到很高兴。他老人家调教育厅任职前，曾在新疆大学、新疆八一农学院任党委书记。他对教育工作领导经验十分丰富，从事高等教育多年，为新疆的高等教育发展、学科专业建设，培养各族少数民族专门人才付出了极大的心血。

正是因为他的政治觉悟与领导才干的显赫，因此在20世纪80年代初期，在新疆教育百废待举、教育战线改革的任务相当繁重的关键时刻，新疆维吾尔自治区党委决定派温厚华同志主持教育厅的全盘工作。这是对全疆教育事业深化改革与发展的一项重要举措。

温厚华同志一上任，就深入学校调查研究，提出了新疆教育改革发展的多项重大积极建议，紧紧抓住新疆教育事业的重心——少数民族教育不放，为发展新疆少数民族教育事业，培养各族少数民族专门人才方面付出了自己的心血与汗水，让我们至今难以忘怀。

民族教育是新疆教育的重点

温厚华同志来到教育厅主持第一次党组扩大会议时，他首先阐述了自己对发展新疆教育的看法。他说，教育发展水平高低关乎着人民群众素质的高低。人民群众教育文化质量的高低决定了生产力发展的水平。因此，我们一定要按照党中央、国务院提出的方针，坚定不移地把新疆的教育改革好、发展好。新疆的教育事业，说到底就是民族教育事业。因为新疆是多民族地区，少数民族成分高，民族种类多，在教学中使用的语言文字就有七种，这在全国都是屈指可数的复杂。所以，在新疆牢牢抓好民族教育事业的发展，就抓住了教育的主流。尽管目前在实际工作中有这样或那样的困难与问题，我们都要一个个地去解决，一步一步地把民族教育事业扎扎实实地搞上去，把"文革"中破坏了的教育观念、教育制度、教学内容等结合实际和教育规律去恢复、去发展。进一步加强各级各类学校的学校管理、教学管理，把在"文革"中造成的损失补回来。

温厚华同志的讲话立场鲜明，态度诚恳，思路清晰，使到会的同志们精神振奋，思想解放，积极性得到调动。大家高兴地说，新疆民族教育事业又有了希望。按温书记这个思路抓下去，新疆教育质量一定会有一个突飞猛进的提高，教育的春天真的到来了。

1983 年 6—7 月间，温厚华同志深入南北疆的农牧区调查研究后，针对全疆普及初等教育存在的问题，提出要认真抓好农牧区适龄儿童普及初等教育

1983 年 7 月，新疆大学政治系民族理论培训班结业（前排右六为爸爸）

的问题。要努力控制辍学率，创造条件让适龄儿童就近入学。为此，在他的主持下，教育厅制定了《普及初等教育的几点具体要求》，提出普及初等教育的基本要求是学龄儿童都能按时就近入学，坚持读

20世纪80年代，爸爸（左二）深入南北疆各地考察教育工作

完修业年限，达到小学毕业程度。一个开展普及初等教育的热潮在南北疆广大农牧区开展起来了。教育厅及时地清除"文革"的影响，就中小学学制问题专门下文提出要求，即从1984年秋季开始，实行新的学制。汉语小学从1984年秋季一年级起实行六年制，其他年级仍为五年制。维、哈、蒙、柯语小学创造条件，争取早日实行六年级制。1984年秋季开始，分三年将汉、维语二年制高中改为三年制；哈、蒙语高中分两年改为三年制。

在中小学制度建设的同时，温厚华同志强调要在教学领域开展教学改革，遵循教学规律办教育。他主张请内地省份普教专家来新疆讲学，开拓我区教育思路，更新旧的教育观念。1983年7月5日，自治区教育学会举行学术报告会，西北师范学院白光弼教授做《关于立国教育考察》的报告。利用暑假7月20日—8月10日，邀请天津民盟、天津大学教授田国铭，天津一中教师柏均和、九中教师高尚信、汉阳道中学教师李映辉、三十中教师田树国等来乌鲁木齐，帮助举办中学数学、生物、外语教师培训班。派出二十一中校长黄治安带领该校教师周慰增、刘嘉林等到哈密地区讲学。这些具体措施促使新疆各地的中学开始把主要精力放在教学管理与教学研究上，引导各族青年学生为祖国实现四化目标而发奋读书。

1983年11月18日—12月4日，新疆召开第二次教育科学规划会议。温厚华书记到会并做了题为《谋划未来，坚持科学规划，把新疆教育事业推上

1983年，爸爸在新疆第二次教育科学规划会议上讲话

《新的水平》的报告。他在报告中说，教育要发展，理论要研究，规划要先行。要科学谋划未来五年、十年乃至二十年。要从学前教育开始，对中小学十二年教育、大学教育及成人教育等各种类型、各个层次教育都要科学规划，定出目标，拿出措施，限定时间，务必将各级各类教育事业按期完成，使新疆的教育事业，特别是民族教育事业有一个飞跃式的发展，以崭新的面貌向各族人民汇报。

在谈到民族教育发展时，温厚华同志强调几点措施：搞好调整；完成普及初等教育任务；延长中小学制；改革中等教育结构；培养民族师资；加强民族教材建设；学好汉语；开展民族职工和农牧民业余教育；加强政治思想教育以及加强领导等。民族教育的重点是落实工作，要理出十分具体的、可操作性的科学规划思路。他的这些思想和措施对发展新疆的民族教育事业起到了十分关键的作用。

民族团结教育要从小学生抓起

针对20世纪80年代中期在民族地区出现的地方民族主义的思潮，新疆教育界采取主动出击的方针。1983年5月，教育厅发出《关于在中学开设"民族政策和民族团结教育课"的通知》，通知要求在初中三年级开设这门课，学习六周，作为政治课的一部分。由陈声远同志主持编辑《民族政策和民族团结》教材，经自治区党委宣传部审查后，由新疆教育出版社以维、汉、哈、蒙、柯五种文字出版，在民、汉族中学使用。

温厚华同志对此问题十分重视，他在一次处级干部大会上讲道：新疆自汉朝以来就是中国版图的一部分。汉朝就设置都护府进行行政管辖。至1949年新中国成立前，新疆一直受中央管辖，从未离开过中华民族这个大家庭一步。任何企图把新疆从祖国版图中分割出去的阴谋都未得逞过。自古以来，新疆各民族生息繁衍，相互依存，团结互助，共同保卫、开发和建设了新疆这块美丽富饶的地方。我们要从孩子们抓起，让他们从小就懂得新疆自古以来就是中国的一部分。要在学生中开展以爱国主义和共产主义理想信念为中心的教育，要加强民族团结教育。要加强党的领导，学校、教师、社会和家庭要相互配合，为学生创造良好的学习条件。

鉴于新疆教育工作的特点，温厚华同志提议，在新疆大中专院校中增加一门公共政治理论课——民族理论和民族政策课，课程定名为"马克思主义民族理论和党的民族政策"，学时为54课时。此建议最后以自治区宣传部、教育厅的名义，联合上报中宣部和国家教育部批准。我区自1983年秋起，各高等院校和中等专业学校全面开设"马克思主义民族理论和党的民族政策"课。通过马克思主义民族理论和党的民族政策的学习与教育，新疆各级各类学校涌现出一批民族团结先进单位和个人，使爱国主义教育落到了实处。

1983年9月16日，自治区教育厅、团委联合召开中学思想政治工作座谈会，提出要加强爱国主义和共产主义教育，加强民族团结教育。紧接着，9月21日，教育厅转发教育部《关于改进加强中学历史和地理课教学的通知》。《通知》指出，史地课是培养学生辩证唯物主义和历史唯物主义观点的重要科学，必须端正办学指导思想，重视史地课教学。1984年3月3日，教育厅又下发了《关于在我区各级各类学校中开展"民族团结月、全民文明礼貌月和创建文明学校"活动的意见》，提出当年"民族团结月"的任务是要教育师生树立马克思主义的民族观，上好"民族政策和民族团结教育课"，开展好民族团结的联谊活动。现在回想起来，作为教育厅党组书记一把手的温厚华同志，在任期间，始终旗帜鲜明地反对民族分裂主义，积

1983年，爸爸在新疆大学政治系民族理论培训班结业典礼上讲话

极倡导民族团结，并采取在大中专院校开展民族政策课等一系列措施。这些都对推动教育战线的团结、促进新疆教育事业的发展发挥了积极的作用。

师资队伍建设是教育的基石

民族教育的发展速度快慢和办学水平高低，关键取决于有无一支政治上合格、业务上过硬、数量充足的少数民族教育教师队伍。在这个问题上，温厚华同志非常重视，并时刻关注教师队伍建设。他经常说的一句话就是：新疆的民族教育要搞上去，没有一支合格的、足够数量的教师队伍是难以完成的。所以，他对教师队伍建设特别关注。

1983年6月底，自治区教育厅召开教师进修和中师教育工作会议，会议着重对加强中小学教师的进修工作，改变自治区中小学教师队伍的素质，以及办好中等师范学校进行了研究。温厚华同志出席了这次会议，并作了重要讲话。他说：学校教育离不开教师。教师是教学组织活动中重要组成部分，在传道、授业、解惑上，教师占主导地位。教师应是人格修养的楷模，用心和智慧去照亮一代又一代新人。他认为，能否培养和造就一支师德高尚、业务精湛、结构比较合理，又有活力的高素质的教师队伍，是我区教育发展一项很紧迫的工作。一方面要对教师加强业务进修培训，譬如到教育学院深造、参加函授学习等，尽快提高他们的学历层次，另一方面，要加快办好中等师范、高等师范院校，要把"母鸡"学校办好。招生要把那些立志从事师范教育的青年学生招进来，通过2—4年的培养，使他们在思想政治上趋于成熟，树立鲜明的马克思主义唯物主义世界观；在业务上要熟悉本学科基础知识，掌握一定的教育学、心理学和教材教法的理论知识，毕业后能胜任教学。

会后，教育厅转发了《关于进一步办好中等师范教育的意见要点》。1984年4月5日，教育部批准备案了新疆教育学院、新疆广播师范大学、乌鲁木齐教育院、喀什教育学院、伊犁教育学院五所成人高等学校，目的在于更多更好地承担起在职中小学教师进修与培训的任务。一时间，中小学教师争先上教育学院进修培训的风气在全疆范围内传播起来。通过多年的不懈努力，新疆民族教育的质量逐渐得到提高，民族教育在稳步健康中发展。

"民汉兼通"是民族教育发展的方向

新疆民族教育要发展，很重要的一点，就是要在学校中大力开展汉语教学，在全日制学校中把"民汉兼通"作为汉语教学的基本方针。温厚华同志对此多次在一些场合讲道：要提高民族同志的素质，不抓汉语教学培养不行。因为，我们党和国家的许多方针政策都是先使用国家通用语言文字，即汉语。学好汉语，就能较快掌握党和国家的方针政策；学好汉语，就可以与先进发达的其他省区进行无障碍的交流；学好汉语，有利于加强对中华民族的认同感。今后，凡是有条件的大中学校都要开设汉语课程。要继续办好大学预科教育，在大学要对民族学生实行预科一至两年的教育。

1986 年 9 月，我有幸随温厚华书记到南京参加一个业务会议，当时他被自治区党委委以重任，再次回到新疆大学主持工作。南京会议结束后，他带我们走访了南京大学、南京师范大学的新疆少数民族预科班，看望了新疆班少数民族学生，询问了他们生活与学习的情况。召开了部分学生座谈会，对预科班的学生提出三点要求：一是要珍惜上大学预科学习的好机会，刻苦学习，不耻下问。要多听多说，尽快达到两年预科的要求。二是讲团结。你们走出新疆，来到沿海省区，不仅具有个人形象，而是代表了新疆人的形象。希望你们有礼貌，虚心向汉族教师及汉族同学学习。三是要常怀一颗感恩之心。为培养少数民族高层次人才，国家和新疆政府花了很多钱，专门给我们新疆开办大学少数民族预科班。你们生活是免费的，学费是免的，目的是加快培养少数民族高层次人才，让你们学成之后，回到新疆，建设自己的美好家园。我衷心地希望同学们立志学习，早日成才。

在南京大学和南京师范大学考察期间，温厚华同志拜访了两所高校的主要领导，听取他们对承办新疆少数民族预科班有什么问题和意见。两校校方领导建议，由于刚来的新生语言沟通难，生活习惯差异较大，能否由新疆教育行政部门每期选派懂双语的少数民族教师来承办地学校，担任新疆预科班的班主任，这样便于将存在的问题及时与校方沟通并向新疆教育厅反映。温厚华同志听到此建议后，当场明确表态：这是一个很好的建议，我们回去就研究落实。我记得，回到新疆后，在给教育厅领导汇报南京考察民族预科班情况后，专题把抽调政治素质好、懂双语、有管理学生经验的带班主任一事确定了下来，由

爸爸带队去内地高校考察（左起：杨木楠、李　爸爸摄于教育部大门前
钧、爸爸、崔秀槐）

教育厅高教处和组干处负责落实。这个做法在全国承办新疆预科的高校中已形成制度，延续至今，每年都定期派遣优秀预科班主任赴内地工作。这对内地举办民族预科班的管理提供了有效的保障，为承办的高校也解决了许多困难与问题。

加快少数民族高层次人才培养

新疆的发展与稳定，在某种意义上讲，能否培养出更好更多的少数民族高层次人才，是一项十分重要的任务。温厚华同志曾在两所高校（新疆大学、新疆八一农学院）任职一把手，多年来，对高等教育，对学科建设，对培养少数民族高层次人才非常熟悉，也有许多好的经验。他来到教育厅任职，正值国家关于高等教育"调整、改革、整顿、提高"阶段。1983 年 6 月 13 日，自治区召开高等教育座谈会，提出在 3—5 年内必须贯彻"调整、改革、整顿、提高"的方针政策，努力为自治区培养数量较多、质量较高的各类专业人才。会上，温厚华同志作了重要讲话。他在讲话中首先肯定了新疆高等院校多年来为新疆各条战线培养输送了一大批高层次人才的成绩，他们在社会主义建设中发挥着骨干作用。其次，他指出，由于高等院校是"文革"的重灾区，受到"四人帮"的破坏十分严重，造成高等学校在专业设置、学科建设等方面欠账很多。有些专业设置老化，需要调整。社会急需的专业与人才出现断档，必须设法上新的专业。实验室建设远远不适应教学要求。所以，要培养高质量的合格人才，必须对存在的问题进行调整、改革。通过新一轮的整顿，提高高等院校办学能力与质量。最后，他强调，新疆现有的高等院校，主要为自治区培养合格的高层次人才，必须办出地方特色。

温厚华同志的讲话鼓舞了高等院校教职工办好高等教育的信心。各高等院校积极开展专业调整，提出具体的人才培养和改革计划。为了新疆高校申请硕士专业授予权，温厚华同志带队多次去国务院学位办汇报新疆高校工作，提出新疆少数民族教育的特殊性，希望学位办尽快批准已成熟的专业硕士授予权。1983 年 12 月 5 日，国务院学位委员会批准了我区第二批硕士学位授予权单位及学科专业名单：新疆大学的中国近现代史、中国地方史、自然地理学；新疆医学院的药理学、内科学（呼吸系统）、妇产科学；新疆八一农学院的农业经济及管理、草原科学、兽医病理学、农业机械化、森林植物学等。

为了办好高等教育，温厚华同志呕心沥血，倾注大量的精力。1984 年 5—6 月，教育厅组织三个工作组到高等院校调研，主要了解如何加快培养人才的模式。温厚华同志亲自带一个组到新疆大学、新疆八一农学院和新疆医学院调研。他了解教学第一线存在的问题后，建议召开高等院校政治思想工作和教改座谈会，专门研究高等人才培养模式问题。当年 7 月 20—22 日，自治区党委宣传部与教育厅联合召开了高等学校政治思想和教改座谈会，提出学校政治思想工作不能削弱，对一些资产阶级自由化思潮，要旗帜鲜明地批判，要坚持党的四项基本原则。提出重视教改工作，一是要有进取精神，锐意改革；二是要有利于早出人才，出好人才；三是要谨慎工作，实事求是。

在温厚华同志主持下，为了适应新疆社会发展需要，新疆大学增设计算机专业，新疆工学院增设组织工程专业，新疆医学院增设鼠疫防治专业，石油学院增设矿业机械专业等。

为了加快新疆少数民族高层次人才培养步伐，温厚华同志前后带人奔波于内地重点高校，协调承办新疆少数民族学生班的问题。据不完全统计，到1985年底，大连理工学院、中央民族大学、上海交通大学、南京大学、西安交通大学等27所内地重点高校承办了51个新疆少数民族学生班，学生达1602人，占内地新疆民族学生的74%。这为新疆后来的开发与建设提供了坚强的人才资源支持。现在新疆的少数民族高层次人才感慨地说，如果我们在20世纪80年代不到内地高校深造学习，就不可能承担今天重要的工作。我们感谢党和国家的好政策，感谢新疆教育厅对我们去内地学习无微不至的关怀，更感谢内地高校对新疆的无私援助，对我们少数民族的深情厚谊与谆谆教导。

新疆教育要加快对外交流

新疆地处亚欧大陆腹地，国际文化交流自古以来十分频繁，教育对外交流亦然。改革开放以来，这种交流无论在广度还是深度方面，都是空前的。

1978年，新疆恢复对外交流派遣留学生，到1982年底，共向联邦德国、意大利、罗马尼亚、美国、巴基斯坦五个国家派遣留学生37名。温厚华同志到教育厅任职后，他多次强调，要加快新疆教育对外交流的步伐，要大胆借鉴外国办学的成功经验，取长补短，利用我们的地缘优势，可以向中亚和苏联等东欧国家多派遣一些留学生、教师去进修，还可以组织专家学者走出去，到国外看看人家是怎样办学的。1983—1985年的三年时间里，新疆高等教育打破了封闭的办学状态，对外交流日益频繁，先后向新西兰、英国、罗马尼亚等15个国家派出留学生和访问学者，开展对外交流活动。三年中，新疆教育系统采取派出去和请进来的办法，先后5次共89人，组成教育考察团，对日本、美国、英国、南斯拉夫、罗马尼亚等国进行考察；派出185人到国外留学进修；前来新疆讲学、实习、参观考察的美国、英国、日本、南斯拉夫、苏联、澳大利亚、土耳其、新西兰、法国、联邦德国等10多个国家的专家学者、留学生共49批，723人；各高校共聘请外籍教师54人。

1985年3月15日至4月5日，温厚华同志随教育部组织的中国边远地区赴美国教育考察团到了美国，考察美国大中小学20多所。他回到教育厅后，在全厅干部大会上谈到访问美国的观感。他说：这是我有生以来第一次出国，而且到资本主义最发达的美国。从美国西部旧金山、洛杉矶到中部的圣路易斯及东部的华盛顿、费城，一路参观考察了20多所大学、中学和小学。参观了他们学校的设施、实验室、图书馆，与教师、学生、官员开座谈会，初步了解美国的教育现状、办学条件、办学模式、办学理念。我体会最深有三点：一是美国的大学在办学体制上是多元化的，有国立的，有州立的，有私立的，也有行

爸爸慰问外籍教师（右二为爸爸、右三为新大校长阿克木·加帕尔）

1985年，爸爸（右二）随教育部代表团到美国考察

会、教会办的，谁办学谁出钱。特别是大学，学校还要向社会募捐，以求得学校的更大发展。二是办学硬件条件，尤其是实验设备方面非常突出，最好最先进的设备优先在学校使用。学校看不到太多的高楼大厦，有的楼高不过五层。校园是开放的，没有围墙，大门也很朴实。但每一所高校的图书馆是学校最好的标志性建筑。图书馆藏书也是体现学校实力与名气的，而且全国各大图书馆是联网的，可以在电脑上进行电子借阅。三是办学模式灵活。既加强基础理论教学，又十分注重学生实训，动手动脑。注重启发式教育，鼓励学生提问题，提倡学生之间大胆讨论。教师讲授课程不是"满堂灌"，而是边讲边提问边讨论，让学生充分发挥自主学习的能动性。借鉴外国办学成功经验，我们要认真吸收、消化与应用，

1985 年 8 月，自治区教育厅、教育学会第一期教育科研方法讲习班全体学员合影（前排右七为爸爸）

当然不能照抄照搬地套用。我希望新疆的各级各类学校，一定要在教学领域加快改革，要教学相长，鼓励各学校办出特色。坚决摒弃"满堂灌"，忽视因材施教及学生人格培养。俗话说：十年树木，百年树人。真正培养出对国家和社会有用的各族毕业生，才是我们教育工作者的天职。

温厚华同志在新疆教育厅工作的时间为三年零三个月。时间虽然短暂，但他不负组织重托，面对"文革"后千疮百孔的教育局面，不畏困难，克服各方面的阻力，大刀阔斧地进行各项教育改革。短短三年多的时间，使新疆教育战线发生了有目共睹的变化。许多各民族的教育工作者发自内心地说，温厚华同志在新疆教育厅工作期间，是大家心情舒畅、教育系统风气最正的一段时光。

如今三十年过去了，回忆起当年那种改革的艰难与胜利的喜悦，至今历历在目，令我久久难忘。

我深深地怀念我们的老书记——温厚华同志！

愿他老人家在天之灵得到安息。

老骥伏枥再出征

（1986—1990）

1986 年 7 月 11 日，自治区党委约请爸爸，并由第一书记王恩茂同志亲自谈话，告知组织上决定让爸爸重返新疆大学工作，任党委书记兼副校长。

新疆大学在爸爸心目中的分量和感情，相信真正了解他的同志、朋友和儿女们，心中是非常清楚的。自 1958 年从中央被派往新疆工作，创建新疆大学以来，爸爸是准备把自己的后半生毫无保留地奉献给西部这块热土，完成党交给他的把新疆大学建成一所真正的综合性大学的使命。从 1966 年"文革"停止工作、1976 年调离新大到 1986 年，整整 10 年了。当年爸爸壮志未酬，留下了深深的遗憾和牵挂。今天组织上再次把这个重任交到他手里，他是怎么想的呢？爸爸毕竟已是奔古稀之年的人了。

整理爸爸的遗物时，我们发现了爸爸于 1988 年 1 月 12 日，在年终述职时的一份报告。这份报告也许可以对爸爸当时的心绪和他回去后的工作情况做出最真实的反映吧。

述职报告

1988 年 1 月 12 日 温厚华

1986 年 7 月 28 日，区党委宣布新大新的领导班子成立。这之前，区党委领导同志同我谈话，常委决定要我回新大工作。我听了之后，有好几个晚上没有睡好觉。我反复想，我已经离开新大整整十年，我已经 67 岁了，为什么还要我回新大主持工作？

我深知这是党的重托，这是给我的光荣而艰巨的重担。作为一个党员，我无论如何不能辜负党的信任与重托。我想，1958 年中宣部调我到新疆来工作，就是要我筹建新疆大学。那时，我就有许多想法，下决心一定要把新疆大学办好。在新大十多年，我确实是努力工作的，可是"文革"快要结束时，我被调出新大。说实在的，这使我非常难受。我的愿望、我的理想受到严重的打击。

1988 年，爸爸在新疆大学做报告

但是，希望新疆大学办好之心并没有泯灭。我在八农、教育厅工作时，还是竭力支持办好新疆大学的。在我离开新大十年之后又回来工作，我怎么不思考呢？我想，过去我想把新大办好的愿望，今天组织上允许我来继续努力下去了，那么我要把新大办成什么样的大学呢？首先抓什么呢？从何着手呢？我还未到新大任职之前，我同新大的一些同志在南山休假时，我向他们请教。我也把我的一些想法同他们谈了。他们提了许多非常切实的意见，比如：首先抓领导班子的建设，就是他们提的。现在，我把一年半以来的工作情况简要报告如下，请审议。

在一年半的过程中，我有三个月在治病，实际上只工作了一年零三个月。我做的工作不多，概括地说，只做了五件事：

（一）抓了领导班子的思想建设与作风建设。首先，我把领导班子的团结从而带动全校的团结当作首要大事，作为办好新大的前提条件来抓。一年半来，我们领导班子是团结的，全校也是团结的。新党委做的第一个决议就是《增强团结，改进领导作风的决定》。我曾经根据这个决定内容逐条检查过，其中大部分决定都实行了，兑现了。我们建立了党委会议制度，重大问题都是经过党委集体讨论决定，实行了集体领导与分工负责制，不是一个人说了算。党委是坚持民主集中制的，决定事情坚持少数服从多数。各位委员都能充分发表自己的意见，畅所欲言，呈现出民主、团结、和谐的气氛。党委开过两次生活会，坚持了星期四接待日制度，多次和学生、教师、干部对话。党委委员之间、党政各领导之间，经常互通信息、交流情况，商量解决问题。各位委员分管工作之间，彼此是协同配合的，没有相互埋怨扯皮、推脱责任的情况。我们学校各方面的工作能向前推进，校领导班子是起了火车头的带动作用的，而我

1987年新疆大学军训开班典礼（左三为爸爸）

则是这个火车头的司炉。

（二）确定新疆大学以"校风好、质量高、校园美"的九字方针作为我校的战略奋斗目标。我们决心要把新疆大学建设成为"校风好、质量高、校园美"的新型社会主义大学。这个目标得到全校师生员工的拥护与支持，并身体力行，成效显著。

（三）根据九字方针，我首先抓了整顿校风校纪，因为校风是学校的生命；质量高是九字方针中的中心。倘若没有好的校风，质量高根本不可能，也不可能使校园美。我们采取了从严治校、综合治理的具体方针，全校师生员工做了大量工作，使我校校风发生了明显的变化，"团结进取，严肃活泼，勤奋谦虚，求实创新"的新校风正在逐步形成。

（四）我注意不断地端正我们的办学指导思想。我坚持贯彻执行十一届三中全会以来党中央所确定的路线、方针、政策。我们明确新大的一切工作都应该服务于、服从于党的基本路线，特别是要坚持贯彻教育必须为社会主义建设服务的方针。为了培养适应新疆社会主义建设所需要的人才，从各个方面增强新大毕业生的适应性，我们强调要使新大具有新疆的民族特点与地方特点，我们正在从专业结构上做比较大的调整，大力改进原有专业，增设应用性的专业，加强基础，适当拓宽知识面。大力增强学生的自学能力及实践能力，增强适应性。我们新建美学教研室，教育学、心理学教研室，加强公共外语与民族学生的汉语教学等，都是为此而采取的实际措施。我们把提高教育质量作为我校的中心任务，学校的一切工作都应该为培养出高质量的人才而服务。要提高教育质量，推进新大事业的发展，必须把教育改革当作动力。不加快加深教育改革，新大的教育质量不可能提高，各项工作也不可能稳步持续地向前发展。大力开展科学研究工作，在进行基础研究的同时，特别要加强开发与应用的科学研究。它不仅为提高教育质量所必需，也是为社会主义建设服务多出成果所必需，也是为把新大办成"两个中心"所必需。新大是一个多民族的学校，加强民族团结应该是我们首要的任务。我们必须贯彻《民族区域自治法》，落实民族政策，使学校充满团结友爱的空气。在发展新疆大学的事业上，我们必须坚持量力而行的原则。新大1990年以前的规模定为：本科生稳定在5000人，同时适当增加研究生的数量。要办好新大，必须坚持民主办学的方针，发扬民主，充分调动师生员工的积极性。要教代会、学代会以及其他管理委员会发挥它们应有的作用。我们还强调，学生实行自我教育、自我管理、自我服务。一年多来，我有10次和同学们协商对话，加强了我与同学们的联系。同学有什么问题，还是愿意找我谈。要办好新疆大学还必须坚持"艰苦奋斗，勤俭建

1987年，爸爸在新疆大学第四期学生党员短训班开学典礼上讲话

校"的方针。我们要发扬自力更生、艰苦创业的精神,在"少花钱,多办事,收效快"的原则之下,依靠师生员工的力量建设新疆大学。

以上便是我在办学指导思想中经常强调的几个问题。

(五)在反对资产阶级自由化的斗争中,我的态度是鲜明的,立场是坚定的,方法也是得当的。我们加强了正面的说服教育工作,防止了学生出事,保持了新大安定团结的局面,对自治区安定团结的局面起了好的作用。一年多来,学校的思想政治工作在不断地加强,思想政治工作会议是成功的,我注意抓了这方面的工作。

除上述五项主要工作外,我积极地参与了教学、科研、后勤管理的一些改革工作。在落实知识分子政策、统一战线政策方面,在建立学校良好秩序、良好环境,解决师生员工一些实际生活问题等方面,我也参与做了一些具体工作。在党的建设,在知识分子中发展党员,在整顿党风方面,我还是注意抓落实的。我特别强调党员应该增强党性,起模范带头作用。至于我个人做得如何,得请同志们来评定。对少数党员错误的思想与作风,我是尽力帮助教育的,也是敢于批评的。对于违反党纪的党员,也给予了必要的批评与管理。

总之,在决定宏观战略方面,在决定全校性重大的全局性的问题方面,我是比较注意抓落实的。至于日常的许多事情,我抓的比较少,大多是分管的各位校领导做的。属于行政方面的大多是阿校长(阿克木·加帕尔)主持办理的。他们比我辛苦,他们比我做得多。这是我必须如实地向同志们报告的。

我在工作上、作风上还存在什么问题?

在我代表领导班子所做的工作报告中提出的我校存在的问题,我都有直接或间接的责任。从总体上说,我应该负重要的责任,所存在的那些问题,除了客观的因素外,从主观上来说与我工作上、作风上的毛病是分不开的。

(一)由于我校的领导体制是党委领导下的校长负责制,校长兼任党委副书记,我又兼任副校长,尽管我们在实行党政分工方面做了不少的努力,也有成效,但是,党政不分的现象仍然存在。就我个人的工作来说,我参与的行政事务工作还是不少。我没有能够以更多的时间和精力来抓党的建设,来探讨有关贯彻党的路线方针政策等方面的重大问题,来研讨改进与加强思想政治工作问题。党不管党的现象仍然存在。比如说:我应该而且也有条件来深入研讨改革政治理论课程的问题。由于事务缠身，自己没有注意参与这方面的改革工作。这不能说尽到了党委书记的职责。

（二）对于学校的改革，我抓得不深不细，使得学校改革进展慢，影响了学校改革的广度与深度。我校有些系、处、室进行了一些改革实验，也有一些成功的经验。我没有深入了解他们的经验，推广他们的好经验。在改革这个问题上，一般是号召比较多，抓试验、抓典型比较少。对体制、教学、科研、思政工作、后勤、管理等方面的改革深入探讨也不够。如何进一步贯彻开放搞活的方针，也探讨得不够。

（三）我的工作作风不够深入，到基层了解情况少，布置多，检查少，学习精神也不够。我的学习比较杂乱，缺乏计划，掌握国内外办学的信息也少，注意学习国内学校管理民主化、科学化方面都做得很不够。我缺少办大学应有的知识水平，加之自己的年纪大，感到力不胜任，力不从心。

今后的打算：

（一）本来，我早就应该退下来了。作为党员当然应该服从党的安排，在组织没有叫我退下来之前，我在位一天就努力工作一天，在位一个小时就努力工作一个小时。在其位，一定谋其政，绝不懈怠。我还是那句话："老牛深知黄昏贵，不用扬鞭自奋蹄。"这是我的态度。至于我什么时候退下来，只要组织一声令下，我将欣然而退。

（二）今后我将继续努力从思想上、组织上、作风上建设领导班子，大力强化各行政部门的职能，健全系主任责任制，为将来实行校长负责制做各种准备工作。

（三）我以"十三大"精神为指针，继续抓改革，抓提高教

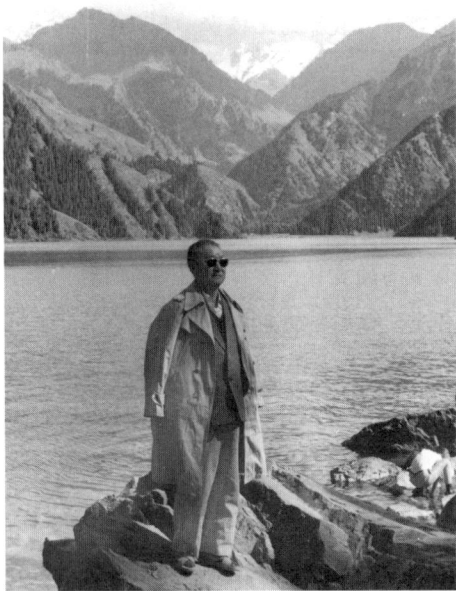

1988 年，爸爸摄于新疆天池

育质量，特别是提高民族教育质量。为此，我将就这些方面做些努力。

（四）继续坚持"校风好、质量高、校园美"的九字奋斗目标，从各个方面做些工作，搞好校风，提高质量，美化校园。特别是注意抓师资队伍、思想政治工作队伍、管理队伍、后勤队伍这四支队伍的建设，依靠这四支队伍使新疆大学稳定而持续地前进。

（五）改进作风，摆脱事务，尽可能地深入教学、科研第一线，深入基层群众，集中精力抓党的建设，抓思想政治工作，抓学校的大事。

以上是我的述职报告，请同志们审议。请同志们批评我，帮助我，我一定虚心听取大家的意见，绝不会对给我提意见的同志打击报复，穿小鞋。请同志们放心！

1988 年 1 月 12 日

（学校大礼堂，到会 240 余人）

附

《新疆百科全书》温厚华条目征稿

（本人审定）

本人简介（略）

在新疆教育战线工作近四十年，对发展新疆的高等教育和推动全区的各类教育事业，对新疆各民族、多学科专业人才的培养倾注了半生的心血和精力。主要做了几件事：

（一）20 世纪 60 年代初，在新疆学院的基础上，筹建了新疆第一所综合性大学——新疆大学，使该校在"文革"前无论从学校建制、学科配置、招生规模，到校园规划、学校基础设施建设、教师队伍培养，以及科研工作等各个方面均已达到一定规模。这为改善自治区高等教育格局、提高全区高等教育层次奠定了基础。

（二）由于"文革""左"倾路线的破坏，新疆八一农学院几近被毁。粉碎"四人帮"后拨乱反正，使这所具有优良传统的高校在新的历史时期焕发出新的活力。为此深得广大师生员工的拥护，1980 年被全校推选为沙区八届人代会人民代表。

（三）在主持全疆教育工作期间，积极推进各类教育教学改革，对几项重大工作的推进起了主要作用：

1. 全面恢复被"文革"破坏的我区高等教育事业，使文、理、工、农、医、师、财经、法及综合性的高等教育结构基本建立。

2．普通基础教育有了大发展，五年制中小学遍布全疆。

3．建立了师范教育体系，师大、师专、中师、幼儿师范全面恢复，培养了大批各级各类各族教师。加强基础教育，创建新疆幼儿师范学校，从长远解决我区幼师资短缺问题；建立新疆教育学院，使在职教师有了培养提高的师训基地，也使我区师范教育高、中、初、幼级的教育体系更合理完善。

4．为推进教育立法工作，在新疆首先制定本区的《扫盲法》，将自治区的扫盲工作纳入法制化轨道。

5．为推动新疆成人教育和职业技术教育，在教育厅设置"成人教育局"（后改为处）及职教处，加强了对成人教育工作的管理，全疆高等职业技术教育普遍展开，中等职业学校有了较大的发展。

6．全区电化教育有较大的发展，成立自治区电教馆，开办新疆电视大学，修建电视大学楼，在全国首创教育电视台并开播节目。

7．主持恢复我区教育系统专业技术职称评定工作，任高校教师高级职务评审委员会副主任委员。

8．大力倡导在学生中进行无神论教育。

（四）重返新疆大学工作后又竭尽全力，在改进学校领导作风，整顿校风、学风，努力提高学校教育教学质量、美化校园，以及维护学校的安定团结并推及新疆全区的社会稳定等诸多方面，倾注了全部的心力。

1998 年

七　生平简介

我的自传

温厚华

我家是回族人。据老人谈，老祖宗是从乌兹别克撒马尔罕来的。在明朝来到中国南京搞天文。明末清初迁到四川重庆。祖父一代以前的情况不清楚。我祖父一代是六个兄弟，很早就分家了。在我记事的时候，大祖父、四祖父是有钱有名望人家，有生意、有房产。老二、三、五、六家是穷的。我祖父是老六。在我出生前一年，祖父死去，那时他是四川忠县征收局局长，是剥削者、旧官僚。祖父刚死，我家即被当地土匪抄家，父亲被绑架，后托人求情，倾家荡产才把父亲赎回。紧接着我全家逃回重庆巴县，借住四祖父在郊区菜园坝的房子。此后，我家生活非常困难，全靠父亲薪水过活。我记得父亲曾在重庆市税务所当科员。抗战前几年在重庆信托储蓄公司当职员，每月 30 元左右。1937 年底我去延安参加革命时还是这样。因此，我入伍、入党时的家庭出身是职员。

我的母亲家庭出身是地主，汉族。由于回汉生活不同，加上祖母对媳妇苛刻，所以，我家逃回重庆时，她就未来，一直住在娘家。以后就同父亲离婚了。我从小很少见过我母亲，她的模样怎样我都记不清楚。从三岁起我就是祖母把我带大的。全国解放以后，我听说母亲死去了，我从未和她发生过任何联系。

现在，我的家庭有这样一些直系亲属：父亲温致和，七十多岁，住重庆市长征路蔡家石堡 15 号。抗战爆发后，父亲失业一直到全国解放。由于我参军多年，人民政府按军属对待，1950 年便安排到大坪区人民政府做民事调解员。1952 年调到公家的一个工厂当经理，1954 年在西南供销总社当仓库管理员。1958 年年老体弱退职。生活由我供给。

继母温马氏，家庭妇女。弟温厚沄，新中国成立前，在药材行当学徒。1952 年分配到西康省政府当会计。1954 年自动离职。以后在重庆搞临时工，至今仍无正当职业。资产阶级思想严重。三弟温厚伟是初中学生，现在石柱县人民公社劳动，接受贫下中农再教育。

祖母，温杨氏，93 岁。大姑母温士莹，六十多岁。新中国成立前一直做小学教员。1937 年底同我一块到延安，住"抗大"，入了党。1939 年分配回重庆做地下工作，以后脱党。新中国成立后，从 1951 年起一直在交通部工作，1958 年退休。在家照顾老祖母。幺姑温士一，中学时，同我一块在重庆搞救亡运动。1937 年底同我一块到延安，住"抗大"，入了党。1939 年分配回重庆做地下工作。1946 年党组织叫回解放区。全国解放后，在交通部当科长，后调北京十四中任校长。姑父刘参化也是地下党员。新中国成立后组织派去苏联留学，回国任中央黑色冶金设计院副总工程师。1957 年"反右运动"中，定为右派分子，开除党籍。后与姑母离婚。现有一个表弟，刘天杰（现名鲁达），北航毕业，分配在北京东方红炼油厂工作。表妹近十岁。以上数人住北京安外朝阳区和平街 10 区 17 栋楼二单元 3—4 号。

叔父温嗣翔（温田丰），1936、1937 年在重庆领导救亡运动，1938 年到延安，住"抗大"，入了党。1939 年分配回四川做地下工作，1946 年党组织用飞机送他全家回延安，解放战争中，做随军记者。西南解放后，在重庆任广播电台编辑主任。后到市文联工作。1958 年"反右运动"中定为右派分子，开除党籍。劳改一年，摘掉帽子，仍回市文联工作。

叔母罗自铺，党员，曾同我们一块在重庆搞救亡运动，一直做地下工作。现在重庆市妇联工作。因为我叔父是我祖父的第二个老婆生的，其母死于祖父之前，所以他就一直没有在我家生活。从小寄居温少鹤家，十六七岁就到社会上谋生。他的遭遇是孤苦的，要求革命的思想比我们早，这是一个重要因素。由于世界观没有改造，后来犯错误也是必然的。他有三男两女。大儿子在铁路上工作，叫温汉生。二儿子温亚玲在当汽车修理工人。大姑娘温丹玲现在石河子农八师一四七团工作。另一个儿子和姑娘均是学生。

我的爱人张战英，河北定县翟城村人。家庭成分，贫农。两个哥哥是老党员。父亲被日寇枪杀。她于1939年参加八路军，入了党，一直在部队文工团工作。现在自治区工农兵艺校任政治处副主任。我有一男四女。大女儿温峰在北航学习。其他均在乌市中学和小学学习。

以上便是我的家庭及直系亲属情况。我的家庭是属于小资产阶级范畴，由于经济生活每况愈下，瞻念前途，不寒而栗。对国民党黑暗统治不满，要求改变现状，要求革命，这便是我参加革命的社会基础。但是，就我的思想体系来说，家庭的影响、社会旧思想的教育，仍然属于资产阶级的，这是我长期革命实践的过程，世界观未得到彻底改造的社会阶级的和历史的根源。

关于我的经历大致情况是这样：我出生于1919年旧历五月初九，三岁由祖母带我。我小的时候，除了靠父亲每月拿点钱回家外，还要靠祖母做针线活、糊火柴盒子补助才能维持生活。我和幺姑每天得到工厂去拾煤炭渣，才解决部分烧炭问题。我10岁才到一个私塾老先生那里念书识字。11岁插班民办小学，14岁小学毕业。由于会考成绩优等，保送巴县中学，并免学费。即使这样，在三年初中过程中，每年为交杂费、书费、笔墨纸砚以及伙食费，还靠借债或当衣物临时凑合。初中毕业，无法升学，进入社会。由于国民党的黑暗统治，像我这样的人在旧社会谋生活是非常困难的。职业的变动很多。离校后，我在重庆"知识书店"当店员。这个书店的革命进步书籍比较多，我除了营业外，有空就看书。老板非常不高兴，经常训骂，一气之下，我和另一个同学龚远英便离开了书店。当时重庆救国会的领导人漆鲁鱼筹了一点款，租了一架石印机，对外印制商标广告，对内有时印点传单。对外的名字叫"知识服务社"。搞了个把月，经费实在维持不下去就停办了。我在这里摇把、翻版、写字……什么都干。这里停业后，由救国会会员朱斯白（女）介绍我到重庆南岸一个民办小学当教员不到一个月。这时，漆鲁鱼等已在渝创办了一个4开铅印的小报——《齐报》，主要是宣传抗日救亡，揭露国民党的黑暗，介绍苏联生活等。我担任外勤记者，大概有两个来月，该报就被国民党查封停刊了。我又失业了。1937年2月间，我便考到重庆市北碚三峡织布工厂当学徒，每月工资两元，规定三年出师。七七抗战全面爆发，老板把我们解雇了。8月回到重庆，9月考入重庆华通贸易公司当见习生，直到12月下旬党组织介绍我到延安，这是我走上革命道路的新的起点。下面我就谈谈我是怎样走上革命的征途的。

在我初中二年级的时候，我的叔叔温田丰已经具有革命的思想了，并结识了漆鲁鱼、叶舟（孙文石）等老党员。我叔叔为了帮助我和温士一接受革命思想，曾以给我们补习语文的名义，每周到我家两三次，给我们讲革命的道理。我印象最深的第一课，是讲当时邹韬奋先生编的《生活周刊》上的一篇文章，叫《在黄包车上》。说的是在上海外滩黄浦江边，一个骨瘦如柴的黄包车夫拉着一个大肚子资本家"兜风"，这个车夫已经挥汗如雨，竭尽全力拉着他飞跑，可这个寄生虫还嫌太慢，手拿"文明棍"不断地敲打脚踏板咒骂车夫。故事情节简单，可说明了在旧社会，阶级压迫与剥削的残酷无情、劳动人民的疾苦。接着他还给我讲《阿Q正传》，介绍我们看革命书籍。就这样，我思想上就逐渐认识到社会的黑暗、劳动人民的疾苦是由于剥削与压迫的私有财产制度带来的。而国民党就是剥削者的代表。渐渐明白了共产党、红军为什么要闹革命。在学习革命道理的过程中，我也读了一些马列主义的唯物论和唯物辩证论的著作，使思想上有了一个根本性的变化。1935年12月，爆发了震动全国的"一二·九"学生运动，这对我的影响也很大。这就为我离校后主动积极地参加秘密救亡运动打下了思想基础。

这里，还要补充一点的是：我在老祖母的管教下，原来宗教观念是相当深的。小的时候，我常到清真寺去礼拜。就在上述学习革命道理的过程中，我也学习了若干马列主义的唯物论和唯物辩证论的著作，认识到宗教是唯心论，是反动的，是鸦片烟。所以，在初中三年级时我就打破了宗教观念，开始吃起猪肉来，不信宗教那一套了。这也是我思想上一个根本性的变化。

1936年9月，在我叔父温田丰工作的重庆《商务日报》的一间楼房里，由漆鲁鱼同志主持，秘密成立了"重庆救国会"，我是参加者之一。它的宗旨是"反蒋抗日""拥护共产党、拥护红军闹革命"。在国民党法西斯统治下，"抗日有罪""革命有罪"，所以我们的活动是非常秘密的。在相当长的一段时间内，我们都是个别活动。以后，最多也是小组活动。我开始担任总交通，通知开会、碰头、送材料都是我跑，我联系。在我到工厂以前的一段时期中，"救国会"进行过这样一些具体活动：组织各种读书会（自强读书会、职业青年读书会）；开办新文字讲习班；办报纸，写文章在报上揭发国民党的黑暗；秘密散发传单；个别联络青年，当时主要是青年学生、店员、职员等，宣传"反蒋抗日"、马列主义的革命理论、革命红色小说，主要是苏联革命小说；个别发展会员；秘密教唱革命红色歌曲。西安事变后，突出宣传抗日统一战线（那时叫"联合战线"）。平时，小组活动，大都要经过讨论形势、检查工作、自我批评与批评、布置工作这样四个内容。以上这些活动我都参加了。大概是1936年11、12月间，救国会成员增多了，好多学校、机关都有救国会成员，便成立了统一的重庆救国会执委会，我也是执委之一。下面，有"青救""职救""学救"（以后叫"学联"）。1937年2月我离开重庆到工厂做工，重庆的活动我就没有参加了，但同救国会的联系没有断，我当时在工人中进行宣传工作。8月我回重庆，全国抗日高潮汹涌澎湃，抗日民族统一战线形成。"救国会"的活动便在更大范围更大规模上开展起来。除了继续组织读书会、学习马列主义书籍外，从9月到12月，我亲自参加的主要是开展关于"抗战到底""实行抗日民族统一战线"、要求"政治民主"等轰轰烈烈的宣传活动。当时，组织了大批的宣传队、唱咏队、业余剧团等到街头、乡下去宣传、演出。我于9月开始，主要是领导了"重庆救亡歌咏协会"这方面的工作。各种宣传活动我几乎都参加了。最大的一次是11月间，我们组织了两千多人的救亡唱歌大游行。这是以歌唱的形式出现，实际上是一次反对和平投降、坚持抗战到底的示威游行。12月漆鲁鱼同志决定，我和丁雪松同志到延安去，从此，便开始了我革命的新的历程。

我在重庆参加救亡运动，我认为大方向是正确的。自己也有敢说、敢闯、敢干的革命精神，革命实践对自己锻炼很大，懂得了一点同国民党反动派斗争的办法，特别是粗浅地接受了马列主义思想。没有共产党、无产阶级的领导，革命不能胜利。向往毛主席，向往共产党，向往红军，决心跟着共产党闹革命，有愿为共产主义奋斗的粗浅理性认识。这是我非常渴望到延安革命圣地去的思想基础。但是，今天，用毛泽东思想来分析、来衡量，我们所搞的救亡运动实际上是学生救亡运动，还没有深入到工农当中去，还没有实行与工农相结合，还是在知识分子青年群众中打圈子。虽有革命的热情，却缺乏革命的理智。只知道冲、闯，阶级斗争的觉悟是很低的，政治上是幼稚的。自己的小资产阶级世界观并未彻底改造。但是，这确是我一生中参加革命的良好开端，是我参加共产党、投入革命战争烈火中去的思想准备。尽管这个准备是初步的，但确是宝贵的。

我到延安是漆鲁鱼同志介绍的。离开重庆时，只有丁雪松同志同我一块儿。她是救国会的骨干分子之一，在重庆入了党。我俩的关系比较好。在1937年12月下旬的一个晚上，老漆把我和丁叫到他的住房谈话。这时，他才向我说明他是共产党员，为了革命的需要，决定送我们到延安去学习。他说："延安是毛主席、党中央所在地，希望我们去后好好学习，更好地为无产阶级革命事业服务。"此外，还谈了一路上要注意的事情，并对我的入党要求做了回答。他说："你到延安是可以解决的，希望你克服做事毛糙的缺点。"我们准备了两天，便从重庆乘公共汽车到成都。在车站来接我们的是刘传莆（他是重庆救国会会员，听说做过党的交通员）。在他家待了一天，第二天便介绍我到四川大学一个青年住房去住、丁雪松到成都"协进中学"去住。隔了几天，我的两个姑姑温士莹、温士一经漆鲁鱼介绍也赶到了成都。我们在成都待了十多天，便由成都搭乘公共汽车赴西安。路经四川广元县，这是一个川陕边境的管卡。车站上有一个国民党的稽查处主任叫黄正藩，是我初中同班的同学。他对我们表面上态度是友好的，但转弯抹角地查询我们，我们预先商量好了，都说是到陕西"西北联大"学习。他还请我们吃了饭，照了相。并没有对我们采取什么严格的审查措施。我们便顺利地通过了。这是和当时全国总的政治形势关联着的。抗日高潮掀起，国共合作形成，全国要求政治民主。在这样的情况下，大批进步青年涌向延安。国民党当时还不敢采取严格的反动措施来阻挠青年们到延安。1938年10月武汉失守以后，情况才有了变化。到延安去的青年就比较困难了，有的被扣留，有的甚至被送进集中营。可是，在我们去延安的一段时期内，确实是顺利的。其他青年到延安去也同样是顺利的。

我们到达西安，找到七贤庄八路军西安办事处，丁雪松办了手续。我们又由西安乘公共汽车路经三原、洛川等县到达延安。这是1938年1月中旬，先住在八路军招待所。丁雪松、我两个姑姑不几天便进"抗大"去了。我因生大病住了医院。2月中旬我出院。开始决定我到抗大，和我谈话的是抗大的罗瑞卿，他已批了编队入学的条子，可是，当我回身往窑洞外走时，他发觉我走路一拐一拐的。我进去时是勉强装着脚没有毛病的。他问我为什么，这时，我只好承认脚冻坏了。他叫我脱下袜子，一看脚趾十个有八个冻烂了，他便说："小鬼，'抗大'要出操打野外，你这不行呀！先到'陕公'去学习，以后还可以再住'抗大'。"这样我便被介绍到"陕公"，编入二期十九队。

我一到"陕公"，政治协理员杨杰同志就找我个别谈话。我便将我的家庭出身、参加重庆救亡运动、漆鲁鱼介绍我来延安以及我的入党要求等，详详细细地向他谈了。他叫我马上写一个自传。后来，又叫我填了入党志愿表。随即全队选队长，我当选了，并搬到队部同队主任、协理员住在一起。第三天了，杨杰告诉我，组织已批准我入党，候补期是三个月，他和队主任韩忠是介绍人。3月27日晚上，在一个大窑洞里，有三四十人集体举行入党宣誓仪式。主持会议的同志宣布，从此，我们都是正式中共党员了。

以后，我还参加了中央组织部举办的新党员训练。我记得有三次。我们数百名党员到中组部窑洞前听陈云同志讲党的性质、任务及党史等。党组织生活我经常参加，按月交纳党费。张国焘叛变后，还专门召集党员传达此事。我在队部，除了和同学们一道参加学习、劳动外，一般行政事务大都由我办理。同时，我也协同协理员做党的工作。如个别谈话，发展党员等。总之，我俨然成了一个干部。这当中，中央曾决定抽一些回民学员，成立回民班。后来，又撤销了这个决定。我记得大约有一个月时间，我们一些回民学员曾不吃猪肉，准备接受训练。实际上除罗迈曾给我们讲过一次话、开过一两次会外，从未单独脱离原建制。1938年8月学习毕业。开始党组织决定派我到三原杨邑县陕北公学分校去工作，我的行李全部运走了。后来，党组织又号召党员报名上前方，到晋西北抗日根据地去。到前方去打日本兵，到战争中去锻炼，这是我久久的凤愿。我便报名，坚决要求上前方。组织批准了，共有12人，由我带队。

出发前，配发了八路军军装、臂章、草鞋等。学校给我们胸带红花，列队敲锣打鼓欢送我们上前方，我们万分激动，感到非常光荣。由延安出发，每天行军六七十里，约半个月到达山西岚县八路军一二〇师师部所在地。我被分配到师政组治部青年科当干事。9月，我参加了师政组织的一个"巡视团"，到一二〇师三五八旅去检查帮助工作。组织叫去是为了培养锻炼我。我被分配到七一六团。我们一到，部队便每天夜行军，越同蒲路，开赴冀察晋边区五台山一带。在一个叫滑石片村的山岳地带伏击日军六个中队，这个仗打得非常漂亮。从晚上9点多钟打响到第二天天亮结束战斗，敌人除少数尖兵跑掉外，全部被我军歼灭在一个狭窄的山沟里。我当时被分配到一营二连，跟随指导员做战场宣传鼓舞工作，也随战士向敌人进攻。

这是我第一次参加打仗，我经受了第一次战斗的锻炼、考验。在战斗中，我第一次亲眼看到日寇的残暴和纸老虎的原形，我看到了红军指战员英勇作战、不怕牺牲的精神，我第一次体会到毛主席军事思想的伟大，我们革命队伍同人民的血肉联系。我非常敬佩老红军的革命英雄主义的高贵品质，从此，我才觉悟到事事处处向老红军、老干部学习。在两个多月的行军作战中，我大部分时间在连队。这是我生平第一次过艰苦的战斗生活，受到极大的锻炼。11月我随部队回到岚县。这时，三五八旅已报告师部，将我留在旅政治部任青年股长。

我还未开始工作，组织又叫我组织一个"战线剧社"，这是原来旅政宣传队的底子。从此，我便担任该社社长。这个剧社实际就是宣传队。我在剧社两年多的工作过程中，都是按照红军宣传队的老革命传统工作的，都是紧紧围绕着战斗任务进行工作。因此，我们大部分时间是在部队或农村群众中，哪怕是去最偏僻的山沟工作，尤其是作战的时候，我大都在前线随战斗部队工作。

1941年5月，我被调旅政治部宣传科任副科长（这时，我们剧社由原来的三五八旅——彭绍辉任旅长时的名称改为独立二旅），原科长胡蛮（胡昭衡）调任组织科长，我即任科长，直到1943年3月，组织又调我到旅属十一四团任团政治处副主任兼组织股长。5月，第三次反共高潮出现，我团奉命急调陕西米脂县一带守防，准备粉碎顽固派的进攻。这时，我团建制即划归一二〇师独立一旅指挥了。8月军内开展整风运动，我团大部分营以上干部集中旅部整风。我开始还参加整风队的领导工作，不久，组织就不叫我参加会议了，让我住在旅政保卫科长李仲卿同志隔壁。偶尔，老李问我一两句："老温，有啥问题就交代吧!"我知道我历史上没有任何问题。工作中也没有什么大错误，相反一直受到组织信任、器重。我当时对组织审查的态度是端正的。我并没有因为组织这样对待我而有什么不满情绪。我坚信一定会弄清楚。这样大约有一个月。10月间旅政治部主任金如柏（他是整风领导小组负责人之一）找我谈话，他说："老温，原来组织上对你有怀疑。因为延安你有个朋友丁雪松'坦白'了。现在查清楚了，你没有什么问题，是好同志。组织上给你一个任务，担任整风队小支部书记，负责审查干部。"这样，我便在一百多人的整风队小支部工作，到1944年10月完成了任务。组织又决定留我在旅政任宣传科长。

1945年8月日寇投降，9月我随部队下山。在山西汾阳、平遥、介休、孝义一带，由金如柏负总责，组织了民运工作团，我任同蒲路以南工作团长，在此打游击，发动群众，反汉奸，反恶霸，反贪污，组织地方武装，以后成立了"平介支队"。12月将这个部队的一部分一千多人，由我们带领路经晋西北到达绥远卓资山车站（旅部当时所在地），将新兵补充队伍。完成这一任务，我又回到旅政宣传科。1946年3月我临时调任卓资山交际处处长，主要任务是接待路经卓资山的军调小组的伪国民党人员、美国人。想各种办法限制他们的活动，不叫他们侦察了解我方情况。5月，交际处撤销，我被调回七一四团任政治处主任。以后七一四团建立团党委，我任副书记。一直到1948年1月。这一期间，伟大的解放战争全面开展，我参加了卓资山、集宁、保卫张家口等战役。1946年11月，我们被调甘陕宁边区，参加了保卫党中央、保卫毛主席、保卫陕甘宁、保卫延安的历次战役。诸如打羊马河、蟠龙、清涧、陇东、榆林、元大滩等战役，我都参加了。尽管这一个时期我肺病严重，我仍坚持在前线作战。我团所担任的历次战斗任务除个别战斗（第二次打榆林强攻未果）未完成任务外，其他战斗都完成了任务。经过历次完全胜利的战役，使广大指战员深深体会到伟大的统帅——毛主席革命军事路线、军事思想的无比正确，我们所以每战必捷，都是毛泽东思想的伟大胜利。

1948年1月，部队抽调副排长以上的干部到西北军政干部学校受训，以保存、培养与提高干部。组织调我到一个队担任指导员。大约一年，学习结业，我准备上前方。西北军政干部学校经领导批准，留我任该校宣传教育科长，并选为校党委委员。1949年底，我校随大军进军西南。1950年1月初，西南军区组织一个改造起义部队的工作团，到伪国民党第十六兵团去做改造的工作。我任工作团秘书室副主任。地点在成都以北什邡县城内。3月，该部有一部队伍武装叛乱，残酷杀害了我11名军事代表。在三天以内，这个叛变的部队被我全歼，祸首全俘获，押回什邡公审后枪毙。随即我们在全兵团开展了一个群众性的揭发，控诉反革命分子的运动。经过这个运动，揭发检举出大批反革命分子、特务及有各种政治问题的高、中、下级军官两千多名。工作团决定，临时成立随营学校，将这些家伙集中，脱离武装部队，减少继续叛乱的因素。我被派去做副军事代表。军事代表是工作团副团长傅传佐。实际上由我和另一个副军事代表龚辉同志负责，第四十一军军长任校长。5月，我们工作团将国民党整个第十六兵团从成都以北一线出发，路经广汉、金塘、资中、内江、壁山等县，先到重庆，然后全部乘轮船开往江苏常熟一带，交给人民解放军第九兵团，彻底改编。这样我们便完成了改造的任务。9月，工作团到上海参观、休息，10月全部返回重庆，由西南军区分配工作。开始，我被分配到北川军区政治部任宣传部长，一切准备停当，在即将出发的时候，组织又决定调我到西南局政策研究室工作。12月到西南局，从此我便转业到地方工作了。

到地方工作，我是服从组织分配，思想上是很不愿意的。去后，曾闹过一个短时期的情绪，这主要是个人主义思想作怪。1951年初，西南局决定让我到川东农协重庆市办事处任副主任，搞"清匪反霸，减租退押"工作。5月，工作结束。回到西南局任西南土地改革委员会宣传处长。1951年又任西南局农工部一处处长，开始管农业合作化工作，以后管农业生产和国营农场工作。一直到1954年9月西南局撤销，我被调往中宣部任张际春同志的秘书一年。1955年又调宣传处搞农村宣传。1958年8月调来新疆学院任党委书记。新大成立后，又任党委副书记。

（后半部分为"文革"中的"自我批判"检查，略）

温厚华
1969年6月18日

温厚华年谱

1919 年

农历五月初九，出生于四川巴县旧职员家庭。

1929 年

进私塾念书识字，读"四书五经"。11 岁插班到民办新式小学，正式开始读书生活，14 岁小学毕业。

1934 年

小学会考成绩优等，保送到巴渝著名的巴县中学读初中，连年免交学费。上学期间，逐渐接受革命道理，积极向进步报纸《商务日报·副刊》投稿，秘密参加抗日组织——重庆"学生救国联合会"，投入到抗日救亡运动中。

1936 年

初中毕业，先后在"重庆知识书店"当店员；在《齐报》，担任外勤记者兼校对；进入重庆救国会开办的"知识服务社"，边工作边进行抗日救亡宣传；到重庆南岸民办小学当教员一个月等。在走上社会自谋生计的同时，在党领导的"重庆救国会"从事秘密救亡革命活动。12 月在成立统一的重庆救国会执委会中任执委之一。

1937 年

2 月，考入重庆市北碚三峡织布工厂当学徒，并在工人中进行抗日宣传。8 月回到重庆，9 月考入重庆华通贸易公司当见习生，继续参加抗日救国会的各种活动，担任秘密总交通员；领导"重庆救亡歌咏协会"，组织纪念"九一八"千人救亡歌咏大游行。11 月下旬，参加重庆救国会第一次代表大会。

12 月，在重庆党组织的介绍下，秘密离开重庆，奔赴延安。

1938 年

1 月中旬，来到延安，进入陕北公学，任二期十九队队长，7 月毕业。

3 月 27 日，由杨杰和韩忠两位同志介绍，加入中国共产党。

7 月，陕北公学毕业。婉拒留校工作，坚决要求上前方。经批准带领 11 人，由延安出发，约半个月到达山西岚县八路军一二〇师师部，正式参加八路军，在师政治部组织部任青年干事。

9 月，参加师政组织的"巡视团"，到一二〇师三五八旅检查帮助工作。后分配到七一六团，随部队每天夜行军，越同蒲路，开赴冀察晋边区五台山一带。

11 月 4 日，在七一六团一营二连，参加滑石片歼灭战，亲临战斗一线参加战斗，做宣传工作。

1939 年

1 月，任三五八旅宣传队长、战线剧社社长。

1940 年

8 月至 12 月，跟随部队参加百团大战。阳方口战斗后，接命令独自带领一个排，连夜返回战场，搜集伤员并带回部队，圆满完成任务。

1941 年 3 月—1942 年

5 月，任三五八旅政治部宣传科长。参加歼灭日军的游击战，粉碎敌人

"扫荡"等。为部队做宣传工作，拍摄大量珍贵影像资料。

1943 年

5 月，奉调到三五八旅独立第一旅七一四团，任团政治处副主任、主任兼组织股长。

7 月，随团由晋西北偏关经河曲、保德渡过黄河，到陕甘宁边区米脂、绥德一带参与保卫陕甘宁边防战斗。

8 月，参加大生产与练兵运动。

9 月 1 日，随七一四团参加解放文水的战役。

9 月 7 日，随七一四团北上，经岚县、苛岚、神池，北上绥蒙，参加自卫斗争。在整风运动中接受审查。后担任整风队小支部书记。

1944 年

调独立第一旅任政治部宣传科长。

1945 年

年初，与战力剧社的张战英结婚。

9 月 10—12 日，参加保卫集宁战斗。

9 月下旬，任同蒲路以南工作团团长，组织民运工作团打游击，协助地方政府实行减租减息，生产救灾，开展清匪、反恶霸、反汉奸工作。组织地方武装，成立"平介游击支队"。

1946 年

1 月，带领"平介游击支队"一个营新兵，由山西汾阳转绥远，返回独一旅，交部队收编。参加卓资山战斗。

2 月，任七一四团政治处主任兼交际处主任。

5 月，回七一四团任政治处主任，继任副书记。

9 月，参加卓资山、集宁、解放山西郭县和保卫张家口等战役。

11 月中旬，参加保卫党中央、保卫毛主席、保卫陕甘宁边区的历次战役。

12 月，在延安机场接受毛主席、朱总司令的检阅。后跟随团部开赴洛河川。

1947 年

1 月，先后参加青化砭、羊马河、蟠龙等三大战役。

7 月，西北野战兵团正式定名西北野战军，七一四团改为第一团。随团参加清涧、陇东、榆林、沙家店、元大滩等各个战役。

1948 年

1 月，调往第一野战军西北军政干部学校，任宣传教育科长、工兵队政治指导员，当选校党委委员。

12 月，携全家跟随西北军政干部学校从西安出发，经宝鸡，越秦岭，经广元、江油、绵阳等，到达新津。

1949 年

1 月，调到西南军区改造起义部队工作团，任宣传主任、军事副代表，负责对国民党第十六兵团进行改造工作。

4 月，少数顽固分子坚持抵抗，发动武装叛乱，残杀工作团 11 名军事代表。因外出开会，捡一条性命。随后成立临时随营学校，任副军事代表。

1950 年

7 月，工作团将国民党第十六兵团整体从成都出发，路经广汉、金塘、资中、内江、壁山、重庆、常熟等，交人民解放军第九兵团，胜利完成改造起义部队的任务。

10 月，奉调中共中央西南局，任川东农协重庆办事处主任。

1951—1953 年

5 月，在西南局任西南土改委员会宣传处长、西南局农村工作部一处兼五处处长。负责主编《西南土改工作简报》。

1954 年

9 月，调中共中央宣传部，任张际春常务副部长秘书。

1955—1957 年

10 月，中宣部宣传处农村工作组任机关党委委员。深入农村基层做全面调查，撰写调查报告报送中央。

1958 年

7 月，请辞原中央任命的宁夏工委（筹）宣传部部长等任命，接任筹建新疆大学使命。在北京大学考察学习一个月。

9 月，在新疆学院走马上任。任新疆学院民兵红旗师政委，参加修建兰新铁路路基劳动，超额完成任务。

1959 年

6 月，任新疆学院党委书记，全面主持工作。

8 月，领导新疆学院搬迁校址。学院分南北两院，进行教学和办公。

1960 年

3 月 20 日，自治区第一所综合性大学——新疆大学动工兴建，举行隆重的主楼开工典礼。自治区主要领导王恩茂、赛福鼎及有关方面负责人出席。

6 月，在新疆学院第二次全体党员大会上当选为学院党委书记。

10 月 1 日，新疆学院正式改名为新疆大学，并确定新疆大学为自治区重点学校。

1961 年

2 月 18 日，新疆大学党委成立，任党委书记、党委委员。

5 月，发动全院教职员工并亲自带头，开垦荒滩种菜、养殖，自力更生，战胜灾害，成效卓著。此工作延续至 1963 年迁校址。

1962 年

7 月，新疆大学、新疆师范大学合并为新疆大学，任并校工作领导小组副组长。8 月，新疆大学设立机关党总支委员会，张战英任书记。

10 月，任新疆大学第一届校务委员会委员。

1963 年

3 月，任新疆大学党委副书记，主持工作。

1964 年

10 月 8 日，任新疆大学新一届党委副书记。

1965 年

9 月，兼任新疆大学党委政治部主任。

1966 年

1 月，任新疆大学人民防空指挥所总指挥。

4 月，任新疆大学第二届校务委员会校务委员。带领学生到托克逊县红旗公社进行农村社会主义教育运动。

1969 年

在中央党校"毛泽东思想学习班新疆班"学习。

1971 年

春，随新疆大学教职工到昌吉农村接受"再教育"。

1972 年

上半年，在"东泉五七干校"劳动半年。

9 月，任新疆大学革委会副主任，重返工作岗位。

10 月，任新疆大学党的核心小组副组长。

1976 年

1 月，在"反击右倾翻案风"中再次受到批判。一度被放至奎屯农学院，后任免撤销。

5 月 4 日，调往新疆八一农学院，任临时党委副书记、革委会副主任。

1978 年

9 月 28 日，任新疆八一农学院党委副书记。当选为新疆维吾尔自治区科学技术协会第二届委员会委员。

1979 年

1 月，任《新疆八一农学院学报》主编。

4 月 4 日，任新疆八一农学院学术委员会主任委员。

1980 年

1 月，当选乌鲁木齐市沙依巴克区第八届人民代表大会代表。

4 月 22 日，任新疆八一农学院副院长。

1981 年

9 月，任新疆八一农学院院长兼党委副书记，全面主持学院工作。

1982 年

7 月 31 日，主持新疆八一农学院建院 30 周年庆祝大会。自治区党委书记、人大常委会主任铁木尔·达瓦买提率各界人士前来祝贺。

12 月，新疆八一农学院首届教职工代表大会召开，当选常任主席团主席。

1983 年

5 月 28 日，调新疆教育厅，任厅党组书记兼副厅长。主持全疆加强政治思想教育、农牧民扫盲、改革中等教育结构、发展职业技术教育、中小学学制改革等工作。

1984 年

2 月 14 日，参加中共新疆维吾尔自治区第三次党代表大会。

3 月，主持开展"民族团结""全民文明礼貌"和"创建文明学校"等活动，首开"民族政策和民族团结教育"课程。

3 月，深入全区 14 个地州市、69 个县和 757 所学校进行实地调查研究。主持教育厅机关整党整风工作。

7 月，主持制定《自治区教育事业"七五"计划和后十年设想的初步意见》。主持召开全区电化教育工作会议，成立自治区电化教育研究会。

11 月，主持召开民族教育及普教改革座谈会，制定自治区少数民族教育科学研究六年规划及 1985—1990 年自治区高等院校规模和基建投资计划。

1985 年

1 月，主持召开自治区高校民文教材建设工作会议，研究解决高校民文教材资金缺乏、品种不足等问题。

3 月 14 日—4 月 5 日，随国家教育部组织的中国边远地区赴美国教育考察团，前往美国考察。

7 月，接待美国 10 个著名大学校长、我国 10 个著名大学校长来新疆参观访问，共同研讨发展新疆高等教育和四化建设问题。

10 月 7 日，应邀出席新疆大学庆祝建校 50 周年庆典。

1986 年

7 月 11 日，重返新疆大学，任党委书记兼副校长。

9 月，提出"校风好、质量高、校园美"的学校奋斗目标。

1987 年

1 月，将加强教育改革、提高教学质量作为新疆大学 1987 年中心任务。

2 月 9 日，在北京参加全国教育工作会议期间，突然中风，经及时抢救，脱离危险。住院休息一个月余。

1989 年

12 月，当选为自治区党委顾问委员会委员。

1992 年

正式离休。

1997 年

3 月，结发夫人张占英去世。

2005 年

6 月 11 日，因病在北京逝世，享年 86 岁。与夫人张战英合葬在北京八宝山革命公墓红军墙，墓志铭为："仰不愧于天，俯不怍于人。"

参考文献

[1] 冯锡时:《由〈金陵温氏家谱〉看明初帖木尔帝国与明朝的友好交往》,《历史研究》1990 年第 1 期

[2] 杨泽平:《忆老巴县中学》,原载于《重庆商报》2004 年 12 月 19 日副刊《巴渝旧事》

[3] 杨泽平:《巴渝百年名校——老巴县中学》:原载于《重庆商报》2004 年 12 月 19 日副刊《巴渝旧事》

[4] 中共重庆市委党史工作委员会:《重庆救国会》,内部发行,1985 年

[5] 张西洛:《一个老记者的经历》,人民日报出版社 1994 年版

[6] 毛毛:《我的父亲邓小平》(上卷),中央文献出版社 1993 年版

[7] 黄宇齐:《救国会与漆鲁鱼》,原载于《重庆救国会》,内部发行,1985 年

[8] 温田丰:《六十年来人和事》,重庆出版社 1995 年版

[9] 丁雪松口述、杨德华撰写:《中国第一位女大使丁雪松回忆录》,江苏人民出版社 2000 年版

[10] 杨山山:饶国梁、饶国模兄妹——从黄花岗到红岩村,中国共产党新闻网 http://www.xinhai.org/shi/191103095.htm

[11] 冯兰瑞:《重庆青年自强读书会》,原载于《重庆救国会》,内部发行,1985 年

[12] 李华飞:《从"文救"到"文支"的前后》,原载于《重庆救国会》,内部发行,1985 年

[13] 高孝威:《救国会在"七七"以后的几次重要活动》,原载于《重庆救国会》,内部发行,1985 年

[14] 傅杰:《在救国会领导下的抗日救亡活动》,原载于《重庆救国会》,内部发行,1985 年

[15] 孙科佳:《八路军一二〇征战实录》,湖南人民出版社 1995 年版

[16] 董小吾:《"军歌"从我身边唱响全军》,原载于宁夏网 http://www.nxnet.net/olddate/zhuanti/2007—07/24/content_1854092.htm2007—07—24

[17] 姚鹤亭、王作军、高明德:《抗日战争的最后一仗：忆攻克文水战斗》，原载《烽火岁月——战争年代的步兵第二师》，内部资料，1987 年

[18]《纪念彭德怀诞辰 105 周年：关于陕北青化砭、羊马河、蟠龙战役的九个电报（一九四七年三月——五月）》，原载于人民网 http://www.people.com.cn/GB/shizheng/8198/30144/30148/2136929.html

[19] 王尚荣:《十年回顾》，原载于《烽火岁月——战争年代的步兵第二师》，内部资料，1987 年

[20]《炮兵第二师炮兵团一九四三年前简史》，原载于《烽火岁月——战争年代的步兵第二师》，内部资料，1987 年

[21] 梁良:《战力剧社记事》，原载于《烽火岁月——战争年代的步兵第二师》，内部资料，1987 年

[22]《改造起义部队，团结民主人士》，原载于中国共产党新闻网 http://cpc.people.com.cn/GB/64162/82819/88986/89266/6021535.html

[23]《解密历史：177 万国民党起义部队改造内情》，原载于《党史博览》2007 年 12 月 7 日

[24] 姜思毅主编:《刘邓大军史话》，解放军出版社，2002 年版

[25] 邓小明，唐光龙:《刘伯承、邓小平的得力助手》，原载于 www.czs.gov.cn2009 — 12 — 01

[26]《新疆大学大事记》(1935—1995)，内部资料，1994 年

[27] 新疆农业大学校史办:《新疆农业大学大事记》，内部资料

[28] 新疆教育年鉴编辑室:《新疆教育大事记》(公元 520—1998)，新疆人民出版社 1999 年版

第二篇

老骥伏枥，鞠躬尽瘁

日记摘抄

（1983—1988）

编者按

1983年6月19日，晚年的爸爸开始写他的"晚年日记"。原因是在不久前，他刚从新疆八一农学院（后来的新疆农业大学）调离，被自治区党委任命为自治区教育厅党组书记兼副厅长。爸爸感到，新的工作和生活又开始了。这不仅激发了他更加努力地为党和人民工作的激情，而且也勾起了将这段历史记录下来的写作愿望。

爸爸基本保持每日必写的习惯，从第一本日记开始，一直写了17本。重翻这些似乎带着爸爸体温的小本子，看着那些充满真情实感的文字，爸爸仿佛就在我们身边，在娓娓道来他那埋藏心灵深处的所历、所思、所感。

20世纪80年代以后，作为儿女我们虽然已长大成人，但大都在外各自工作。爸爸在那些时光里经历了什么，他怎样去做，又有哪些想法和见解，我们其实知道的很少。所幸这些日记保存了历史的真实——起码是爸爸的真实。因此，直接用它来记述爸爸职业生涯最后几年以及晚年的一段时光，应该比所有文字更真实也更加珍贵。而从史料角度看，日记系统地记述了爸爸晚年在教育战线上奋斗的历程，反映了他多年积累起来的教育思想、理念与实践，尤其是对新疆地区教育特殊性的思考与行动。今天读来，许多真知灼见依然具有它的价值和意义。

日记按时间顺序摘录、编排。在不影响原意的基础上，对个别字、词、标点（包括个别实在无法辨认的字）进行了订正和说明。

1983 年日记

6月19日　星期日　晴

（这是第一本日记的头一篇，日记扉页自勉：老牛犹有冲天劲，不用扬鞭自奋蹄。）

今天是 1983 年 6 月 19 日（阴历五月初九），是我 64 周岁的生日。从今天起，我开始写晚年日记。为什么现在才开始写日记呢？因为，我的晚年进入了一个新的时期。以前我在新疆八一农学院工作了六年零七个月（调我到八农的任命是 1976 年 5 月，我到职是 11 月间）。从明天起，我根据今年 5 月 28 日自治区党委的任命——自治区教育厅党组书记兼副厅长，就将到教育厅任职。按照中央的决定，60 岁以上的厅局级干部一般应退下来，在二线或三线继续为党为人民做贡献。而我不但不叫退下来，反而给我更繁重的担子。这当然使我的晚年如何度过，不能不发生新的变化。我一定要不辜负党和人民给我的付托，将我不多的生命完全献给党和人民。用下面的话自勉：

> 自古人生谁无死？
>
> 丹心一颗献人民。

6月21日　星期二　晴

上午到袁某某同志家谈了厅里一些情况，并征求他关于党组分工的意见，以及过去厅党组的工作情况。看来，今后需要明确党组抓哪些大事，哪些重大问题必须交党组讨论以便加强集体领导，避免个人专断。我想，经大家讨论拟出几条报区党委审定后，全党组的成员都来执行。坚持集体领导与分工负责制，从而加强领导班子的真正团结。看来，过去由于集体领导不健全，党内的民主生活不健全，影响了团结。

下午，教学仪器厂的两个领导人来汇报，要求解决厂址的问题。又同努尔提也夫同志交换了党组分工的意见。

6月22日　星期三　多云有时晴

下午，到区党委向富文同志汇报。他同意教育厅党组分工的建议。（具体分工一、二等内容略）

重大问题一定要经过党组讨论，包括人事工作等，实行民主集中制、集体领导与分工负责制。

健全党组会议和厅务会议制度。

党组成员之间，各处、室的领导人与党组成员之间，各处室之间及时互通情报，既有分工又有合作。既明确各自的职责、任务，又要彼此相互配合协作。

6月23日　星期四　晴

上午到医学院同李某某、石某某同志讨论领导班子的组成问题。他俩都坚持自己配副书记，不需外面派人来。

下午，教育厅召开我到职后的第一次党组会议。内容是：批准医学院体育教研室副主任曲某某全家去澳大利亚。同意李钧同志上自治区党校培训班学习。电教馆领导干部新增人选暂缓，待整顿组织时一并讨论。确定了分房具体原则，按努尔提也夫意见办。

6月24日　星期五　晴

上午在昆仑宾馆参加自治区中小学教师进修暨中等师范教育工作会议开幕式，并致了开幕词。这是自治区普教工作方面的一次重要会议。抓中小学教师培养，是自治区发展教育事业的基础工作。

70%的高中教师、80%的初中教师不合格，30%的小学教师不能胜任教学工作，10%的小学教师根本不能当教师，说明了自治区普教任务的艰巨。如果把中小学教师进修及中师工作抓上去了，几年之后，有一支合格的中小学教师队伍，中小学教学质量肯定会大改观，从而为高教打下了坚实的基础。

下午，回厅办公。批了公文。同××、××、××谈话。8点半才返家。

6月28日　星期二　多云有风

上午党组扩大会议，讨论高等院校工作座谈会，汇报由徐某某等同志起草的《汇报提纲》。这是根据5月武汉中央教育部召开的全国高等教育工作会议的精神，结合新疆的实际，提出今后几年的工作方针与任务。大家认为写得好，并补充了一些意见。我看这个文件如果区党委同意了，今后高等院校工作一定会有一个较大的进步。它的进步将表现在：（1）落实知识分子政策，会改善他们的工作与生活条件。（2）学会逐步填平补齐，改善实验、实习手段。（3）经费，主要是基建投资会增加。（4）教学科研将有新的进步，学校面貌会有新的变化。

下午处理了一些具体事情，看了一批文件。

6月29日　星期三　晴，有时阴，夜有小雨

上午在八楼参加中小学教师进修暨中师教育工作大会，某某作了讲话。

下午，听取各大组讨论情况汇报。

我感到，一下就宣布建立十多个进修教育学院是否太快？尽管提高中小学教师素质是刻不容缓的。我担心由于师资、设备条件差，能否保质保量地完成规定的任务，是值得注意的。

晚上又听取了中师情况汇报，讨论了总结的内容。

6月30日　星期四

整天都在阅读文件，处理事务。有几件事比较重要：

1. 我赞成建立新疆广播教育台，经党组同意上报。

2. 今年有800多名师范大专毕业生分配，可是需要的却是4500多人。……为适应新疆急需，（毕业生）多数应当去当教师。

3. 审定了上报需提升干部的四人表格。

4. 审定了《发展我区高教事业》草稿。

7点多钟，我和鲁某参加了我厅乌某的葬礼，送至墓地。尊重民族的风俗习惯，对团结民族同志至关重要。有大民族主义思想的人是不屑于这样做的。这也是一种狭隘的民族偏见。

7月1日　星期五　晴

今天是党的62周岁生日。

对于一个人来说，年逾花甲，已是老年，逐渐衰退，接近死亡。这是自然规律，不可抗拒。可是，62周年对于中国共产党来说，经胜利、失败，再胜利、再失败，再胜利，这样迂回曲折的道路前进。目前，她正处在更加成熟的青年时期，它的生命力正在显示出来。我能以有限的余力继续为光辉的共产主义事业增添一砖一瓦，感到欣慰。

7月6日　星期三　晴

……我必须下大力气把团结搞好，谦虚谨慎，从多方面做好团结工作，绝不独断专行。发扬民主，多同大家商量。遇到困难，一定要耐心，用稳妥的办法去克服。我想，一要抓好党组的集体领导，坚持民主集中制；二要抓好政治学习，从共同提高政治思想觉悟入手，多多创造共同语言。按胡耀邦同志提出的为加强团结的六条论述办。自己要站得稳，立得正，以身作则，不为邪气所扰所惑所左右。我坚信团结是能够搞好的，首先我同务某团结好，我尊重他，向他学习，同时诚恳地协助他，多通气，多商量。并且与党组其他成员团结好。只要我把党组一班人马团结好，带动全厅的团结就有把握了。这一条如果我做不到，就会辜负党和人民的托付，就会辜负全厅同志们的期望。

7月18日　星期一　晴　34℃

一早就乘大车赶赴呼图壁奶牛场。到时已是11时。听取场长相同志的规划说明。他们的远景是令人鼓舞的，所规定的以牧为主、农林牧副渔结合的方针，实行农工商联合、供产销相结合，在保证牛奶产量持续上升的情况之下，发展多种经营，以提高经济效益和保持良好的生态平衡为中心，这些都是正确的。

我认为，他们的规划缺乏可行性论证，究竟抓哪些措施，先抓什么，后抓什么，说明不够。另外，他们是整体规划，缺乏教育和科研内容规划。这是多年来搞经济规划的通病。

八一农学院和呼图壁奶牛场的合作项目，这是一个全面的、综合的、协作的大胆尝试。这是一个创举，对于探讨教学、科研、生产三结合的经验是很有意义的。所以今后我一定注意这一创新的试验。

晚上 11 点，我才回到家中。天气特别热，我看不止 34℃，可能有 37℃ 或更高一点。这是新疆乌市少有的炎热气候。

7月21日　星期四　晴

今天党组会议研讨了"民主党派、社会团体办学"以及"关于社会办补习班的暂行规定"。这是一个政策性很强的事情。我的主张是：

广开学路，培养人才是件好事。但是必须有一定的规格、一定质量，不能滥竽充数。特别是大专水平的学生培养，一定要合规格。我主张多多办各种补习班，职业性的、技工训练班等。必须防止有人乘机营利，并不是真心办学。

7月28日　星期四　晴

全天，小组讨论都谈了对保重点——能源交通意义的认识，以及自己的态度。社会科学院副院长陈华同志强调了在新疆建设中特别要注意解决沙化的严重问题。的确，在强调注意经济效益的同时，不可忽视生态的效益，这两者是相互依存的。促进时只注意经济效益，甚至不惜破坏生态平衡去谋求经济效益，随着时间推移，自然规律、社会规律就会出来惩罚你。防止沙化，改造盐碱地，是新疆的战略性问题，必须引起高度重视。

我在会上简单讲了这样一个问题，保重点是符合我区经济建设的各项规律的，是从我区多年正反的经验中得出的结论。能源、交通不上去，"四化"是没有希望的，没有能源哪有动力？没有动力哪有工业、农业？更谈不到现代化。没有现代化的交通，同样没有工、农、商等各业的命脉。货不畅其流，物何尽其用？因此，集中资金，克服分散，是保证重点的必需。这当中要解决好生产与生活，吃饭与建设，集中与分散，大局与局部，目前与长远，国家、集体、个人三者的关系等等认识问题。千万不能重复过去的错误：要上，什么都一齐上，不分轻重缓急，一刀切，一个样。这是违背客观规律的。

但是，说能源、交通是重中之重，并不意味着教育不是重点了，它仍然是重点，而且为了能源、交通以及后 10 年振兴经济做准备。教育即培养人才，智力开发不搞上去，能源交通也是不能保证其重点作用的。因此，不是削减教育投资，而是根据财力，还可适当地增加对教育的投入。要把对教育的投资视为生产投资，而不能当作消费投资，更不能视为与保能源交通无关的投资。

如何在有限的教育投资上，发挥现在教育本身的潜力是非常重要的。不能只伸手要钱，而要艰苦奋斗、自力更生、开源节流，挖掘教育本身的现有潜力。发展教育事业，是不容忽视的。至于已有的投资如何用在刀刃上，反浪费也是值得注意的。

8月7日　星期四　热

……

读了《邓小平文选》，从中深深地感到小平同志确实是"人才难得"。讲话很朴实，充分反映了高水平。对客观实际把握深切，所提出的方针、政策是实事求是的。三中全会的党的指导思想的转变，恢复到马列主义的政治路线、思想路线、组织路线上来，他起决定性作用，即决策的作用。他是拨乱反正的主要指挥者。

1978年12月，十一届三中全会公报发表，我情不自禁写了四首七言诗，其中有评小平同志的一首：

> 一生多坎坷，从未逐流行。
>
> 柔中富有刚，绵里藏金针。
>
> 可恨奸人诈，酷官诋毁人。
>
> 今日重抬头，历史最有情。

8月23日　星期二　晴，热

上午到宣传部座谈大学思想政治工作问题。过去，区党委宣传部也好，文委也好，教育厅也好，极少主持研讨大学的思想政治工作问题。这是一个极迫切的、好的开端。可惜各院校都有一些经验长期得不到交流，问题得不到解决。我认为，区党委长期没有一个书记管教育、抓教育，当然大学的思想政治工作是处于无政府状态，无人过问，只是学校自己搞。我想，今后我也一定抓这方面的工作。大学的四大工作——教学工作、科研工作、思想政治工作、后勤工作一定要分别地抓起来。要研究解决一些新问题，为培养各类高级人才做点事情。当前，一个是区党委应该抓起来，一个是学校党委应该狠狠地抓起来。书记的主要精力应该抓这项工作。怎么样使思想政治工作做到"三力"，即战斗力、说服力、吸引力，这是一门学问，应好好地总结。

8月30日　星期二　晴

今天上午，我们到新疆医学院去看他们的各个实验室。我看新疆这几所大学，他们的实验室是比较好的。生化、生理、病理等实验室是比较正规的。问题是药学、卫生这两个专业以及化学等实验室还不够或没有建立。他们没有教学库房，没有满足解剖学的尸房，这是最基本的。

9月1日　星期四　阴有时晴

上午，我走马观花地看了教学仪器厂、电教馆。他们的潜力很大……电教馆在困难的条件下，开展电化教育，精神可贵。明年即可较充分地发挥设备的作用，电教大楼修建成之后，是一定能办到的。

下午一气看完师大、教育学院的实验室，都不能称为实验室，完全是凑合。由此可知教学质量如何！师大新校址虽然面积小，若按规划来建还是可观的。我算了一下，大约需 6000 万元，方可完成建设。每年 600 万元，尚需 10 年。已经花了 3900 多万，至少还需五年。

师范教育在新疆是受到极大损害的，这是严重的失误。1962 年贯彻八字方针，离开了教育特点，大砍师范教育，是完全错误的。现在，师范教育应该作为教育工作的重点来抓。普教是基础，教师是关键。

9月2日　星期五　阴有时晴

……

下午，到八一俱乐部听了军区两防（防空袭、防空降）的军事演习汇报会，颇增加知识。现代战争的科学技术是支柱，没有雄厚的经济力量是打不起现代战争的。说明中介绍，苏联可以在 20 分钟之内，完成空降两个师的战斗任务。由此可见军事技术的高超。我们必须急起直追，否则，国防是巩固不了的。

我看有邓小平同志挂帅是大有希望的。军事建设一定能够实现现代化。

9月14日　星期三　上午阴，下午雨

今天我参观了新疆军区组织的检阅。……我非常兴奋。想想当年我们在战争时期的装备，今天相比，真是天壤之别呀！我们的军队除了武器的改进之外，还有强大的政治思想工作，精神状态是不可战胜的！因为它是人民的军队，是为人民服务的新式军队。

9月24日　星期六　晴

……我认为，党员应该代表多民族的共同利益，而不能局限于代表本民族的利益。如果坚持狭隘的民族利益，是觉悟不高，而且影响团结。

下午，我同陈声远同志到三所，代表教育厅看望了抗战期间党派来新疆搞教育工作的老同志们。……他们在很艰苦、很危险、很困难的条件下，在新疆开展党的宣传工作，发展新疆教育事业，是很不容易的。他们的革命精神是值得年轻一代学习的。凡是为人民做了好事的人，人民是不会忘记的。

10月3日　星期一　晴

今天晚上9时起程，赴石家庄参加全国电化教育工作会议。在车上，一定抓紧时间把《邓小平文选》读一些。

一天之中，有九人次找我。有谈工作的，有谈子女就业的，有谈职称的事，有谈调动工作之事。谈话者多是私事，对我来说就是公事了。他们不找我找谁呢？凡是人民的事，你就得管！不是争权，而是对人民负责。这些事中大多数为政策问题，不管怎么行呢？

10月4日　星期二　晴

买不到软席卧铺，坐硬席也蛮好的。一上车就有一个解放军同志问我上哪去，是什么铺位，需要他做什么，要我尽管说。他听说我是中铺，便诚恳地说："老同志，你年纪大了，上下不方便，我那边是下铺，我们换了吧！"我感到十分亲切，这是学习雷锋精神的具体体现。我婉言谢绝了。……现在的党中

央，小平同志的领导是正确的，卓有成效的。

抓紧难得的机会，细读《邓小平文选》。

10月18日　星期二　阴　降温

今天上午没有安排会议（全国高教政治思想工作会议），我读了《有关人的理论的资料汇编》。

……

我一直认为，党委的重点应该是抓全面培养人，特别是抓方针、政策、思想政治工作。我认为，当前大学教育有两个薄弱环节：一是思想政治工作，一是管理。至今我还以为我的看法是切合实际的。可惜我在这方面创造性地做出贡献还谈不上。认识了并不等于解决了……

12月24日　星期六　-21℃

全市高等院校和部分厅局参加由区党委组织的歌咏大会。我听到青年同志们的大合唱，就想起战争年代的生活。我那时才19岁，我走到哪里，就在哪里教连队战士唱歌，而且，战士们比较快地学会了我所教的歌。我有一套生动活泼的办法引起战士们唱歌的兴趣，还以分组轮唱的办法，实际是比赛的办法促进大家自学。我教的歌都是抗战歌曲，大都慷慨激昂、嘹亮，非常适合当时战斗的生活要求。唱歌可以激起战士们的热情，焕发他们的精神，坚定战胜敌人的决定、信心。在行军中还可以解除战士们行军的疲劳。我不仅教战士唱歌，还帮助他们扛枪，建收容队，照顾病号和掉队的战士。我同战士心连心，亲如兄弟。所以我走到哪里，哪里的战士就鼓掌欢迎我唱歌教歌。我的确尽到了一个青年干事的光荣职责。

青年人应该唱，应该跳。生活应该富有生气、活力。我看，提倡各种形式的歌唱活动，是学校思想政治工作的好办法之一。可惜这方面我们组织得太差了……

下午参加正式选举，出席三次党代会代表。选举结果，我当选上了！这是党和人民对我的信任。我一定要以代表的责任感参加党代表大会。

1984 年日记

1月1日　星期日　晴　-14℃

今天是元旦佳节。用什么来送旧迎新？多多消灭一些文盲；多多普及一些小学校，多多改变一些小学的落后面貌；多多办一些职业中学，加快改革中等教育的结构，使普通高中降一批，转为职业技术学院；使普通教育的质量有所提高，使不合格的教师数量减少；使高等教育及教育质量有一个新的提高，有一定的发展；科学研究有新的突破；使内外的大协作有所加强；使教育厅的团结加强，工作效率大大提高，呈现前所未有的新局面。新领导班子有一个新的领导作风、新的贡献、新的气象。目前，我一定要反复考虑，把班子配好。

3月2日　星期五　-15℃

我用中共新疆维吾尔自治区第三次党代大会纪念册写我的第二本日记，感到十分荣幸！我的第一本日记是用我参加乌鲁木齐沙依巴克区八届人代会的纪念册写的。我当这一届区人民代表，是我区群众无记名投票选举的。我对群众对我的信任、托付感到非常高兴。其实我并未给群众做多少事情，却得到这样大的光荣，真是惭愧！今天我又以自治区三次大会的代表身份参加了大会。代表，就是代表人民的利益，不是给你特殊的权力。那样就不配当代表。然而却有的同志以此为晋升的阶梯，当了代表不谦虚，想着如何为人民利益的代表，而是为了个人的名利活动。对这种人嗤之以鼻！

今天，我第一次因工作找了王某某同志。我为招生工作中的民族比例问题找了他。他非常清晰明确地表态，要十分注意质量，不要滥竽充数，不要死抠比例指标。今年的比例，按照 1982 年的办，可稍高一点。这就解决了我工作中的一个大问题。我就有了依据，有强有力的依据来解决这个问题。不过还得耐心地向民族同志做说服工作。通过招生还是要加强民族团结，注意培养兄弟民族干部。这是我们的战略任务。

3月19日　星期一　-6℃

关于招收 300 名民族预科生的报告已传阅通过，我的这一主张是从根本上加大培养合格的民族高级人才的切实措施。但是有的领导人不一定会支持。不过我得坚持。早一年培养比晚一年好，早出人才。过去只注意数量而不注意质量的倾向是存在的。他们希望多为自己的民族培养一些大学生，这个愿望是好的，但是不能影响其他民族培养大学生。只顾自己的民族而忽视其他民族就是狭隘的民族意识，不是共产主义思想。我们应该是多民族共同前进。下午我又处理大批文件。

……

3月27日　星期二　10℃

昨日半夜狂风，把窗户玻璃吹打破碎，尖锐的声音将我惊醒，风在窗外呼呼吼啸。这是新疆春回大地的前奏。

上午，大会讨论招生计划，主要是新大、八农的意见，这是早就预料到的。我只好硬着头皮给他们下任务。关于大学的实际困难，自治区有的领导并不了解，只给任务，不给条件。这是老问题。

下午参加地州教育局长会议，听取对落实知识分子工作的意见及整顿中学领导人等几个问题。

3月28日　星期三　10℃

在百花村旅馆六楼616房间召开招办会议，讨论大会的总结发言。此稿写得不错，我只做了个别增补。下午继续讨论补充规定草稿的修改，也顺利地讨论了。晚上，贾那布尔、宋汉良、伊敏诺夫同志均到六楼会议室听取孙俨和我的汇报。

3月30日　星期五　小雨后晴　10℃

为了小珊到西安第四军医大学治病，我送她和她姐姐到飞机场，看着起飞了，才转回。希望她的病不会是其他病变。孩子哭了，我心里十分难受，只是在压抑着而已！

下午我找富某同志，已出差广东，又找了冯某某同志，比较详细地汇报了招生工作会议情况。这个民族比例的老大难问题，这一次力争解决得比较好。倘若按某某的说法，今年汉族学生在区内就将大大减下来。那样，不利于安定团结。

党员应该代表各民族的利益，但是，确实有的党员并不是这样，他只代表本民族的利益，这不是共产主义，这不是党性，不是真正站在党的民族政策的立场上，而是站在狭隘的民族立场上。我绝不迁就，必须为之斗争。当然要十分注意工作的方法步骤。

5月30日　星期三　晴

全乌市的少年儿童代表数万人，集合在南门露天体育场，举行庆祝六一儿童节检阅式。组织尚好，比前大有进步。节日队形也新颖，活泼，生动，反映了新一代的精神面貌。这是我到新疆快30年的第一次，它反映了国泰民安、欣欣向荣的形势。孩子们打扮得像花朵一样，呈现了生气勃勃的活力。我想，许许多多先烈牺牲流血，就是为了子孙万代永不受压迫、剥削，成为全面发展的共产主义新人。我们的理想部分地实现了，更光明远大的理想也在一步一步地实现。我确信我们共产党人走的路是完全正确的，它走向人类未来的无限光明！

我已经64岁了，老了，看到一两代新人成长，多么喜人！我的余热、余光也还是要为后代增福添光！

6月5日　星期二　晴

今天出发去北京开会（贯彻六届二次会议的教育工作座谈会）。……2：25起飞，乘伊尔60一等舱，非常舒适、讲究。我第一次坐这么高级的舱位，服务员也很有教养，彬彬有礼，服务周到。空中有三个小时，除吃饭外，我抓紧时间细读了《民族区域自治法》。这是一个民族自治的基本法，很切合我国今天的情况。我当继续学习并全面地、正确地贯彻执行。我也有这方面二十多年的实践经验。"法"中对文化教育讲得特别多，非常重要，有系列规定，也有具体规定，如中小学如何实行义务教育，这一点，我们要尽快提出实施办法。

6月10日　星期日　晴

今天照常开小组会。会前彭佩云同志召集各组召集人讲了一下，讨论要注意集中抓政策和指导思想问题这个重点，以提高认识，统一思想。我于开会初做了传达。正好彭佩云同志来参加我们组的讨论会，她也重复强调了。

由于教育部副部长来参加会议，大家非常高兴，发言热烈。我趁此难得的机会，简要地讲了一下开发建设新疆，在人才准备上，希望中央能针对新疆采取一些特殊政策，比如：知识分子政策、教育专项投资，指定口内的一些大学专门为新疆开办民族班等。

6月12日　星期二　阴

上午，有三位分别于1950年、1960年、1983年毕业的大学生代表做报告，其中一个是湖南某模范畜牧场的农业专家屠敏仪；一个是河南单县县医院的专家。这两个报告甚好！很感人！他们二三十年如一日地在艰苦的牧区、农区、小县城为农民工作，心甘情愿，而且，卓有成效，创造了奇迹。屠敏仪培育了冻不死的长青牧草，为南方牧业发展创造了条件；一个医生专家，做显微手术，扶伤救死一万多人次，并出国讲学，评价很高，为国争光！

他们不仅是当今大学生的榜样，也是我们老同志的榜样。因为他们的精神是高尚的，他们认为人生的价值在于创造、在于贡献，不在于索取！

下午讨论政工队伍建设问题。

7月1日　星期日　晴

今天是党的生日，又是肉孜节。

党的建立至今整整63个年头了！半个世纪中国在中国共产党的领导之下，真是翻天覆地，扭转乾坤。经过艰苦卓绝的斗争，把一个落后、黑暗、贫穷的旧中国改变成今天初步繁荣、光明，不愁吃、不愁穿的独立的新中国。多少共产党人流血牺牲……他们是人民的好儿女，永远值得纪念！

我在党的抚育之下，得有今天，我要永远保持共产党员的本色。这次整党，我要认真地来检查自己有哪些不合格的地方，使自己成为一个真正、完全合格的党员。我从入党的那一天——1938年3月27日起，就已经下定决心，为人类的解放事业而奋斗终生，我会实现自己的誓言，我死时才会心安理得！可惜就是我做的贡献太少了！

肉孜节即回族的开斋节，新疆比较隆重。我没有出去拜年，就在家里，不少的人来拜节日。洪镛、张志超夫妇也来玩了半天，我请老孟（孟梅生）来做陪。我给他们炒了菜，做了饭。过得顶愉快的！

8月1日　星期三　29℃

具有划时代意义的"八一"建军节又一次来到了。

中国革命先辈们勇敢地向国民党反动派打响了第一枪，从此产生了人民的军队，枪杆子握到了人民的手中，夺取政权才有了可靠的武器，人民才有了真正翻身的条件。人民手中没有武器，是不能彻底翻身的。世界上至今还未发现一个和平实现革命、推翻反动统治政权的先例。革命胜利了，保卫胜利的果实也还需要军队。和平主义者，不管什么军队，不管什么武装，不问什么性质的战争，一概反对，一律反对，这只是空谈和平。和平要争取，任何剥削阶级的统治，绝不会恩赐给劳动人民和平。如果有和平，那是服服帖帖地受剥削、受压迫的和平。对待和平也应像对待其他事物一样，要做阶级分析。否则，你就可能做资产阶级和平主义的俘虏，而不懂得真正的和平是什么。我们要的是劳动人民不再受剥削与压迫的和平。为了真和平，必须打破假和平。

我在人民军队中生长，受到部队的教育，接受战争的锻炼。我有今天的一点点为人民服务的能力，就是从部队那里得来的。因此，我热爱解放军，我希望我的儿子也当解放军，所以取了"小军"的名字。可惜，由于"文革"，这一愿望没有能够实现。

上午参加支部书记联席会，部署了支部改选，强调了抓紧整党学习，不可松懈。强调边学边议、边整边改、未整先改，推动我厅各项工作的进展。

下午我特地观看了中国同法国的篮球赛，我们打赢了，只有2分之差，打得非常艰苦，为祖国增添了荣誉。

"东亚病夫"的帽子从此丢到太平洋里去了！

6时许，我向学习班做了学习小结。这一期真要"善始善终"了！

8月7日　星期二　33℃

我一早赶到五家渠是10时半了，等了20分钟就主持招生工作人员大会

（包括国内来疆的 87 所重点院校的代表），共计 300 多人。伊敏诺夫、贾那布尔都讲了话。

我吃完中饭就赶回乌市，参加下午小组讨论会，我有准备地发了一个言。中心是希望真心把教育抓起来。我批评了修新疆人民大会堂，认为此举在目前是不合适的，影响是不好的。在目前我区财政尚很困难的情况下，大修楼堂馆所而不把钱花到教育上去，花到真正的战略重点上去，是不应该的。

8月8日　星期三　33℃

今天是喜庆的日子，是中华民族在国际体坛上扬眉吐气的日子！8月8日，多响亮，多美好！

我国女排在奥运会上，以 3∶0 打败了美国女排！太激动人心了，我这么大的年纪，看到荧屏上我国女排以 15∶9 打败美国女排的最后一段之后，不禁拍手跳了起来！好！好！真好！女排的姑娘们为祖国争了大光了！为祖国吐了气！你们的拼搏太值得全国人民学习了！你们的汗水没有白流，我为祖国有你们这年轻的一代欢呼！

振兴中华！你们向全国发出了惊天动地的号召，你们为振兴中华做了榜样！中华儿女的功臣们不要骄傲，再接再厉，永远向前！向前！

中国人民为你们的伟功而自豪！谢谢你们！

全天小组讨论期间，我破例观看了世界瞩目的大赛！

下午 6 时，请假赶回八农，参加西北地区农业院校田径运动会闭幕式。"八农"男女队都得了第一名。这是今天第二个虽然是小范围的喜讯！说明八农体育有底子，我一直强调体育的重要性。在这届运动会的成绩上有了体现。我很高兴！

晚饭没有吃。冯大真同志来电话，要我去看望兰大的副校长陆润林同志。他已 67 岁，退下来了。这次招生是顺便来新疆看兰大毕业生在新疆的表现。我向他介绍了情况，并提出请他们多招生，其中包括民族学生的要求。他答应回去转达。

直到 11 时，没有车接我，我只好找电教馆任榜昆同志，请他派了一个大卡车将我送回"八农"，时间已是 11 时半了。我吃了稀饭，喝了一杯酒就睡觉，总算得到了休息。

8月17日　星期五　33℃

……上海科技大学、工业大学谈了他们在新疆招生的情况，我表示感谢，并希望今后多招。接着，由河南郑州粮食学院李某同志专门反映了新疆民族学生在该校的学习情况……

民族教育质量问题是历史形成的，这是当前及今后的一大问题。如何提高民族教育质量，首先得解决领导的思想问题。是保持迁就、照顾的态度，还是按照多种规格严格要求？是从宽无边，还是从严要求？

除了从考试制度上改善比例关系外，是否多招大专与中专生？不要勉强上大学，徒有其名，而无其实。

此外，大力加强培养提高民族教师的水平，抓这个关键，把各级师范办好。逐步增加民文教材资料；大力加强汉语教学，普遍提高汉语水平；实行初等义务教育；调整中等教育结构，加大技工学校、职业学校比例……

下午我找富文同志，他赞成这么办。这两天我要跑出个结果，估计阻力不一定大。

10月5日　星期五　3—19℃

又开始写一本日记。这是建国35周年的第五天。35年前的10月1日，毛主席代表中国人民屹立在天安门城楼，向全世界宣布："中华人民共和国成立了！中国人民站起来了！"我们中国人民从此的的确确站起来了。中国人民在曲折的道路上前进。我们险些倒退，但是终于自己克服错误，又迅猛而稳健地继续前进了！中国的今天是我国历史上从未有过的现象，她像一个巨人一样迈开了坚实的步伐，向着现代化，向着美好的未来一大步、一大步地行进着。

10月1日天安门前壮丽的、雄伟的各个队伍所表现的气势，就是中国人民的欢乐、理想、信心的体现。

作为一个中国人、一个党员，怎不感到自豪？我们不是"东亚病夫"，我们已经是世界的强者。在祖国迈开大步前进的时候，我要用不多的时光有效地为祖国添增一砖一瓦。这砖这瓦是经得起暴风雨和地震的，不然就对不起党和人民对我的托付。我一定要保质保量地为培养各族人民的各级、各类、各种规格的人才努力奋斗！我就心安理得地去见马克思！

从焉耆回来，决定休息一天。在恢复精力之后，一件一件地抓厅里的整党、业务工作。我预计的几件事一定要办到。

10月12日　星期五　2—9℃

……

的确，要下狠心扎扎实实地抓教育上的几件大事，一抓到底，抓出名堂来。对推进新疆教育事业有长远影响的事，并且目前有见效的事，抓准，抓紧，抓出结果。这样我退下来，也就安心了。

第三梯队、接班人是第一位的事。

10月18日　星期四　4—15℃

温度略有上升。上午到区党委礼堂听全国组织的科学技术报告《关于微电子技术和电子计算机》，颇受益。我对关于什么叫信息科学有了粗浅的概念，关于什么是自然科学的三个前沿学科：信息科学、生命科学和材料科学，什么是客观世界，即物质、能量和信息三大要素组成也有了一定的了解。信息是表现事物特征的一种普遍形式。人类不但利用信息来认识世界，而且利用信息来改造世界。电子计算机已经有过"四代"，现在正在朝第五代即极大集成电路前进。

今后世界将是信息科学的世界，微机将适用于社会生产、生活的各个方面，将使科学技术有一个飞跃的发展。生产力将大大地发展，物质财富将大大地增加，人们将在微电子技术的广泛应用中生活。机器人将代替许多人的体力与脑力劳动。我能活到那时，将是十分高兴的！

下午开党组会议，讨论了三件事：一是确定分房的原则办法；二是学习自治区纪委会议的精神；三是讨论了关于同苏联开展交往的外事问题。我提出的建议，大家都同意。

今天又发了本月的工资。没有做多少事，钱倒不少！

10月19日　星期五　4—16℃

温度又有回升，不感到天冷。

在三建俱乐部召开乌市电大职业高中开学典礼。很隆重，到会的人们很踊跃，孩子们都喜气洋洋：因为初中毕业升不了高中，又无技术可以就业，且年龄太小，大都是十三四岁的未成人。这下可有了出路，可以学到技术，可以把美好的时间用到增长知识、才干、身体上去，怎不令孩子们高兴呢！

这个学校这种办学形式是一种创举，它代表了群众的利益，它反映了群众的要求，深得家长们的拥护。各机关各企事业单位的领导都重视，都积极，只要有了各单位领导的支持，这个学校的组织工作、教学辅导工作、经费、教室等问题都会得到较好的解决，教学质量也有了保证。最重要的是教材一定要搞好。今后估计招生规模会扩大，会吸引更多的初中学生和在职职工参加学习，这是可以肯定的。这是我区中等教育结构改革的一个重大收获。它具有强大的生命力，我非常高兴！

10月20日　星期六　4—16℃

今天开了一个早就想开却一直未开的会议。师资问题是新疆发展与提高教育质量的关键。这个环节，我们始终没有好好地抓紧、抓细、抓出多大成果来。这次会议由培训部准备意见，今天终于开成了，而且提供很多有价值的情况：小学有42%、初中有80%、高中有75%的老师不合格，主要是学历太低。实际的不合格比例可能没有这么高，因为中小学有一些教师虽无应有的学历即文凭，但是确实具有实际的工作能力，甚至比有相应学历的同志还强。倘若将这部分人除去，则不会有这多不合格的。尽管如此，毕竟有相当大部分的小学、中学教师不合格。采取什么措施，解绝不合格的问题，创造性地制定切实可行的长远及短期措施，这是这次会议需要初步明确的。这个会未开完，下星期一下午继续开。我相信会讨论得十分热烈的，也会讨论出一些切实措施的。

下午厅召开群众大会，我动员分房的问题。我讲得比较慎重，不知能否按照我的设想妥善解决这一问题。我需要及时了解分配动态，做好这一件大事。

会后，我和其他几位同志赶到自治区人民医院检查身体，拍片花不少钱。国家如此关怀我们，不做出成绩来，实在对不起国家和人民！

10月26日　星期五　北京 6—16℃

返回人大常委招待所，办了大会报到的各种手续。与我同住一房的是东北长春地质学院的党委书记兼院长张贻侠同志，他今年曾到过新疆谈支边问题。他老早就提出书面建议，要求尽快地制定《教育法》。我们谈得很投机。看来这一次一定会开出一个结果。我想应该弄一个会议纪要，报人大常委和中央书记处，强烈要求教育立法。建议：组织一个专门的班子，先草拟《教育法》，接着拟各项专项法，例如，高教、普教、幼教、职教、职业技术，特别是《教师法》《教育经费法》……而且应该立即动手不可再迟延，否则，就更跟不上日益发展的经济形势对人才的培养需要。这是我搞教育以来久久盼望的一件大事。

多年来，教育随意变动的事太多太大了。各种运动都首先向教育开刀。教育缺少一个稳定的正常的教学秩序。不是以教学为中心，不是以培养人为中心，更谈不上以科学研究为中心。教育方针得不到全面贯彻，一直分不清政治与业务、红与专的关系。党政不分，办学不按教育规律办事，按行政命令办事，按首长意志办事，没有法规，没有准则，教育经费也得不到保证。究竟在四化建设中，随着经济的发展，教育经费应该占多大一个比例？没有一个准则。头痛医头，脚痛医脚，只治标，不治本，只要数量，不要质量等。的确需要有法规。

无法可依，少法可循。这种状况必须改变。无政府状态必须停止，把社会主义教育大法赶快立起来，这是众望，得民心的。

我一定集中精力参加这个会，努力向大家学习。

10月27日　星期六　13℃

上午开大会，由周谷城主持会议，何东昌等同志讲话。概括要点，这次会议的中心议题是讨论我国教育立法的问题，三个题目：一是教育立法的必要性、紧迫性以及指导思想；二是立哪些法？先立什么后立什么？三是组织上如何落实？我看这次会议反映了教育界和广大群众的愿望及要求，很有必要。开这样的会，开出一个结果来，不能辜负众望。

下午小组讨论，有的同志的发言很有见地，对我是很好的学习。我准备从新疆实际情况出发，发表我个人的意见。

10月29日　星期一　15℃

今天小组会议上，好几个同志的发言加深了我对教育立法重要性的认识，而且，帮助我进一步思考应该如何抓这一工作。我下午发了言，建议这次会议一定要开出一个结果来，最好搞一个会议纪要，报中央、国务院审批。总之，通过此次会议，一定要推进教育立法这一重要的大事。

11月9日　星期五　0—9℃

开始了医院的静静生活，完全听从医生的安排。年轻医生用推车将我送到放射科照了X光，拍了脚部片，量血压，查体温，吃病号饭，从早到晚没有杂事的困扰，使我有些良机读书，写东西。

我读完了三期《理论动态》，中心是否定"文革"的问题，从理论上、感情上论述得比较有说服力。我还读了《世界各国高等教育现状和趋势》一书的几篇文章。我用这书中的若干统计数字对比新疆高校状况，发现我区高教的社会效益太差，浪费特大，必须在教育改革中切实加以改革。

我想只要稍加投资，按规划进行必需的基本建设，五年内增加一万多名大专学生是现实的、有效的。此外，还必须充分利用各行业、工矿企业部门的力量，实行代培或联合办学，以增加招生人数。招生的办法也必须改变统得过死的办法。为了解决广大青年不愿报考师范、农科的问题，为了保证师范与农科的质量，我想，实行师范院校、农业院校定向招生为宜。组织专人分别到各县直接选拔中学的高才生、优等生、三好学生。学校推荐，学生自愿，学校审定，报招办备案，纳入招生总计划之中。实行面试。师范与农校实行先一步招生，如何统考？命题怎么办？均需另行规定。这个办法得报中央批准才能实施，因为它涉及招生制度的某些大改革问题。

我想为了解决我区、我国师范教育薄弱的问题，为了从根本上加强师范教育，加速培养师资及农业人才，为基层真正培养人才，这个办法是可行的、必需的。

11月11日　星期日　0—5℃

有一个小学教师来谈工作，并带来一些东西。我坚决地拒绝了。她尊重我的意见收回去了，我才心安。这种作风真是要不得！我向她说："按政策，该怎么办就怎么办，这是我的义务。如果送礼，你就是小看我了，太不尊重同志了。"这样的做法我坚决抵制，来十个顶十个，旧习俗非抵制不可！

送东西有性质之分，有真有情与真无情之分，有好意与不是好意之分。行贿与友谊之间是俨然不同的。

我将把《大趋势》一书读完，这是一本在青年中流行的书，看看内容究竟如何。

11月14日　星期三　0—5℃

……

我读了《大趋势》，感觉它颇有些新见解。现代电子技术的发展、微电子技术的广泛应用引起技术革命。许多理论问题是需要从新的材料来得出新的结论。这是教育贯彻"三个面向"必须考虑的。

晚上，电视播放中国—南朝鲜女排赛，我队以3∶0获胜，看来取胜比较轻松。由于都是高水平，许多球之惊险令人目眩。这的确是一种艺术的享受。

11月15日　星期四　0—5℃　小雪，雾

……

老周来谈修改"对照检查"，我搞一个提纲同他详谈了，修改后还得广泛听取意见。这个"对照检查"一定要把为开发建设新疆而发展教育事业的主要设想肯定下来。这是我离休之前得搞好的工作。一个是方针、规划；一个是第三梯队。这样我退下来就安心了。李某某同志又来谈了电大的基建问题。关于教育厅老院子的产权问题还得明确，不然后患无穷。电视大学的远景规划应该有一种切实的设想，并组织讨论好。

我脚痛（痛风）虽然好了，但仍感到疲劳。我得动笔写好《边疆教育立法的迫切性》这一篇短文章。

《大趋势》一书越看越有启发。它含有的世界性材料是大量的，涉及的方

面是极其广泛的。大多是现代化技术的数据。有的名词我还不清楚，说明我知识的落后、贫乏！

今天刚好住院满一周。

11月20日　星期二　0—5℃

上午在昆仑宾馆召开自治区全委（扩大）会议，传达贯彻十二届三中全会的决定精神，即经济体制改革的决定。这又是我国历史上一次大的变革，它不亚于社会主义改造的大变革。它是要改变"大锅饭"这一根本违背社会主义原则的平均主义，因它约束了生产力的发展，妨碍人民生活的改善。打破"大锅饭"，解放生产力，这又是一个划时代意义的三中全会。过五年之后，方可显现其重大意义。下午我继续起草教育立法的稿，我力争明天完成初稿，力争两三天内航寄出去。

晚上我看了电影《高山下的花环》。这是一个政治思想性、艺术性相当高的好影片，令人感动！它写的是对越自卫反击战中不怕牺牲的英雄，同时对照写一个由落后转变为真正进步的老干部子弟。它给人印象很深。"三喜"的高大形象在于他活生生地体现了全心全意为人民的高贵品质。他没有豪言壮语，只有朴实无华的英勇行动。这部影片使我回忆起战争年代千千万万为祖国、为人民、为理想倒下去的同志们！他们早已默默无闻地与世长辞了。今天过着幸福生活的人们，尤其是年轻人可曾记得，他们流的是鲜红鲜红的血，他们付出的是生命。忘记烈士们就会忘记革命，忘记人民！多学一些，放映一些近代史方面的影片是非常需要的。这种影片，这种艺术品才能给人以力量，给人以社会主义的精神文明体验，才算得上是真正的高尚的艺术！

11月22日　星期四　0—5℃

今天小组讨论，上午高某、贾某同志要我发个言。

我没有多少准备，依靠平时学习文件时想到的在会上讲了两点：一是《关于改革经济体制的决定》在理论上是对马列主义的贡献，修正了过去在社会主义经济建设上一些错误的理论。比如关于价值法则在社会主义社会的作用问题；关于商品经济的问题；关于国家计划与价值规律的关系；关于市场调节与计划的关系；关于价格政策、价格结构问题；关于政企分开的问题，也就是全民所有制的经营权的关系。关于什么叫社会主义企业的活力问题，关于企业的自主权问题放到什么程度，中央已有十条。这就改变了过去集权太大、统得过死的苏联模式，而成为真正的中国式的社会主义。这是大事，这是关系我国生产力必将大大发展的大喜事，它对人民生活的改善将起伟大的作用。

我谈的另一点是教育。小平说"决定"中有十条，最重要的是第九条，"尊重知识，选好人才"。这是非常精辟的见解，是把握了客观规律的名言。我结合新疆的教育现状，谈了教育改革的问题。就是为适应开发建设新疆的需要，需建立一个切合新疆实际的教育体系。这是我在位必须完成的一个重大任务。

下午我请了两个小时的假，抄完了稿子，就放心地看了一场电影《南拳王》。还看了《国庆阅兵》。

11月23日　星期五　0—5℃

上午仍然是小组讨论。我听了同志们的发言，颇有启发。下午阅读文件，越读越感到中央决定既深刻又具体，确实对马列主义政治经济学有发展。国务院颁布的有关奖金、有关计划改革、利改税、企业自主权等具体拟定是实践证明正确的。这样搞下去，生产一定发展，企业肯定会日渐活跃！中午我用航空挂号寄出给《光明日报》的稿件，估计下星期一才能接到。不知合用否。

我多年来不曾给报刊写稿了。这一次由于材料与思想都有准备，所以比较快地完成了。很高兴。

11月24日　星期六　0—5℃

这一周又过完了。上午看文件，下午小组讨论，我发了一个言，讲几点：1.将小平同志强调尊重知识、尊重人才的话加上去，强调教育事业的战略重要地位与作用。2.全疆教育工作重点是普教，而普教是师资教育，教师是关键。3.新疆教育重点是民族教育，解决师资、教材等，适当增设中学，改革中学（民族）结构。4.注意职业技术教育。5.大学填平补齐，需1.3亿元。可增招一万名学生。6.着手搞教育立法、教师法、投资法、普及初等义务教育和扫盲法。7. 改革中建立切合新疆教育体系的多种形式或多层次的办学。
8. 关于教育体制改革将专门讨论。建议尽可能地提早讨论。

12 月 7 日　星期五　-12—0℃

上午，我直接到新大参加他们的微型电子计算机维、哈文运用鉴定会。我不懂电子计算机，无论是软件还是硬件。但是十几年前我就知道世界技术发展的新趋势就是广泛运用电子计算机，从生产到生活，从地面到太空，从微处理到宏观等方面都在运用它。所以，我在 1974 年就下决心向教育厅要了 74 万元，给新大购买了一个第二代的（半导体）电子计算机，并建立了计算数学专业。至今已经毕业了四批 300 多人。这是新疆第一代的计算数学人才。今年又设立了计算机科学专业，为新疆电子计算机专业打下了一定的基础。

我在“八农”工作，于 1982 年建立了计算机研究室，购置了上海 131 型电子计算机，也方便了计算机在教学上的运用。一开始，有的教授还反对我这个决策，说什么走得太远了。这是近视眼的论调，我没有理睬。说实在的，我不懂新技术，但是我懂得新技术的重要性、现代科学技术的重要性，因而，只要有条件，我们就应该逐步设立这方面的实验室、研究室。不然，新疆永远落后。

新大在这方面有了新的成就，我衷心祝贺！

下午我观看了电教馆摄影的录像《关于农村中小学基建的成绩与存在的问题》，这个形式很好，运用了现代工具。我建议搞一个新闻纪录片，送电视厅，进行对外宣传。

12 月 8 日　星期六　-15—0℃

大家提意见，说我们厅领导很少到处、室，直接同同志们商讨工作。我今天开始到《新疆教育》杂志社去，与全社同志们商讨工作。他们提出一个非常好的想法，准备明年开办中师班函授中专，杂志社配合出刊。我表示完全支持。这一办法如果实现，不仅可以发挥杂志的作用，而且对解决小学教师不合格的问题将起很大作用。

下午到八一剧场，参加大专院校文艺会演闭幕式，发奖。各大专院校排选出来的节目，无论思想性、艺术性都大有进步，看了使人高兴！

12月10日　星期一　-15—0℃

在办公室办公，将对照检查修改好后，交复印。

下午，到医学院去向田仲同志遗体告别。他突然得心肌梗死，猝死，真意外。人活百岁，总有一死，我看这个死亡没有痛苦，我愿意这样去见马克思。

从昨天到今天，去同亡人告别，感到心肌难受。莫不是我也有梗死之兆？管他的！

12月12日　星期三　-17—0℃

上午，召开各校领导及研究生工作人员会议，专门研究今年研究生招收工作。大家对招生本身提的意见很少，围绕培养研究生的工作提了不少好意见。当前我区研究生方面确实存在着比较普遍的问题：

中央学位委员会批准我区授予硕士学位的指导教师太少，我区有不少副教授以上的教师完全有能力带硕士研究生。因为不授予他们这个权力，他们不愿招，招来还得请外地高校授学位，面子上过不去，也觉得不公平，故而不愿招收。我区培养研究生缺乏必要的实验、实习、图书资料等条件。研究生的生活、学习条件太差。住房太紧张，不便学习研究。研究生培养缺少专门经费等。

总之，扩大研究生招收尚需采取一些切实措施。

12月16日　星期日　-33—0℃

今天乌市的气温是全国最冷的，阿勒泰已到零下33℃。这一消息的公布对全国希望来疆的人员来说是一个可能的阻碍。为什么长春在纬度上比乌市偏北，温度却比乌市高呢？

今天大会休息，我没有回家，集中精力，安安静静地看了一些文件，研读了《关于社会主义的商品经济问题》，从理论上加深了对中央关于经济体制改革的决定的理解。我们参加革命就是为了建立社会主义进而共产主义，什么是社会主义？怎样建社会主义？老祖宗马、恩、列有过一些科学的论述，但还是一种预想、预测、预见，并没有实践。从十月革命到今天，全世界有了好些社会主义国家，都没有一个也不可能有一个完全符合各国情况的社会主义统一模式，全靠各国自己去创建。我们总结了各社会主义国家的经验，又参考了资本主义国家可以借鉴的东西，创建了我们中国的初步模式。这是了不起的成就，它的意义是深远的，是有历史意义的。我们必须坚持地走下去。我坚信，我们国家一定会更加繁荣、昌盛。中国一定会进入世界先进的行列，无论是物质文明还是精神文明。我们这一代可能看到起飞状态，甚至开始进入凌云的状态。到了下一个世纪，若政策不变，中国肯定会大大地飞腾起来。我们的理想更加真实地实现了！先烈们的血没有白流，历史在前进，势不可当！

12月20日　星期四　-27℃

上午的小组讨论，新大人发言最长，是某某同志讲的。这些年新大的各项工作均有较大进步，学生包括进修、业余大学的，已经发展到5200人，这是历史上没有过的好现象。

我对新大有特殊的感情，因为我苦心经营过它。我有决心将它建设起来。可惜莫须有的罪名将我赶出了新大。我的愿望自己不能去实现，这是一生中最痛苦的事。我参加革命的总的理想是在实现，但是，我具体的理想，建设新疆最高学府的愿望却被人为破坏了，真使我死不瞑目！不过新大的同志们对我的怀念，正如我对他们的怀念一样，是破坏不了的！这是我所欣慰的！

下午我回厅参加党组会议，讨论决定了八一中学、实验中学的领导班子问题。我提出要让他们进入整党的动员，边整党边整顿组织，同时进行。这有条件了！

晚上，在人民剧场看了《龟兹乐舞》大型歌舞，感到新疆歌舞团在舞蹈方面有突破。这种表现我祖国历史遗产的创新值得赞扬。如果按高标准来要求，还有不足之处。那就是没有故事情节、平铺直叙，不能引人入胜。音乐方面没有什么突破，还是老一套，缺乏气氛。

12月23日　星期日　-31℃

宣传工作会议今天结束，自治区常委们均到会，以示重视。王恩茂同志做了讲话。他没有讲稿，讲了七点，均为指导思想方法方面的意见。讲得好。我认为，这种不照稿念的即席讲话，真实，有自己的见解，也表达了自己真正负责的精神。我记得在抗战时期，我在陕北公学学习时，上至毛主席、陈云等同志讲话，下至各位校领导、教师等讲话、讲课，都没有讲稿。大家也不是一字一句地记录，仅有两个专门记录的人。目前这种会风（领导照本宣科）和作风，我认为除了特定场合的需要，是应该改革的。

12月28日　星期五　-31℃

（感冒使人）仍然没有精神，看书稍微多一点就甚感疲劳，浑身软软的，什么也不想干。我看了一些报纸上的文章，有关商品经济同计划经济的关系的文章；有从明年1月1日提高中小学教师工资的喜讯。

只有提高中小学教师的物质待遇，才可能使其职业逐渐受人尊敬，被人羡慕，否则是不可能的。空喊提高中小学教师的社会地位是无济于事的。中央拿出十几个亿，这一决策是有远见的。今后，随着国民经济的发展，还要继续提高中小学教师的待遇，并且从立法方面去保障教师的社会地位。

12月31日　星期一　-22℃

今天是补休星期日的假。我受职业联合大学、昆仑大学、兴华大学及职专等六所民办学校的邀请，参加他们联合举办的元旦联欢会。大家都希望我讲话。我若大讲（泛泛而谈）会影响教育厅的威信，而且有些问题同大家商量性地讲清楚也有必要。我便即兴地讲了几点：首先，肯定他们积极办学的精神，特别是退休、离休的老同志无代价的服务精神。我向各校教师们致意，赞扬了学生的学习精神。其次，我讲民办学校必须为经济建设、文化建设服务，既注意数量，也要注意质量。我特别强调质量，要有规格，不要降低标准，只追求文凭。要文凭不要水平是不行的。希望他们最好先办中专、职业技术学校、补习班、短训班等。其他问题也必须按程序、按手续来解决。最后强调团结。我还表示，各大专院校在不影响教学与科研任务的前提之下，应大力支持民办学校。会后，他们的学生表演节目。

回家来，堆了几个月的报纸未清理，我决心全部清理一下。到晚上大部分清理出来了，同时看了一些材料。

今天是 1984 年的最后一天，一年不知不觉地又过去了。人到老年，比年轻人更敏感时间的速度，总觉得时间过得太快。不是度日如年，而是度年如日。时间就是生命，对老年人来说是极其明显的。在有数的不多的时间里为人民多做点事，这就是我最大的愉快、最大的幸福、最好的享受。我可能在 1985 年退下来，在最后的岗位上，我要竭力办几件事情。任何人、任何事物都是不可能逃避自然规律的，也是不能违背的，否则就会受自然规律的惩罚。

1985 年日记

1月1日　星期二　－22℃

新的一年又开始了！逝者如斯夫，不舍昼夜！

似乎没有干什么事情，365 天飘然而逝。

自问一天也没有闲散过。做的算得上的几件事有：经近一年的了解、掌握的数字，我逐步认识到新疆教育体系、教育结构应该注意的问题是什么。

工、农、医、师、文、理、经营、法等。

留学生、研究生、本科生、专科生、中专、职业技术、技工，普通高初中、小学幼儿、特殊教育。

普通的教育、成人教育、正规教育、业余教育，多形式、多层次、多规格。

高、中、初三级人才，各级各类人才。

总之，必须适应两个文明建设的需要。随时注意调节教育内部的比例关系，当然，依靠教育与外部的关系，教育与经济、教育与上层建筑的关系。

我以为我提出的建立适合新疆实际情况的教育体系、教育结构是正确的，是有深远意义的。这就明确了我们业务工作的方向。至于各类教育的体系、结构也相应地必须逐步调整。比如：工科各专业设置；农科、医科等各专业设计；师范教育也应该有一个体系。新疆大中专还不配套，幼儿教育是空白，特殊教育也薄弱。为解决师资问题，必须加强师资教育，建立师范教育的体系。

此外，随着形势发展的需要，成人教育也需要建立一个体系，再加上总学分考试等。可以说，从人生下来直到死，都应该有一个完整的教育过程。

大专院校的填平补习的计划。

提出建立初等义务教育法、扫盲法。必须教育立法。

提出建立幼儿师范学校。

提出加速改革中等教育结构。

提出教育必须改革，加强思想政治工作。

抓了整党运动，抓了招生工作。提出扩大招收自费、走读、不包分配的专科生 600 多名。

提出建立民族学生两年制的预科部，为送到口内做准备……

扩大对外交流，请英国教师开办英语班，招 45 人。

1月4日　星期五　−17℃

上午和下午用了一个半小时，都是为教育基建费奔走，找 ××、×× 同志，××、×× 书记，还是没有解决。看来，真正从实际行动上，从智力投资上来体现对知识、对人才、对教育的尊重、重视，是非常不容易的。许多领导同志只想看眼前的工农业、商业投资能很快地见到产值、利润、效益，向办学的投资却不是一下可以见到经济实效的。其实这是一本万利的事。他们就是短视、近视，口头上也不否认教育的重要性，实际上没有长远的战略眼光。一工交，二财贸，剩下才是文教。不打破这个传统观念，不可能较快地增加教育财政投资。

我的岗位责任是为后代服务，为共产主义建设服务。只要有机会，我就得呼吁。

1月11日　星期五　−23℃

上、下午参加区党委常委会议，听取黄某某副主席关于自治区国民经济计划报告。今天下午，我第二个作了发言。我认为，教育的基建投资 2200 万元是在 2140 万元的基数上提出的。实际上去年基建投资是 3100 万元，今年的投资不仅没有增加而且减少了。这是无法向群众交代的。教育是战略重点，区党委又刚刚进行了对照检查，而教育基建费不仅没有增加反而减少了，无论如何是不行的。我申诉了理由，单是1984年的续建工程就需要1300万元。我提出，今年的教育基建投资不能少于3500万元，最好有4000万元。我的发言是实事求是的，也是不客气的。是否起作用，就很难说了！

1月12日　星期六　-24℃

上午我召集各小组负责人汇报了讨论的情况。我赶紧写了一个会议小结的提纲。午饭后3时开大会，我做了会议小结。我讲了三点：①会议估计；②复查验收；③学术工作的准备问题。这次会议达到预期的目的，对今后评定学术工作做了思想准备工作。这是合乎广大教师愿望的工作。我一定抓紧，不辜负大家的期望。

下午参加区党委常委会，有几个同志发了言，主要领导作了总结。谈到1984年、1985年国民经济建设的成绩及社会发展计划的各项指标，遗憾的是对文教事业谈的不多。我深深地感受到，能像万里同志，更像小平同志那样深刻地掌握教育知识对四化，对振兴中华的决定性意义，把教育提高到国家发展应有的战略地位上来，这个认识的转变是非常不容易的。

1月14日　星期一　-18℃

今天在人事厅招待所召开全体大专院校民族文字教材工作会议，这是35年以来，第一次开这样的会议。这个民文教材问题，关系到民族高等教育质量的提高，关系到民族政策、民族团结，关系到调动民族教师的培养提高以及积极性，这是一件大事，重要的事，并且具有紧迫性。我主持了这个会议。开会前我讲了这次会议要解决的问题。会末我又准备讲点基本原则方面的意见。高教处长张某某同志总结了民文教材几年来的编译情况、经验教训和初步意见。我认为讲得很好。接着阅读材料。下午小组讨论，我参加了小组会。

……

1月16日　星期三　-16℃

上午参加区党委常委办公会议，听取了关于知识分子入党问题及干部达到中等水平的布置问题。这是完全正确的。我们必须为此而努力，利用多种形式、多种办法解决干部进修的问题，依托中专、电视、广播、函授、自学等。在1990年以前，将所有干部的水平提高到中专程度。为此，仍需拿出一笔经费来解决人才培养问题。

下午，教材会小结，某某书记讲话，某某小结。我着重讲了一个原则性的意见，即任何忽视、轻视、削弱甚至企图取消汉语教学的观点是不切合新疆实际的，是有害于民族人才的培养的，不利于开发建设新疆；任何忽视、轻视、削弱甚至企图取消民族语言文字的观点，同样是有害于民族人才的培养，不利于开发建设新疆，不切合新疆实际的。这两种观点都必须纠正。

关于教学的语言文字问题，是新疆长期存在的争论问题。它妨碍着新疆民族教育的发展提高，特别是在领导层中有少数人是有糊涂观念的，是短视的。我从新疆二十多年教育工作的体会中认识到，这是一个需要逐渐解决的根本问题，不然民族教育的提高必将继续受到很大的影响。

我想，在民族教材工作会议之后，高教处应该专门召开一个加强汉语教学、加强预科部教学工作的会议。普教方面，应该专门召开加强汉语教学的工作会议。至于少数人的反对，是抵挡不了前进的趋势的。

2月20日　星期三　-20℃

今天是大年初一，春节传统的盛大节日……

今天特别有意义的是，自治区党委第一书记王恩茂同志、主席司马义·艾买提、顾问委员会主任白成铭、政协主席司马益·牙生诺夫等，在我及相关单位和同志的陪同下，报社、新华社、电视台等新闻单位一齐出动，浩浩荡荡先到新大教授夏熙家，后到副教授夏格木地家拜年。接着又到幼儿教师托乎提汗、小学教师梁静娴家去拜年。梁静娴一家人感动得流泪。可见，影响之大。

这是我们发起的尊重教师活动的良好开端，有这么多的自治区领导同志到教师家拜年，这是破天荒的第一次，这意义是很大的。我为教师们祝福，教师的地位随着我国历史的前进将会不断提高。

9月9日　星期一　晴　24℃

自治区领导同志要到北京去参加全国党代表会议，提前一天召开庆祝教师节的大会。原定上午，后改为下午。我们给柳斌同志安排的日程只好变动，改为上午到新疆大学去参观，10时半到达校门口。迎接的人有校长阿克木·加帕尔，副校长徐国禄、苏丹，副书记张永实等同志。地点在图书馆大楼接待室。室内整修一新，比过去漂亮多了。这个楼是在我的主持之下，于1965年完工的。那时有藏书170万册，"文革"中遭到破坏。现在整理得很好，有藏书90多万册，可容800人同时阅读。这也算我在新大办的一件好事。这是新疆第一个大学图书馆，也算全疆藏书第一多。可惜服务范围尚未扩大。

柳斌同志参观了书库、阅览室、古籍藏书等，接着又参观了物理实验室。到生物系时负责接待的人已走了，这是新大的组织工作不细所致。如果系里做了安排，就不应该将人撤走。中午，新大招待民族饭，很丰盛可口。

下午4时整，我陪同柳参加自治区及乌市庆祝教师节大会，差不多有四分之一的人未到会。后来用少先队填补了空白位。会议上，王恩茂同志讲了话。他宣布了我厅报请批准的11件实事，估计这个影响较大。这是我临时提出经党组同意由政治处小庄起草，报送自治区审批的。这也算我为教师办了一件好事。我于心稍安！空空洞洞开个大会，自然有助于尊师重教的风气，但是不办实事是不甚得人心的。

我身为教育厅党组书记，就应该全心全意为教师、为培养接班人办实事。不然，要我这个党组书记干啥?!

柳斌同志也讲了话。会后看了一个《流亡大学》影片。8时到乌市民族十四中参加柳的学生伊不拉因的家宴，以示师生之情，其充满了民族团结与师生的友谊。我也颇有感触。为师的心血没有白费，"桃李满天下"有赖园丁。园丁见到了果实累累，心底的甜蜜之美味是人生最好的享受！过去的心血得以报偿，安得不快乎?

9月21日　星期六　晴　25℃

今天上午我决定在家准备下午的党的支部大会，对照检查，谈整党工作的收获，完成党员登记的任务。全厅就剩我一个人了。我已经写了一个发言提纲，得慎重修改。我做若干修改并重新写了一个简要的提要。

陈妈病加重。我决定上午送医院诊治，她也感到严重了，同意去医院。上午 10 时多，我叫来车，小弈开车来，由小明、晓珊送去医院，先在石油医院，诊断肠梗阻，又送到新医附属一医院外科。医生同样诊断并决定开刀。

我参加了支部大会，谈了登记前需要讲的问题，大家提了许多好意见，非常中肯。主要是事务，大家一致同意登记并举手表决，15 人除我，14 人举手同意。至此，我的一生中又一次进行了党员审核鉴定。我心里非常高兴！

我入党已经 47 年了，可谓老了。扪心自问，革命 50 年，究竟给党给人民做了什么事情？参加了抗日前的秘密救亡运动，参加了抗日战争八年，又参加解放战争，全国胜利后又参加了社会主义革命与建设，确实做了一些事情。有许多胜利的喜悦，也有受委屈的苦恼，尤其是"文革"期间。但是，我的共产主义信念从未动摇，从未想要改过。这次经过整党，我更加坚信，我们的正义事业一定会实现。我虽然老了，壮志未已，奋斗不息，即使退下来，我也要为人民做点事情。

在支部大会上，同志们对我的评价是很高的。我认为，那是我作为一个党员应该做到的，严格要求，做得很不够，尚需努力。

下午 7 时 40 分，陈妈经过保守疗法无效，便进入手术室，我心里很难受。由两个女儿看护她。半夜来电话，手术顺利，真放下了一块石头！愿她能挺过这一生死关！

9 月 22 日　星期日　晴　25℃

一早我同战英到医院看了陈妈，她昏昏迷迷，血压不正常，其他症状尚好。78 岁老人开刀，真不容易。这关可能挺过来。她的生命力是顽强的。她一辈子辛勤劳作，为我们这个家默默地做了许多事。三个孩子她帮助抚养长大，成人了！我们全家及孩子永远不会忘记。现在，一定要好好护理，花多少钱也是应该的，值得的，我将不惜付出一切挽救她的生命，哪怕多活一天！

回到家里，小明、长虹帮助整理家，我做饭。人老了，动作迟缓了，精力也不够了，感到很疲劳。

10 月 7 日　星期一　晴转阴

今天，新疆大学举行校庆，我是新大的老领导，校长阿克木·加帕尔专门来请过我。我说，你不请我，我也要去。

新大建校从 1935 年算起，至今已有 50 年了。新中国成立前的 14 年有过光荣的篇章，那是在中共党员领导下的时候，培养了一批革命青年。但是多数时间是在黑暗的统治之下，徒有其名而无其实地勉强维系着。全国解放，新疆也和平解放之后，新疆学院（即新大的前身）才算获得了新生。从此，在党的领导下，日渐发展起来。

我是 1958 年 8 月由中央宣传部决定调来新疆创办新疆大学的。我来新疆的任务就是办新大。同我谈话的是中宣部干部处处长赵××，还有自治区文教部长关欧洛同志，要求我来新疆办新大，并且是在新疆学院的基础之上办大学。来前我为此还专门到北大去住了二十几天，参加他们的校党委会，看他们如何工作。那时，人们将来边疆视为畏途，以为是到荒漠中去工作，到寒冷无比的荒凉之地去工作。我作为一个党员，怎能留恋北京舒适的生活而逃避去艰苦的地方呢？我一点没有犹豫，一点也没有畏惧，一点也没有考虑"西出阳关无故人""春风不度玉门关"。我抱着一颗赤诚的为新疆各族人民贡献一切的心，高高兴兴地长途跋涉，行程六千多里，来到了新疆。我的全家包括上了年纪的保姆陈妈也同我一块来到了新疆。来时，新大还叫新疆学院，正在搞反地方民族主义斗争运动。学校比较乱，不安定。接着又是一个运动接着一个运动。我是全力以赴地站在斗争的前列。许多"左"的指示，我坚决抵制了。到 1959 年 6、7 月，我们搬到新校址二宫建校。1960 年 10 月 1 日正式宣布成立新疆大学。我为建立新大做了一系列的工作。建立新的专业，调配教师，建设各种实验室！特别是基础建设，我自己带头劳动。在 1960 年最困难的时候，我全家"带头吃食堂"，种的菜当年全部交公。小女飞飞吃了一个水萝卜，我都训斥了她。我以为，艰苦奋斗的传统我是在努力保持的。而且，我是学校领导人，我的行为本身就是教育的材料，"身教甚于言教"，这是至理格言。在教育学中，这应该是一条颠扑不破的真理。

自新大成立之后，我就一心一意地想把新大办成真正的社会主义新型大学校，我的一生也愿意为它做点贡献。因此，我曾宣布，我死了也要埋在"鲤鱼山"上。"鲤鱼山"就属新大的一部分。在极艰苦的条件之下，我们艰难地行进着。1960 年闹自然灾害，我们自己种菜，每人每天摘两公斤"榆钱"，吃杂粮。还要还过去粮食的欠账。就这样，全校上下一致，艰苦奋斗，战胜困难。在这样的条件之下，我们按照教学大纲，按照办学规律艰难地前进。接着，区党委有的领导错误地决定撤销新大工科，与师院合并，撤回南梁。这一折腾，影响很大。好在中央颁发了《高教六十条》，我们坚决照此办理。新大蒸蒸日上，教学工作走上正轨，教育质量有了提高。全校上下，一致在南梁大搞建校各种活动。直至 1966 年"文革"前，学校已经有了一个新的大学校的面貌。谁知"文革"一来，新大成了混乱的中心。我又在夹缝中生活。直至王恩茂同志回到新疆，我才算解除了"后顾之忧"！我才开始伸伸腰。特别是在 64 岁的时候，还要我主持教育厅的全盘工作，好像我重新走上坦荡的革命征途一样。我决心拼命干，弥补已经失去的时间。我以"老牛亦解韶光贵，不用扬鞭自奋蹄"的格言来作为行动的营养剂。两年半来，我是倾注了全力的。对于新疆教育事业，我是尽了我所能尽的努力。这两年多来，新疆的教育事业是大大向前推进了。无论从宏观还是微观方面，都有较大的发展。它逐渐被纳入教育客观规律的轨道，是在稳定地，比较协调、比较扎实地向前发展。这是让我感到非常欣慰的！

新大召开校庆会，我前去参加，引起了我的回忆。参加新大校庆 50 周年，我的心是很不平静的。在校庆大会上，会务人员要我在留言簿上签字。我激动地写了这样的话：

喜看南梁乱石坡，

笑吟狂飙为我歌。

好汉顶天天地动，

琼花烂漫漫婆娑。

这首诗是我在 1963 年新大全校师生员工大搞建校活动，即大修红湖、修马路、平整校园、植树绿化校园之时写的。这次我又将它献给新大师生员工，以表达我对群众力量的坚强信念，对新大美好愿景的信念。

新大的一草一木我是熟悉的，热爱的。可惜我没能在新大工作到我辞世之时，深为遗憾！

我后半生的愿望，就是办好新疆大学！我虽然不直接为此而工作，但是，我作为教育厅的领导人，间接地、不断地为此做着努力。

今天，新大校庆大会盛况空前，约一万人参加。它的本专科生已4000多人了，校外的部分还不算。教师队伍已发展到1200多人了。学校校园建设也有发展，建筑面积已经达到15万平方米。这四五年就修了8万多平方米。教学质量、科学研究均有进展。这是令人欣慰的！

我不到10时就到了新大门口。校领导人及师生干部正列队准备欢迎中央代表团。10时半，司马义·艾买提主席，铁木尔书记先来到，接着，赛福鼎、包尔汉一同到来。夹道欢迎的人群一直排到物理楼前的操场，气氛十分热烈，秩序井然。包老、赛福鼎都作了即席讲话。他俩的到来引起我很多回忆。他俩都先后做过新疆学院（即以后的新大）校长。他们两人现在都是共产党人了！能有今天，我以为这是我党民族政策的胜利！它对于团结新疆各族人民是必要的。

赛福鼎是新大校长，我是尊重他的。大事总找他汇报，他也支持我的工作。那时我虽然是新大副书记，可是全盘工作是我主持的，而且一直到"文革"中被关押为止。

我为了党的事业，真心为了民族人民的利益，坚持了真理，坚决反对了许多"左"的东西，结果被赶出新大，发配到奎屯去。后来舆论太大，又将我调到八一农学院。

八农迁回"老满城"，全院师生员工建校时，我写了一首以"老满城不老"为题的诗：

妖魔山下群魔舞，摧城乌云城欲倾。

一年一度春风紧，不见春风进满城。

去年十月响春雷，今冬暴风扫残云。

春到八农满城青，满城不老更年轻。

今天历史进程变了，实事求是的作风又恢复了，大家又在一个比较和谐的气氛之中生活了。我去欢迎他们，同他们握手，以示团结。我要胸襟宽大，以大局为重。但是历史的教训必须接受，不能忘记。

新大校庆是成功的！我颇为欣慰！我看到新大在前进！我曾经为此奋斗的事业在发展。新大的老同志们对我的盛情，我是深为感动的！

下午，许某某做了许多高级菜招待云光、朱瘦铁和我，惠奋同志坐了一会儿就离去了。老战友相逢是难得的。至于往事，就不必提它了。

10月28日　　星期一　　1—10℃

今天上午在二楼中会议厅继续听取陆局长的传达。他传达了中央书记处，胡耀邦、李鹏等领导同志的讲话。中心是加强与改善思想政治工作，抓两个文明建设。这的确是保证我国沿着社会主义道路前进的根本问题。我们的党从小到大，由弱到强，能够夺取中国革命的胜利，我们的红军、八路军、人民解放军能够取得战争的胜利，没有强有力的思想政治工作是根本不可能的。要实现四化，而且是社会主义的四化，没有强有力的思想政治工作也是不可能的。对于我们教育工作来说，学校是文明建设的基地，人才从这里出来。培养什么样的人这一问题，仍然摆在我们的面前，因此加强与改善思想政治工作尤其重要。这几年政工有所削弱，未从根本上改变过来。

下午学习文件。

10月30日　　星期三　　1—10℃

上午参观人民会堂、科技馆、立交桥。首次参观各州的大会议厅，其可谓富丽堂皇。舞台可以升降、左右移动、自动控制，音响灯光全是自动化的设备。用了许多进口材料如意大利大理石、法国木头、日本玻璃、香港吊灯，堪称豪华，豪华！

我认为按照目前我区的生产水平与人民生活水平来说，这样高级的建筑，晚几年用也不迟呀！

何况是花去5000万元，我估算了一下，可修面积为一万平方米的图书馆10个。因为图书馆每平方米按500元算，只要500万元，5000万元岂不是10个图书馆！这些在根本性造福各族人民的建设会流芳百世，并不亚于一个人民会堂。

下午参观贵宾馆、华侨饭店、人大办公楼、青少年宫。

贵宾馆 10 号楼是各国总统下榻之地，还有总理大臣之类的达官贵人住宿之处。整个建筑有 9400 平方米，造价共 1700 万元，平均每平方米折合为 1800 多元，可以说是用了非常高级的设备，真正富丽堂皇，豪华又豪华。室内是花园、喷泉，室外是花圃葡萄架、蒲公英式的喷泉、小溪曲桥，潺潺流水。据总工程师介绍说，这房屋建设用了 17 国的建筑材料，有泰国木材、澳大利亚吊灯、埃及玻璃、日本合金钢窗、茶色玻璃、意大利大理石……反正大都是进口货。我看了，我听了，心中不是滋味。

我不知道一年中有几个或一个总统到新疆来，即使来也就是住个几天，花这么多钱，建这么豪华的接待宾馆，目前是必要的吗？！1700 万元呀！作用多大呀！人民的钱，花起来不心痛吗？！

11 月 12 日　　星期二　　-6—1℃

今天在厅里办公，接待一个被退学的女大学生（师大学生）关于她受处分的申诉。我写信给袁某、徐某同志，请他们调查酌处。我不太相信她的申诉，但也不排除她因无知而犯了错误。一般来说，退学处理不会轻易给的。我们的大学校"包下来"这个传统，确实带来一系列的问题需要改革。

一个青年一生中稍走错一步，就贻害终身。这是不少年轻人在做错事时不曾想到的。教育工作者应该使青年人加强道德修养，善于处理个人与国家、目前与长远利益的关系，减少、避免犯贻害终身的错误。

11 月 13 日　　星期三　　大雪后转晴

这是 1983 年 5 月以来，我调教育厅党组书记之后的第五本日记。

时光如水，转瞬就过去近两年半。这两年中，我在教育厅做了什么事？简言之，发展了教育事业，高教及成人教育发展较快、较大；不断地改变着教育厅内部的结构、比例，以适应经济建设及文明建设的需要；从各方面，如教师队伍的建设、校舍建设、实验室建设、教材建设，加强思想政治工作，加强体育教育等，提高了教育质量，特别是职业技术教育正在加快步伐前进；胜利地完成了厅本身的整党工作，改善了党风，厅内的团结工作两年来是好的。政治上、在政策上没有出过什么大的问题。同志们对我的主持工作是信任的、高兴的。这一些，我自问作为一个党员，是应尽的起码责任。我的工作并不是出色的，教育改革方面还没有做出什么成绩，日常事务缠身，还未摆脱事务主义。自己的学习也跟不上形势的需要。上了年纪，水平低，确实不能适应客观的工作需要。

12月8日　　星期日　　-10—6℃

……

今天下午，由自治区宣传部、教育厅、区团委、青联四家，在人民剧场召开纪念"一二·九"学生运动大会，我参加并在台上就座。50年前，我就是受"一二·九"学生革命思潮的影响而逐渐走上革命道路的。我深深感到，从年轻的时候起就确立了正确的理想、革命的人生观，对一生都起决定性作用。对于一个人，人生观是经常起作用的因素。同时代的战友们能有今天，都是当初走上正确道路的结果。也有同时代的同学，沿着旧社会的道路度过了他们的一生，如有的同学当了银行的经理、大电影院的老板，甚至有个别的走上反革命的道路。这就是人生观不同而有不同的人生结果。

12月27日　　星期五　　-17— -9℃

本月22日，《光明日报》第一版刊登了一则消息："国家教育委员会通知：各地、各部门不得自行决定组织国家承认学历的统一考试。"这个规定严肃地指出了未按国家教育委员会（原教育部）的规定，自行考试招收入学的学生即未纳入计划进行统一考试的学生，而后又自行组织所谓的毕业考试，合格后发毕业文凭者，这种做法是错误的。所发的毕业证书，国家不予承认。通知中强调："任何地区和部门不得擅自决定对没按国家教育委员会有关成人招生的规定，自行考试招收入学的学生，组织承认学籍的验收考试或入学复试；已发文宣布组织验收考试或入学复试的，必须立即停止，承认的学籍并纳入统一学籍管理的，一律无效。"

我对此事是早已发觉。我厅发出的〔85〕126号文件，就是遵照中央这个精神。我曾经不止一次地提出，这种做法要征得中央同意之后才能实施，否则应停止。我压根不赞成这种不能保证质量的随意散发文凭的做法。据说我厅是迫于上级的压力才停止的，这只能证明我们没有把好关，未坚持原则。可惜我的意见未能得到同志们的支持，当然我也不能强加于人。最近中央又重申这些原则，我想刹住滥发文凭风是非常必要的，这对于保证教育的质量，不要自己搞坏自己的名声是非常必要的。

问题是，对两千多人要做深入细致的思想工作，不然可能引起不应有的风波。

12月29日　星期日　−15——−9℃

我们驱车经过荒漠，到达哈萨克族聚居区柏杨河乡去访问。我没有看过牧区寄宿制小学、中学。这一次看到并询问了许多情况，感觉牧区教学比之前大有进步，但离教育质量的标准还有一定距离，主要是教师队伍质量不高、办学条件也差。中学的实验室缺乏，课桌快要垮了！

在我们往柏杨河进发中，沿途是白雪皑皑，银花玉树满山沟，不禁触景生情，吟得一首小诗，这是天山的一景。

> 驱车柏杨河，
>
> 奔驰雪海中。
>
> 处处银珊瑚，
>
> 恰似入玉宫。

没有题目，我想叫"访米泉哈族柏杨河乡"。1985年12月29日于车上。

这样美的景色，寓意着哈族乡的美丽景色，也是他们奋斗的成就，以及丰富多彩的宝藏。

12月31日　星期二

今天是1985年的最后一天。

我在赴厅里参加元旦联欢会的车行中想到一首诗：

> 今日乍辞旧岁去，

> 明日笑迎新春来。
> 春夏秋冬流不尽，
> 苍松翠柏傲然在。

原来我想到的后两句是：今冬银花万树开，明春桃李满天山。它寓意着教育成果四季常有。后来我考虑到不如按自然规律"时间长流逝，松柏独傲然"寓意深一些，故改为此句。

……

下午我没有去参加自治区的新年联欢茶会，安安静静地坐在家里，集中精神观看世界明星队与我国女排的精彩赛。真不愧是世界明星，真有水平，看得眼花缭乱，心情格外紧张……我为她们的胜利感到自豪，她们为中国、为炎黄子孙、为各民族人民争了光，添了彩。女排的精神将鼓舞我国年轻、年老的两代人奋发向上，拼搏前进！

1986年1月10日　　星期五　　-18—-4℃

下午参加教育厅同农业厅两厅青年新年联欢会。我朗诵了我写的打油诗……

我说："列宁讲，不会休息就不会工作。"同样，不会工作也不会休息。休息与工作是对立统一的，两者不可偏废，相互依存，相互结合，也就是劳逸结合。新年来了，大家辛苦了，应该尽情地玩乐休息。

我又说："只有高尚理想的人，才真正知道生活的意义，才能真正享受生活的快乐！"

3月1日　　星期六　　-8—-4℃

我上午到区党委找贾书记，正开会。我碰上克由木同志和张思学同志，简单谈了一下今年高校基建投资太少，一共只有1537万元，比去年实际投资还少。这样，招生任务无法完成。从今年基建投资上看，不能说区工作实际上将教育列为重点了。那是口头上的重视。

对于这样浩大的新疆建设，没有远见是不行的。

3月7日 星期五 −15— −3℃

宋汉良同志打电话来，向我交代一个任务：就是为他在自治区全委扩大会议上的报告中，有关教育改革的部分发言准备讲稿。我于下午召集有关同志商讨了这个内容。一部分是教育的进展情况及问题，一部分是今后抓什么。大家讨论比较充分。新疆教育的问题比较明显，仍然是进一步解决教育的指导思想问题，在计划安排上贯彻教改的精神。这方面还有大量的改革工作要做。好在基础教育方面推进较快、较大，《教育法》已公布。抓初等教育的普及，这是"七五"期间首要的工作，同时推进九年制义务教育。

3月21日 星期五 22℃

今天是全天小组会（在昆明参加全国高校职称改革工作会议），主要讨论聘任制问题，它的方向意义等。我是拥护这个改革的。但是，由此引起的人才流动，可能对稳定新疆的教师队伍不利。我提出了看法，我们得想法稳定教师队伍，还要吸引口内的人才到新疆来。这是一个开发建设新疆的关键问题。在试行聘任制中得注意，不要人才外流，得有明确规定。有本事的人，他可以到口内工作，不一定希望你聘他，不聘他，他也有出路，甚至正中下怀。这是值得考虑的问题。

3月23日 星期日 23℃

今天没有休息，上午开大会，有几个单位介绍他们试行教师聘任制的体会经验，有不少做法值得学习。但是，得从新疆实际情况出发，因地制宜地逐步推行。

聘任制从总方向来看，是大有好处的，对打破"大锅饭"、把职与责分离开、单纯评价学术的确好处多。教师的岗位责任制如何搞，一直不成熟，虽然有工作量制度。这是一个复杂的、联系广泛的系统工程，在实践中才能逐步完善。

责任制是我国业务技术人员人事制度的一次大改革，不能走形式，一定要真正推动教学、科研工作的大进展，提高教育质量，更好地培养人才，调动教师及其他人员的积极性。

至于如何推进人才合理流动，还有待实践解决。

4月4日　星期五　23℃

明天就要离开穗城返乌了。我集中精力写了一首诗，曰《游花城》：

> 游罢春城来花城，珠江两岸花迷人。
>
> 千紫万红开不尽，黄花岗上自由神。
>
> 先生先觉觉后党，千年帝王葬入坟。
>
> 后继革命共产党，五羊神话果成真。
>
> 千树万树花似火，赏花勿忘栽花辛。
>
> 开放国策似雨露，花城开放花更甚。

4月12日　星期六　晴　9℃

上午是厅务会议，讨论教育指导思想问题。这个问题很重要，我是一直强调的，而且我提出指导思想上的几个观点是正确的，不仅合乎教委何东昌同志的讲话精神，而且也结合了新疆的实际。我认为，教育必须为社会主义建设服务，处理教育与外部的关系、教育内部的各种关系、教育的结构比例等，都必须紧紧围绕是否有利于社会主义建设事业。不然，教育就会脱离我国实际，教育就会走偏方向。教育的指导思想必须随时注意处理数量与质量的关系，教育必须按教育的规律办事。发展教育事业不仅考虑客观需要，还应该考虑实际可能，即经济发展情况、资金的多少、教师的情况等。在新疆，教育的重点应该是民族教育，教育的基础工作是普及初等及中等教育，首先是扫除文盲和普及初等教育（包括幼儿教育）。提高教育质量的关键是培养师资，是提高现有师资水平。这是当前及今后一个相当长的时间内教育工作的战略重点。要注意克服追求速度、超过实际、不顾条件的倾向。

5月2日　星期五　18℃

今天在天山大厦参加自治区职称改革试点工作会议。我参加大学这个小组。

这是一个政策性强、情况复杂、涉及面广、影响甚大的社会工程。它关系着调动知识分子的积极性、创造性，关系着贯彻社会主义按劳取酬的原则，关系着四化的大问题，必须搞好。尽管我要退下来，但是我在退下来之前，一定将这个工作交代好，把基础工作搞好，也算尽了我最后一班岗的责任。

5月16日　星期五　晴　27℃

……在昌吉州开教育工作会议。我没有打稿子，在会上讲了关于教育的指导思想问题……我将我带来的"统计分析"仔细看了看，颇能说明问题。我区的教育发展速度在全国是前列的，但是质量却是最差的。因此我们当前的任务就是尽可能地提高教育质量，最关键的问题是提高教师的质量。数量上、质量上都需要解决教师的问题，尤其是民族师资的问题。

晚上看了重新编排的《夜半歌声》。我四十多年前在重庆看过这个电影，当时它的上映轰动全国，特别是渴求民族主义的热血青年是非常欣赏这部影片的。这部电影的故事情节，无情揭露了封建买办阶级的黑暗统治，他们践踏人权，残暴骄横，为所欲为，破坏纯洁的爱情，镇压民主自由的要求。"谁愿意做奴隶？谁愿意做马牛？人道的风火燃遍了整个欧洲。"为真理，为民族，为自由而战，热血沸腾，愿洒一腔热血为之奋斗。外敌的侵略，起来反抗吧！《黄河之恋》就是这样地呼喊，是一个代表当时民主自由要求的好影片，所以一直流传至今，为人们所喜爱，特别是青年人。

我看过这个影片后，曾用我的歌喉反复学唱，高唱过《夜半歌声》《热血》《黄河之歌》三首歌曲，而且朋友们都欣赏我的歌喉。50年前我们渴望的民主革命，在我们青年一代的英勇奋斗之下，在中国共产党的坚强领导下，已经成功了30多年了。黑暗已经过去，光明早已到来。我们现在正在为我们共产主义的理想进一步奋斗，而且很有成效。看这个电影，追忆过去，看看现在，展望未来，我充满了信心，充满了欢乐，我们的憧憬一定能实现！

6月5日　星期四　晴转阴　27℃

我们到南京、上海共有13天，今天算是放了假，各自按个人要办的事或游览，或各自行动。我决定去虹口公园瞻仰鲁迅先生的墓，凭吊曾经给予我向黑暗势力斗争力量的导师。

我记得，1936年10月鲁迅逝世的消息传到重庆，我们敬仰的人突然与世长辞，我感到非常悲痛。11月在重庆救国会的领导与组织之下，"追悼鲁迅先生大会"在商务日报社礼堂隆重召开。在会上，我悲痛高歌了《纪念鲁迅先生之歌》，与会同志都为之悲恸！我对鲁迅的著作读了不少，受益匪浅，因此难得有这个机会，我一定要到鲁迅先生墓前凭吊。我进了虹口公园，先找鲁迅纪念馆，正在整修未得参观，真扫兴！我还是看了纪念鲁迅先生的绘画展览，并购得该店两支毛笔，以作纪念。随即我找了鲁迅先生的墓地，在他的庄严的坐像前照了一个相，以作永念，留给后人。

鲁迅先生享年55岁，太可惜了。为什么老天爷不叫他多活几年呢？主要是他日夜为民族战斗，操劳过度，是得肺病而死的。尽管没有活到高龄，可是他的丰功伟绩是国人乃至世界都公认的。他在这短短的一生之中，为中国人民留下了无价之宝，他不仅是中国的大文豪、革命家、文学家、思想家，而且也是世界上的伟人。所以外国人来此凭吊的很多。他说过"牛吃的是草，挤的是奶""俯首甘为孺子牛"。拿鲁迅先生一生的伟绩来对照我自己，真是惭愧。自问我给人民做了多少事呢？太少了！太少了！

从虹口公园出来，我直奔豫园，即城隍庙。这里的确是全国罕有的城市中的山林亭园，异常别致，独具一格。这是我们民族的宝藏，是劳动人民心血的结晶。我觉得凡是搞园林建筑的，都应该到这里来仔细学习，一定要继承我国古代的建筑艺术，它真是美极！……我仔细游览了园中的山石亭阁水榭，也观赏了成千上万的金色群鱼，十分漂亮，使人流连忘返。

今天是玩得很有意义的一天。

6月16日　星期一　上海　雨

昨天是我67周岁的生日，今天翻日历才发现。我在上海这一天过得有意义，我瞻仰了我的导师——鲁迅的墓地与铜像。他55岁不长的一生，是战斗、是革命、是奋斗、是开拓的一生，值得我学习。我比他活得长一些，多12岁了，可能还要再活几年。我参加革命已有50年，但是贡献太小、太少，当然不能同鲁迅先生相比。他是伟人，我是凡夫俗子。不过，我这50年是没有白白地过去的，从参加秘密的救亡运动开始，奔赴延安，自动报名上前线，同日寇作战，打游击。日本投降后，从始至终参加人民解放战争，多次投身激烈的战斗，拼搏于战场。许许多多的战友流血牺牲，换来了我梦寐以求的新中国。国民党的黑暗统治，帝国主义的残酷侵略，被中国共产党和她领导的解放军彻底打败了、粉碎了，光明的充满活力的新中国屹立于东方。37年的社会主义革命与建设，又经历了坎坷曲折，好不容易党的十一届三中全会扭转了乾坤，拨乱反正，走出了一条中国式的社会主义道路。

我有过艰苦，有过欢乐，有过悲痛，有过倒霉，可是我总是乐观的，我总感觉党和国家是有希望的。我虽然没有为党和人民做多少事情，但是我回顾五十年，一万八千多天，我没有什么后悔的事，没有什么顾虑，没有做过对不起人民的事。倘若今天我就闭上眼睛，去见马克思，我可以高高兴兴地去向他老人家报到。我会说："你的小兵，沿着你指引的道路走了一生，现在，我可交给下一代走去了，我特来报到。"

今天应该作为我新的奋起的开始，人老心不老，时去志不移！就是我退下来了，也要设法为人民干点事情。

7月1日　星期二　32℃

今天是我党建立65周年……回顾我入党48年的历史，没有给党做多少事，颇感内疚。但有一点可以告慰党，我没有有意做对不起党的事。至于跟着"左"的错误做了一些错事，说了错话，确是有的。从而我得到了教训，我深感实事求是的思想路线的宝贵，它对党是生命攸关的事，一定要坚持它。在我晚年的几年工作中，同志们对我的赞扬，我实不敢当。但是有一点我深有体会，就是事事要实事求是，不可犯主观主义的毛病，这是赢得同志好评的根本。千万不可自以为是，一定要从人民的长远利益着想，想想自己做的事对人民有多大益处。

7月7日　星期一　33℃

今天是七七事变爆发49周年。抗战几年是对中国命运至关紧要的几年。艰苦抗战，千万人死于日本帝国主义的炮火屠刀之下，灾难深重达到极点！……我是亲身参加者，回顾过去，无限欣慰，也深深地追念死难的同志们！没有他们的鲜血，哪有今天？年轻人是体会不到烈士们鲜血的贡献之大！我认为，革命传统的教育是万万不可少的！

7月14日　星期一　34℃

一早就为战英（老伴）住院做准备。她不太愿意住院，担心她的庄稼（小院里种的一些菜）荒芜了，浇不上水。其实是多余的。她有中风的先兆，不及时治疗，一旦出事，就不堪设想了。"台柱子"可不能倒呀！我能为党做点事，家务就全靠她了。我坚决主张她住院，我若辛苦，最多一个多月。8时，我送她到医院，把开水打好，粮票菜金买下，安顿好，我才上班……

7月15日　星期二　32℃

今天下午5时，贾书记找我谈话，说：（上星期六）自治区党委常委讨论，要我到新大任书记兼副校长，去好好地整顿一下新大，加强思想政治工作。"王恩茂及常委对我评价很高，只有你去才合适。这几年你工作得很好，把大家团结起来了，把大家积极性发挥出来了。"他又说，"厅局机关调整，像你这样67岁以上的专任职务的只有你一个。"他希望我去好好地工作。

我表示感谢党对我的信任。我重申我的年龄大了，应该退下来。加之我文化水平、能力、知识都不能胜任这个工作。如果组织一定要我干，可否居二线？我确实感到突然，我是准备退下来的。我希望组织考虑，我不要担任实质性的职务。他又说："常委已经讨论决定了。"

我想，这又是我一生中一个新的变化。我万万没有想到，到我年近古稀之时，党还要我担任重任。这是党的重托，人民的重托，这是党政治上对我极大的信任。可以说是破格的安排。我坚信多数人是欢迎的，寄希望于我的。但也有少数人是不高兴的、反感的，他们会在阴暗的角落里诋毁我、诽谤我，甚至千方百计将我再赶出、挤出新大、教育界。我不怕，邪鬼见不了正神，对他们的两面派，我需要百倍地警惕。我受到地方民族主义者的反对，证明我是坚持党性原则的，坚持正确的马列主义民族观的。"真理在我手，何惧邪说有"。我一定要以身作则，坚持真理，不怕鬼，不怕邪！

既然组织上决定了，我就得按照党性原则考虑到新大如何工作。我离开新大已整整20年，情况有了新的变化。我得仔细了解情况，不能有主观主义，要实事求是，要团结大多数人。个人生活作风上也应该要求严格。

7月21日　星期一　32℃

一早就等车，直到8时半才赶到准噶尔大厦，主持高校职务评委会。某某同志也参加了会议并讲了话。他提出对高校高级职称的控制比例，提了一个低限15%，一个高限20%或21%。这个比例如果指的是全疆的控制数，我赞成；如果指的是这两个学校，则是不适当的。因为这两校已经根据中央的规定评出了 * %（新大）至 * %（八农），如果更改就比较困难了。……我感到从最近几件事情的处理上来看，一个新上的干部容易过分自信，不注意听取下级群众的意见，利用手中的权力武断地决定这决定那。开始上台时，表示虚心，尊重老同志，过不了多久就自以为是了。这是方法、认识的问题，值得新干部注意的，不然会坏事情的。有的新干部就坏过事，恶果至今仍存在。

我讲了评审中应该注意的事项，强调"坚持标准，保证重点，全面考核，择优晋升"的方针。

7月23日　星期三　32℃

……

我集中精力主持这次会议（自治区高校职称工作会议），开好了，我也算在退下来之前做了一件好事。

从这次会议中反映的情况看，某校问题比较多，领导层掌握原则是不够的，工作是不够细的，人事关系比较复杂，拉拉扯扯的事表现比较突出。倘若我去工作，是需要花大力气纠正的。

（1）一定要树立起一个好的校风。校风十六字：团结、严谨、勤奋、求实、活泼、严肃、求新、进取。

（2）一定要注重教育质量，德、智、体全面发展，质量高，实质是培养什么样人的问题。不仅着眼于现在，还应该着眼于三个面向……

（3）一定要校园美。绿化、美化、净化、园林化。提倡勤俭建校，劳动建校。

要求学风好，学术空气浓，政治空气浓。

7月27日　星期日　阴有时晴　27℃

……今天到庙儿沟，人们兴高采烈地烤羊肉、煮羊肉，喝酒猜拳，尽情玩乐。参加这个野游野餐的不是少数达官贵人，而是普普通通的群众，干部同群众在一起，多么和谐，多么友好，多么深情呀！

……其实我在教育厅并没有做多少工作，也没有为同志们做多少好事，而同志们如此喜爱我，使我非常感动。我悟出一个道理，只要全心全意为人民工作，正正派派地做人，同志们是欢迎这样的共产党员的。

什么叫名誉、地位？在人民心目中的地位，就是给我的最高的名誉、最高的地位！追求个人的名誉地位，在人民心目中就不会有地位。

8月2日　星期六　22℃

《游南山》诗一首：

> 六十有七游南山，雨后晴空山清新。
>
> 信步密林寻香菇，好似仙人采灵芝。
>
> 深山老林空寂静，不见走兽唯鸟鸣。
>
> 踏遍青山人不老，凌云壮志成年轻。

1986年8月2日，我于建军59周年次日写于乌鲁木齐南山八一农学院林场。

8月3日　星期日　22℃

我仔细地阅读了张汉湘同志整理的《七一四团团史》，不由得回忆起36年前我在抗战及解放战争中，与七一四团战斗生活的历程。为什么在那样艰苦困难的条件之下，我们能够战胜敌人，取得革命的胜利？共产党、解放军的威信为什么那么高？为什么人民群众那么衷心地拥护共产党、解放军？归根到底只有一条，就是共产党、解放军全心全意为人民谋福利，不为私利。共产党、解放军干部、战士以实际行动充分地显示了这一条。为什么经过"文革"之后，我党我军的威信不那么高了？在人们的心目中不那么受敬仰了？我以为也只有一条，就是不少的党员不起模范作用，缺乏表率作用了，也就是不是全心全意为人民谋福利了，而是为个人、为少数人谋私利。目前，我们整顿党风就是为了恢复党的光荣传统作风，逐渐恢复党在人民群众眼中的光辉形象。

我看了七一四团大部分团史材料，有许多是我不了解的，增加了军史知识，其中有的阶段我是亲身经历的，可以提供一些有价值的材料。我得抽时间去写一下，给张汉湘同志寄去。

下午，我召集新大来山上的同志们12人，征求他们的意见，题目是：我到新大工作，抓什么、怎么抓？要注意什么问题？大家发言热烈，意见中肯切实。集中到一点，就是首先抓好党员领导班子的建设、思想作风的建设⋯⋯

8月6日　星期三　晴，有风　35℃

今天我正式回到新大工作了。这又说明历史是最有情的。

我到新大第一天，就召集党委会，讨论的中心议题："关于加强团结，改进领导作风的问题。"

我将我的认识先说了，大家一致拥护，做一个决议，由某某同志起草，召开四个座谈会征求意见，然后党委讨论正式做出决定。

我到新大，首先抓党委领导班子的建设，这是关键。我坚信，只要为全校全心全意地服务，人们是会衷心拥护的。我要一直抓好集体领导，坚持原则，坚持民主集中制。我自己一定要从思想作风、工作作风、生活作风方面做出表率，以身作则，不讲空话，使我不多的余年过得更充实，更有意义。

"老牛亦解韶光贵，不等扬鞭自奋蹄。"

三年前我到教育厅时就用臧克家的这句诗激励我。这次又回到新大，仍用这句诗激励我。再加上一句："鞠躬尽瘁，死而后已。"

8月7日　星期四　晴　34℃

……

下午，我同田某同志把新大的北面环境，从化学新楼以及学生宿舍、工厂、榆树院，最后走到油库，详细地看了一遍。我决心把新大校园整顿好。怎么整顿？完全靠花钱雇人搞吗？或者是全校师生自己动手，勤俭建设？这是一个建校方针问题，这是如何培养学生的自力更生、艰苦奋斗精神的问题。这个思想觉悟大家都应该有，全校动员，不愁整顿不好学校。

一定要美化、绿化、净化、园林化整个学校。

我要走遍、看遍新大每一个角落，然后据此提出规划。真到我70岁的时候，校园要有一个很大的变化，是一个根本性的美好变化。那时我死也瞑目了！

8月18日　星期一　30℃

第三天节日，教育厅的司机们、办公室的秘书们、主任们坐了一个大车，二十多人约好来我家过节日，把客厅挤得满满的。原先我准备了一大桌，突然增加这么多人，我赶紧又做了一桌下酒菜，并且亲自买来十斤面做回族的凉面。我拿出四川的好酒招待大家……

大家尽兴而去，我也非常高兴，尽管我非常劳累。大家说不愿意我离开教育厅，愿意同我共事。我也舍不得离开。党员得服从组织。虽然我离开了教育厅，可是我同同志们的心并没有分开。我从教育厅工作三年中得出的经验是：对同志一定要平等相待，不摆任何官架子，不搞特殊，态度和气，坚持原则，讲求方式效果。自己一定要兢兢业业地工作，团结一切可以团结的人。要注意抓大问题，不要去注意小事。我到新大去，也要团结大多数人，把大家的积极性调动起来，一定要把新疆大学办成"校风好、质量高、校园美"的大学校。准备努力奋斗三年，到我70岁的时候，向新的校貌告别！

一定不要辜负区党委各方面的同志、全疆各族人民的期望。"鞠躬尽瘁，死而后已"！

看来我的晚年会更加奋发地愉快地过去。我一定要不畏艰辛，把全部身心献给新大的建设！告别教育厅，走向新疆大学——我的老家去了结余生！

8月18日　　星期六　　24℃

……

整顿校风要同整顿党风双管齐下，从党委做起，从我做起，从现在做起。要动员广大教师、干部、工人、学生行动。高呼："你为'校风好、质量高、校园美'做了什么贡献？"我想党委是否做一个决议，为把新疆大学办成"校风好、质量高、校园美"的大学校而奋斗。号召大家行动起来，用正气去压倒邪气，向那些败坏校风的思想与行为做斗争，向邪恶现象发起进攻。坚决处理典型的坏人坏事。

9月4日　　星期四　　晴　　5—10℃

今天开始实行领导干部接待日，我首先值班。来访者纷纷而至。全天整整接待了七个小时，共18人。有干部、教师、学生、工人。来访者大多数谈个人实际问题，如住房、子女调动、个人的文凭问题等。有的谈受委屈的问题；有的谈关于办好新闻专业的问题；有的建议新大办学的方向，如何突出特点等。来访者寄予我很大的希望，希望解决问题。建立领导接待群众的制度，不是做样子，而是真心为了依靠群众，听取群众的呼声，为群众排忧解难，吸取办学的好建议，以便更好地为群众服务，促进建校事业的发展。

因此，我下一步得抓群众意见的落实，不能解决的，一定要向来访者解释清楚。

9月8日　　星期一　　22℃

8时半召开党委会，会上讨论通过了两个文件：一是《团结起来，为把新大办成"校风好、质量高、校园美"的社会主义新型大学而奋斗》的号召书；二是《加强团结，改进领导作风的决议》。这是我回到新大的施政纲领。我还应该注意逐步地动员各方面的力量来实施这个纲领。我应该要求各系、各处室草拟贯彻这一决定的各种具体措施。不要空泛，要有实实在在的措施，立即实践，以后逐渐增加。我要将大家引导到集中精力去考虑如何建设新疆大学的思路上来，不然再好的设想也会落空。我要做大量细致的组织工作、宣传工作。

9月9日　星期二　24℃

我明天要到北京开会。离开学校十天的工作我得安排好……

中午回到办公室，没有休息，准备了下午全校庆祝第二次教师大会的讲话稿。我一气呵成，如实地将我的思想及对新大的感情交给大家。这个讲话只花了十多分钟，其间同志们自动鼓掌，看来是欢迎我诚心诚意的表态。今天，我将以实际行动来兑现我的诺言。新大需要有建设方向，有共同奋斗的目标，有一个坚强团结的气氛，需要一个向邪气做斗争的气氛。我意识到必须做艰苦的努力。

我用1964年在新大劳动建校时写的一首小诗来结束我的讲话：

喜看南梁乱石坡，笑吟狂飙为我歌。

好汉顶天天地动，琼花烂漫漫婆娑。

9月16日　星期五　24℃

我整整用了半天时间，讨论整顿校风的计划。这是新大的头等大事。校风问题，关系到培养人的素质问题、培养什么样的人的头等大事。它涉及的是学校工作的所有方面，哪一方面搞不好，都关系着校风，也关系着培养什么样的人。我必须抓它几年，一直抓下去。要形成全校人人都来关心校风的建设，为确立好的校风做出自己的贡献，与损坏和败坏新大校风的思想行为做斗争的风气。我亲自动员，亲自来抓，并且一抓到底。不把新大校风搞好，绝不罢手。

我要使新大学习空气浓浓的，学术风气浓浓的，团结友爱的空气浓浓的，政治空气浓浓的。看来党委同志一致赞成整顿校风。大家都来抓，而且要为确立好的校风做表率。

9月29日　星期一　10℃

一进办公室，人就不断地找来，我一一接待。

中午我用煤油小炉子热了水，煮了挂面，吃了一顿热饭。可惜太累，吃不下，带来的肉菜剩下了。没有休息，准备发言。2时前到俱乐部参加全校第一次系处级干部会议。这是第一次整顿校风关键性的会议。我根据党委讨论的计划，做了详细的解释说明。由于骨干在，我强调了党性修养问题。我放开讲，整整讲了两小时40分钟。希望这次动员是成功的。

傍晚，又到图书馆参加专家座谈会。

10月2日　星期四　晴　0—12℃

雨后大降温，低到零度。我穿上毛衣、毛背心、西装，到体育宾馆将老战友戴临风接至家中，整整玩了一天。我陪他到街上逛了大商场，然后送他回家，由两个孩子晓珊、莎莎做了一桌菜，我亲自炒了一盘鱼香肉丝，看来还合他胃口，他称赞不已。他是我在中宣部工作时的同事，我们相处甚好，曾共同到乡下调查，写过调查报告，还得到小平同志好的评价。今日在新疆相聚，实在难得。他谈了秦川同志不得志的情况。我再到北京，一定去看望他一下。

10月4日　星期六　4—20℃

依某和李某汇报到口内开会的情况。兰州会议是交流教改的情况。当前高等教育发展的速度不慢，注重了研究生，忽视了本科生，基础课有所削弱。研究生不经过实践锻炼是不妥当的。至于一个大学，教学与科研如何摆法，学校的中心是什么，不少学校主次不分，都要以科研与教学为中心、并重，这是不切合不少地方学校实际的。至于新大应该怎样，从上到下有待展开讨论。重点在哪里不明确，人力、物力、财力往哪里使也不会明确。教育改革重点放在什么地方，放在培养本科生上还是科研上？我想首先要在党委内部讨论清楚。

复旦提出"管理育人，服务育人"的口号是有道理的。

后勤工作充分利用经济杠杆这个原则，值得考虑。

我在会上谈了组织对新大毕业生的调查工作，以此来判断新大学生的质量。我一定要抓紧进行这个工作。

我认为新大要抓端正办学指导思想，提高教学质量。

下午召开总支书记会议，布置改选党支部的问题。有个别同志发言指责过去的领导不起模范作用，没有积极的意见，积怨的确甚大。我不能支持这种情绪，我要支持积极改进工作的实干者，不支持空谈者、清谈者。要以做好本职工作来证明自己的正确，要以自己的模范行动来证明自己的党性如何。不要向后看，要向前看。怎样把新大真正办成"校风好、质量高、校园美"的新型社会主义大学，自己做出什么贡献，自己如何做出创造性的贡献，即在改革方面做出什么卓有成效的贡献。

不要把自己陷入人事的无原则纠纷之中，陷入为个人盘算的狭隘圈子之中。每一个人都应该想想，我在培养社会主义接班人方面做了什么，做得怎样？在确立好校风方面，我自己做了什么，做得怎样？

10月14日　星期二　晴　4—16℃

从上午 7 时起来，一屁股坐在房里，集中精力准备学生大会上的讲稿。一直到中午 2 时，基本上有了眉目。赶到学校参加长沙炮校汇报 85（1）班学生缪勒的英勇事迹。这个青年才 23 岁，去年毕业，他确立了为共产主义奋斗的人生观，不是去追求个人的名利，而是决心为国效劳，为国捐躯。果然，他将年轻的生命奉献给祖国，这是值得全校师生员工学习的。他的模范事迹一定能推进我校整顿校风。我听了缪勒同志既平凡又伟大的事迹，非常感动，也受教育。共产党人不为名、不为利，一心为人民。他的行动做到了。什么是高尚的——行动而不是言辞。

我要带领新大上万人前进，主要靠我的行动而不是言辞。我一定要以行动来证明，我的余生全部贡献给新大，培养共产主义事业的接班人。

10月15日　星期三　降温　1—2℃

上午我继续准备大会发言，又处理了一些事务。

下午，全校的学生整队按系到大会会场——理科操场，有秩序很整齐地按照计划分别坐在地上。共有 5400 多学生。我讲了一小时 20 分钟。包括翻译在内，我预先准备也是不超过一个半小时，实际提前了。这样的大会讲话时间长了，大家一定反感、讨厌。在我讲话的时间，同学们非常安静，坐得端端正正地，没有什么人走动。整个操场坐得满满的。我的讲话得到大多数同学的热烈掌声，即是说，他们是拥护的，是支持的。会后好些同学找我谈话。

会议只开了一个半小时就胜利结束了，而且是按时开会的。据说在新大还是少有的情况。我看，这次动员是成功的，也是必要的。我讲的没有空话，没有套话，有针对性。我得注意收集反馈情况。

我很高兴，开了一次5000多人参加的成功大会。秩序井然！新班子成立做了一次示范，开了一个好端。颇有影响。

10月16日　星期四　4—5℃

昨晚气象预报下雨下雪，果真下了中量的雪，把南梁的树也压弯了，气温骤然大下降。这是西伯利亚来的寒潮，我穿上了丝绵背心、毛裤和风衣仍然感觉不暖和。

上午第二次学习《决议》，大家谈得很好，颇有见解，对我也是启发。我也讲了认识。

中午我没有休息，到新食堂去看了看。月底落成，我看困难。人流很多，我看楼梯太小太窄了。接着，我又到锅炉房去看了看，我不相信月底可以放暖。煤的输送带尚未安装好，地平也没有整理。

我赶到化学楼，应85（1）班学生对话的邀请，我答复了他们所有提出的问题。我不是训话，是讨论式的，估计有效果。这也是联系群众的办法。从这次与同学的接触中发现，年轻的学生思想是活跃的，勤于思考，不满足于课内的学习，对改革非常关心，对民主要求也是很多的。他们有些要求是正当的，比如，广泛地、自由地开展社团活动。要求建立学生沙龙。自由交际、喝咖啡、开展学术讨论等。他们要求晚熄灯，图书馆延长开放时间，星期天也开放。我们一定大力支持，说办就办。明天我在党委全会上提出来，请团委去办。另外，他们认为原来的学生会是官办的，不是为学生办事的，同他们不贴心。

10月18日　星期六　0—10℃

上午，贾那布尔书记到我校，召开学习六中全会决议的各院校马列教师座谈会，座谈各人学习心得，同时对自治区如何贯彻执行提出建议。会上我听了我校政教系老师的发言。他谈了八点，对文件提出的新观点也可以说是特点，颇有启发。我赞成他的体会。我想，他的发言，可以整理一下给学生、干部做报告。其他人的发言比较平淡。财经学院一教师提出"一切向钱看"，在当前也不一定完全是不对的，在增加产值及利润上还是对的。对此得辩证地分析。"钱"在什么问题上是对的，在什么情况之下又是不对的？这个问题值得具体分析。我没有参加完这个会，请假回到办公室，准备下午全校党员大会的讲话稿。

下午2时7分，开始全校党员大会，由田增实主持。他宣布了端正党风的计划。接着我讲话，我讲了两个问题：一是对新大党风的简单估计，二是我主要讲的问题，即党组织和党员在社会主义精神文明暨在我校校风建设中的责任。

我从加强理想的观念方面谈到党员的模范作用，中心意思是要加强党员的模范作用，就要加强党性锻炼的问题。会场秩序很好，估计能产生好的效果。我大力扶持正气，正面批评了许多不正确的思想作风。到会790多人，未到170多人，这又是一次成功的会议。

我想对"校风好、质量高、校园美"这一合乎群众要求的目标大造舆论。现在抓校风这个关键，下一步抓质量，同时抓校园美的计划。

10月28日　星期二　2—8℃

整个下午，党委会学习讨论了中央关于加强高校思想政治工作的决定。大家一致同意了关于加强政工队伍建设的意见，这是王某某同志为召开有关的会议准备的。同时决定待我校精神文明建设两年规划提出之后，再开党委会，研讨整个加强思想政治工作问题。

10月29日　星期三　1—10℃

一早，贾书记给我打电话，要杨星野、阿里吾汗同志到他那里去，交代任务。杨调师大任党委书记，阿任教育学院副院长，周民生代替老杨的职务。徐玉圻调新大任副书记……

下午2时，我利用中午时间，准备了讲话稿，有五页，到大礼堂参加第六届学代会开幕式。我的讲话得到了同学们热烈的掌声。在他们今后工作中，可能起一点指导作用。

10月30日　星期四

我6点多钟就起来了，因为前一天晚上10时多就寝。我趁着脑子清醒，抓紧时间，阅读了《美学十讲》这本新书。我上班之后也挤了时间继续阅读。这是我不曾学过的知识，而我现在办学校，增加了"美育"这一条。我虽然知道一些粗浅的道理，但是美学对培养人的道德情操有极大的作用，所以我主张设立"美育教研室"，并得到了党委的同意。为了搞好教育工作，我必须懂得一些美学方面的知识。因此，我对这本书颇感兴趣。我决心抽时间把它看完，以便从中吸收教益，来指导我的教育工作。

下午我到化学系听取了他们的汇报。两条，一是房子的分配问题，二是专业新建问题。

11月15日　星期六　-3—4℃

上午我同徐同志沿着新开辟的通道看了一遍，又赶到子校，听取了张副校长的汇报。新大这个附中从无到有，从小到大，从不正规到正规，现在已经粗具规模，学生已达1100多人……我根据他们的汇报提出，按照新大"校风好、质量高、校园美"的目标，附中也应该有具体的目标。新大各部门不能对附中另眼相看、另眼相待。为此，专门开一个会，动员各方面力量支持附中。我强调附中的教学，一定要秉持德、智、体、美、劳全面发展的原则，不可偏废，缺一不可。有关他们组织、人事班子以及经费等问题，专门研讨，交党委讨论决定。

下午，我到澡堂一间男淋浴室去洗澡。因为有人反映，水是凉的，我不相信，我得亲自去看。试试，果然，水是凉的，我稍微洗了一下，赶紧把衣服穿上，不然会加重感冒的。我穿好衣服，给他们经理提了意见。

午饭，我做了点挂面，算吃了一顿饭。

我们党委全部集合，一同查看了通道，决定给友邻修一条道路，便利他们通行。

11月25日　星期二　-20—-12℃

我准备关于教育指导思想的发言稿。这是关系新大的目前及长远建设的大事，倘若我校指导思想不一致，许多事情都无法遵循办理。看来，我提出的"校风好、质量高、校园美"的奋斗目标已为全校所公认，积极性也开始调动起来。今后的问题是，新大朝什么方向稳步地前进，并且扎扎实实、卓有成效地前进，这也是坚持求实、创新的工作作风的问题。我应该起什么领导作用，我以为就是要在领导班子的思想建设上起作用，当然我自己不能主观武断而应该实事求是。只有这样，才能带出真正好的作风来。我必须十分注意自己的思想修养，端正自己的作风。

11月26日　星期三　-18—-10℃

......

回到学校，紧接着开党委会十六次会议。我谈了一个半小时的指导思想问题。没有时间讨论，请大家多多考虑一下，再详细讨论。我讲了：

（1）总的指导思想：教育必须为社会主义建设服务。

（2）按照教育一般和特殊性规律办事，教育发展与需要、条件、速度相匹配，量力而行。新大已有膨胀过大的情况。

（3）解决数量和质量的关系，质量就是数量。

（4）教育改革的思想，在改革中提高，在改革中发展。5000名本科生，300名研究生，研究生是为了提高教育质量。

（5）教学与科研的关系。新大应以教学为主，以教学为中心。在相当长的一段时间内，必须围绕着教学这个中心，积极开展科学研究。但是，也不能放松、忽视为直接发展生产的应用研究。

（6）新大要注意办出自己的特点、特色、地方性与民族性。

（7）加强新大教学、科学的研究。

（8）新大科学研究的指导思想——不是片面地为创收，而是为培养人才。

以上几点，我将展开论述。我长期积累的见解，能不能算我搞大学教育的科学论点？我将努力以赴。

1987 年日记

1月8日　星期四

经过大家的艰苦努力，昼夜巡视，未发现意外。

下午照常传达中央一号文件，到会一千多人，秩序甚好。

我们明确提出，坚持四项基本原则，反对资产阶级自由化。对我们学校来说尤其有特殊意义，这关系我们培养什么人的问题。这个斗争是有利于培养"四有""五有"人才的。我们一定要采取稳妥的办法，进行这一斗争。

我们一定要继续发扬民主，尊重群众、学生，团结多数，继续动员多数，为实现"九字"方针继续努力，不能有丝毫的自满情绪。

今天是值得记忆的日子！我们防止了一场学生闹事！

1月11日　星期日　-12—-4℃

　　　　玉树银花满满城，严冬腊梅香香瑶。
　　　　寒来暑往流不尽，无有冰天哪俏春。

室外一片白，又降小雪，数九寒天节令，应是北国风光。前几天，过于紧张，我今天好好地休息，以利继续工作。假日本应清闲，不料仍然有三起来访者。有教授，有工人，有家属。为什么不找自家的领导人，一定要找我呢？从新大到"八农"十几公里，天寒地冻真不容易。当然我应该以礼相待，耐心听取诉说。

谁叫你在其位呢！在其位就得谋其政。

"当官不为民做主，不如回家种红薯。"

1月24日　星期六　-23—-13℃

老早我就想去看望新大几位生病的老同志。今天得以实现。周明生、孟建新，还有一个年轻的同志，我们一道先到中语系张佩兰家看望她。据说她得了肺癌病。接着又到宋晓峰家去看望他，他得脑血栓，半身不遂，躺了四年多。我看他时，他流泪了。我要他用口述的方法，把经验留下来。这是一个忠诚勤恳的老教师，值得我们关怀。我早就想去看望他，今天终于实现了。我真正了一桩心事。从宋晓峰家出来，到了刘玉亭的爱人潘晶明副教授家去看望她。她已卧床两年了，得了脑结核。她在三医院昏睡不醒时，我曾去看望过她。这事在新大产生了影响，因为她在"文革"中是要打倒我的，她还亲自到北京中宣部去收集我的材料。我不记仇，没有把这事记在心中。我认为她也是受"左"的思潮的影响而犯了一般错误，应该谅解。

这种人——凡是在"文革"中由于"左"的影响说了错话、做了错事的人，我一概不计较。共产党员应该心胸宽广，不能记仇。不然如何团结多数呢？

最后我又到傅凤仪家，她得了乳腺癌，已切除一个乳房，这一个也有了疼痛的症状，估计扩散了。她精神还好。这也是我老早就想去看望的人。真了了夙愿。

中午我做了一点挂面吃。2时到业大去参加教师联欢，我喝了一点酒。下了几盘棋都输了，太不慎重了。

今天宣传部小孟找我谈了几个年轻领导人的情况，我对自治区这次教委的人事安排是不满的。我认为许多人是因人设事，并不是按德才标准安排人事的。

1月26日　星期一　-20—-13℃

今天该我休息，我乘此机会到人民委员会去。黄宝璋副主席没有找到，就同董兆和同志谈了一会。接着到区党委找到贾书记简单地谈了一下，又到小陶那儿比较详细地谈了。接着到宋书记处见到了他，同他秘书张义——我的学生也谈了新大面临的困难。我请求给我一个小时的时间，汇报一下新大的情况。

今年不奋斗出几栋宿舍，绝不罢休。

1月29日　星期四　-16—-6℃

今天又是一春的开始。实际上北国仍冰天雪地，皑皑白雪一片，仍处在严冬。北国无春天，是颇有道理的。在新疆人民大会堂举行自治区市级单位联欢。团拜是一种好形式，简朴隆重，减少过年挨家挨户拜年的麻烦。今天来我家拜年的大大减少！太好了！至亲好友走一走，聚一聚，吃好喝好，多么轻松愉快！往年吃不好，喝不好，休息不好，玩不好，成了一种负担，这种陈规陋俗不改变是不成的！拜年，拜年！成了扰乱，扰乱！不是轻松，而是负担！

移风易俗是社会主义精神文明建设的组成部分。我们做学校工作的应该带头。但愿新大今年春节不要出大问题。平安地过年！

1月30日　星期五　-16— -6℃

转暖多了，室外不感到冷冻，但仍不失为冬天。春节，并无春意，这是新疆的特点。

一早，徐某某同志来约我，我们一同到已离休的老同志和老教授家，还有去世的文裴然家去拜年。他们很热情接待。我到了"文革"中造我反的两家去拜年。我不计较他们过去的行为。这不是谦恭下士，而是共产党员的宽大胸怀。在新社会的确有市侩，对市侩尤其是新的市侩，只要他不反党反社会主义，爱国，就得团结他们。统一战线永远是我们取得胜利的法宝。孤家寡人政策是没有前途的。

晚上，我才转到朱瘦铁家，这是我的老同事了。

2月2日　星期一

本来今天仍然是我休息的日子。我为了去北京参加全国教育工作会议，为了今年全校工作的总体部署，召开老中青教师座谈会，征求教师提高教育质量的意见。上午、下午，发言都非常踊跃，提了很多很好的意见。大家谈得最多的、最详细的是如何建设一支教师队伍，培养与提高教师素质的问题；关于加强思想政治工作，关于提高民族教育质量的问题。大家提到如何调动教师积极性的问题。我认为这些意见都是十分中肯的。可见大家是关心新大建设的。我以为对新大建设信心的增强，是建筑在我们全校工作不断有起色、确有实效的基础上的。

我们一定要一件一件地把工作抓上去。

大家提到对教师的教学效果如何评估的问题，对教学质量如何评估的问题，有没有客观的标准？我以为这些问题都是比较深刻的，对我们领导思想颇有启发。今年我一定要抓出一个名堂来！我走以前，得把工作安排就绪。准备下学期开学的工作要抓好。关于反对资产阶级自由化的思潮，我们要做一些扎扎实实的工作，这是转变校风的关键所在、根本所在。这是使学校政治空气浓浓的所在。

如何转变学生的世界观、人生观，是一个大课题。

我想，坚持接待日的实施，扩大接待日的实施对象，特别是针对学生。我想，坚持与扩大与同学们的对话，尊重学生的主人翁地位。

2月9日　星期一

（因中风，写字受碍，日记为后来补上）

一早去食堂，就觉得左脚轻飘飘的，不由人使唤。吃完饭回到宿舍，同样身不由己。到会议室参加会仪，就更加飘飘然了，左手文件也拿不住了，舌头也不好用，流口水。我忽然想到，是否中风了？！

（有人通知）医生到会议室看了一下，决定即刻送我到301医院。

今天我开始住进301医院，全天检查。

手脚不能如常人一样使用。

2月19日　星期四　-6— -2℃

……

我看了《译林》中有关"路透社"的来历，深感西德人路透是一个非常有事业心、有才干的历史人物。英国的"路透社"是他一手创建起来，并由他本人名字命名的。它对于我国搞新闻工作的人来说，是一个鼓舞。古语，"有志者事竟成"，关键在个人的努力奋斗。"路透社"已成为世界四大著名通讯社之一，有2500多名工作人员，有遍布世界各地的记者。它的信息作用是极其重大的。一个人一生能做出这样的成就，是了不起的！我这一生，平平庸庸，没有给世人留下什么，我能把新疆大学的底子打好，就算了此一生了。

2月21日　星期六　-5— -2℃

我决心将《美学十讲》读完，就是没有下功夫理解书中的阐述，有些词组，我没有连贯起来理解，知道大意就行了。美学实质是哲学问题，它直接涉及认识论和方法论问题。用马列主义的辩证唯物主义来阐述美学，这是重大的创造。如果你承认马克思主义的哲学是反映思维运动规律的科学，那么用哲学来阐述美学，就是在这个学科方面的具体运用。尽管这本书的论述有些枯燥，但是逻辑性还是很严密的。用美学来教育青年，归根到底是用正确的世界观来教育青年，用马克思主义的认识论与方法论来教育青年，这是非常必要的。

当我确定在新大设立美育教研室时，我没有这样深刻的认识。我只认识到美育是培养青年高尚的审美观与能力的必修课，通过美育活动来活跃学生的精神生活，有利于德育的培养。

其实，美学对培养学生正确的文艺观也是非常有益的。所以，我在今后的工作中继续抓美育。书还有几十页，在医院我一定能读完。

今天是我住院的第 12 天。

3月19日　星期四　1—6℃

我给学校工作的建议快写好了。我在病中常常想到新大的工作。在我还未退下来之前，我应该做一点事，我就去做，不然放心不下。

今天老战友来看望我，他们的一致意见是，劝我多活几年，把新大的事情放下，不要去过问了。他们的好意，我完全领会，不过我的心情心愿他们并不了解。这一辈子，我做的事太少了。我调到新疆，就是决心把新大搞好，了此一生。可惜，中途那些人把我排斥出去，我无法如愿。今天，大家公认我可以为新大做些事情，我不能在我正式退下来之前就撒手不管了，这对不起同志们对我的信任。我当然要退下来，可得很自然地退下来。所以我写的意见还是需要寄给新大。

3月27日　星期五　2—12℃

宋汉良同志的秘书张某同志来看望我，顺便看我的住地，以便宋书记前来看我。自治区的主要领导同志都认为我的病是过于劳累引起来的，大都是很关心我的。他来京开会是非常忙碌的，在这样的情况之下还要抽时间来看我，使我很感动。其实我并没有给人民做多少事情，党组织给我很大的照顾、关怀，是对我的激励、安慰。我应该更谦虚地处世为人。我得把新大的领导班子组织好，把工作底子打好。撒手不管是不负责任的。

4月30日　星期四　晴 5—17℃

虽然天晴，冷意未减，反而感到比前两天冷一些，而春寒早已过去，仍有寒意！

下午5时，王某来接我到学校参加党委会。欢送王冠瑾同志，以及调离新大的张杨、苏丹、杨新野、阿不里克木，离休的张永实和买买提·卡德尔六个同志。我们搞了一个便餐，钱由大家出，不花公家的钱。我已交了10元钱，预算每人交10元。这些问题，一定要注意。我一定要把吃吃喝喝、拉拉扯扯之风纠正过来。晚8时，人到齐了。大家高高兴兴地团聚了一次。他们对我的热忱，使我感动。特别是回到办公室，很多人见了，十分亲切。很是感人！

7月19日　星期日　20—33℃

似乎什么事情也没干，一天就过去了。我仅仅认真地练了练字。

有两位同志来找我谈相关的问题。为什么在星期天，又这么远，一定要来找我呢？群众认为我可以帮他们解决问题，不然不会来找我的。我当然应该好好接待，并帮助他们解决问题。

10月17日　星期六　有小雪　-4—6℃

一早我就乘车奔赴成吉思汗陵，距旗市60多公里。一路观看了鄂尔多斯高原的风景。这是一个塞外黄土高原，山不高，大多是丘陵。本来成吉思汗死于六盘山，1227年。此地可能是他的灵柩衣冠，传说甚多。我看了小传叙述，了解了他的身世，颇有感想。"一代天骄，只识弯弓射大雕"。他的功绩不只于此吧！他的战功是史无前例的。宋朝腐败、崩溃，元实现统一了。可惜它在经济文化方面不善治，不如唐、明、清等朝代。这有历史的局限性。

今天我们还要赶回呼市。在伊克昭盟吃了中午饭，要继续赶路，还有300公里呢！饭后没有休息，大约1点35分，我告别了伊克昭盟又启程返回包头。到下午近5时，在包头市区转了一转，观光了市容。包头是新兴工业城市，街道宽敞，街心有花园，人行道也有树木花圃，非常漂亮宽敞，给人以清新的感觉。道旁高楼大厦并不多，大都是大跃进时期初建包钢时的建筑。行人熙熙攘攘，呈现繁华的景象。我们没有待多久，即往呼市回返。大约5时5分，又沿大青山东进，来时是沿大青山西进。再次路过我必须牢牢记住的两个地方，一是毕克旗的军用机场，一是土默特旗乌兰夫的家乡。

这两天过得很愉快，主人们把我当成老同志，他们听说我在这里打过仗，很高兴。在伊克昭盟，主要的领导都来接待我们，走时陈书记还来送行，真是热情好客。

晚8时半到达呼市大招待所。果然，他们给我们做了肉汤、莜面窝窝，还有压饸饹鱼鱼等四十多年不曾吃过的佳肴，真是感慨万分。

这次到内蒙古，不由得引起了我许许多多战争年代的回忆。1946年1月—7月，我在刚打完凉城之后，带了900多名新兵返回部队独一旅，回到平绥路上的卓资山车站的旅部所在地。我将新兵交与各团补充了，仍回宣传科过春节。王尚荣副旅长请我们喝酒，我喝多了，没有解绑带就躺到炕上睡觉了。第二天，大腿弯部疼痛不止，生了一个大包，是结核，疼痛得我彻夜不眠。傅传佐副旅长来看我，批准我抽几口大烟，这样才睡了一个晚上。后来，痛得实在不行了，送卫生科，在临时驻地开了刀，把所有的毒排出来，每天吃磺胺片（每片当时是两块大洋），那是极特殊的关照，终于治愈了大疖疮，同时把我的支气管炎也治好了。从此，我就再不咳嗽了，真是意外的结果。如果当时我的支气管炎不好，往后在作战中不知还会出现什么情况，也可能活不到战争结束就完蛋了。这算我人生中过了一个大关，而且是莫名其妙地渡过了一个大关。我的支气管炎，从1945年7月起，直到1946年这次开刀前，每天晚上要咳一两个小时，每次吐一大半碗白色的痰。我也不知怎么熬过日日夜夜的战争、行军生活。我的确能吃苦，能坚持，不然是过不来的。

我回忆起，我们在卓资山集宁县作战的种种情景。我真想一一说出来，又怕人家说我自我吹嘘。不知怎的，过去战斗中的种种过程、具体细节都浮现在我的眼前。我亲自在指挥作战，亲自在照顾伤员，亲眼看见许多阵亡的战士不得已被遗弃在撤退时，来不及掩埋，为人民流尽了最后一滴血。他们的牺牲奠定了今天人民幸福生活的祖国，真是无名英雄！为着他们，我也要尽最后一点力，继承他们的事业。我想起了在集宁作战的三个晚上、四个白天，我在山头上同当时的傅作义队伍来回拉锯。我团奋勇把敌人赶走了，把集宁城中的我军两个团接出来了。而我们的伤亡是非常之大的。一个营没有多少步枪了。我们一共吃了三次生煮的莜面。每个人的嘴都是乌黑的，有的破裂了，主要是没有水喝。贺文代当时是团参谋长，我是团主任，我俩同傅传佐一块，是最后撤离阵地的。我们冲过一个开阔地，我的绑带被打破了，没有打到肉上，真奇怪！

算我命大福大！我们撤下来之后，集中了队伍，收容了伤兵，立即又向大同方向进发。都是夜行军，真是疲劳不堪，到了大同附近夜营，夺得了日本人留下的大米，实实在在地吃了顿饱饭。……

41年过来了。内蒙古变化多大呀！没有过去的艰苦战斗，流血牺牲，哪有今天幸福的人民生活？值得！内蒙古今天的盛景是从苦难的过去中争来的！是付出了极大的代价的！现在的青年人是不知道的，也想象不到的！所以要进行现代史的教育，要让他们珍惜老一辈的英勇奋斗的成果！

10月31日　星期六　-4—6℃

上午同程某某谈话，挽留他留校。同时为调某某同志，我同阿校长等又和他谈了，他们都表示，同意调来新大。

我主张，新大要做一切努力网罗人才，开展学术研究，把新大的学术水平提高。就是要把新大的特色突出来，特别是在民族性、地方性上下功夫。一定要开设应用专业，加强应用研究。今后在这方面，一定要抓出一些名堂来。

11月9日　星期一　雪雨　2—7℃

给战英送去大蒜、水果和小珊的油炒花生豆，她因病正在住院。到达办公室稍晚了10分钟。这一回我下班提前了半个小时，上班又晚了十几分钟，我注意，不要在最后站岗时留下不好印象。我坚持早到迟退。我考虑今后抓工作要抓方向性的事。比如，如何把新大的特点办出来。又比如召开科研工作会议、开展体育活动的会议。

下午看了《中国在前进》纪录片，很鼓舞人心。同时批判了"左"的错误。有同志说："这么几届书记换来换去，还是你这个老书记好呀！"我不能扬扬自得，要更加兢兢业业，谦虚谨慎，抓改革，抓创新。

11月19日　星期四　2—7℃

降温。来找我谈话的人不少，有工人家属、教师、会计等。我一一接待，责成有关部门处理。群众愿意找我是好事，说明群众信赖我。我一点也不嫌麻烦，这就是本职工作。

12 月 12 日 星期六 -0—4°

我认为新大应该而且可能成为民族团结的模范单位。为什么应该？第一，它是多民族的学校，不搞好民族团结就什么也搞不好，是办学的首要问题，是安定团结的基本保证。第二，新大影响至大。我们培养的学生一定应该是民族团结的带头人、模范，而不能是不利于民族团结的人。接班人首先要维护祖国统一、民族团结，也是"五爱"的要求，这是我们培养人的最基本的要求。第三，我们民族团结搞好了，影响全疆。因此，我校全体师生员工，应该都有责任把民族团结搞好。党委一直是十分注意加强民族团结的。

可能实现，是指主客观条件：主观上，从领导到群众，绝大多数同志都是坚持把民族团结搞好的，有愿望有行动。尤其是各级领导班子，基本上是团结的。有 1200 多党员，党员的党性、党的要求也是需要加强民族团结。我们党内是团结的，党内各民族干部是要求团结的。有团结的经验、模范。新大多年来有民族团结的经验，包括克服不利于民族团结因素的经验。我们不断地进行民族观教育。

客观上，全国特别是自治区的大气候——全疆在向民族团结的新起点前进。有集体与个人的模范做榜样，自治区及各地都在抓民族团结。

大家都在讲民族团结，而且力争做民族团结的模范。总的气氛不能不促进和推动我校的民族团结工作。在这一点上，我们做的已经不如教育学院，中医院，新医。

1988 年 1 月 11 日 星期一 -15— -10℃

上午，文教小组讨论，我被指定发了言。我仍然对教育被列入非生产性项目、教育是不是属于生产力的范畴等讲了我的意见，得到大家的好评、支持。会下各学校领导也表示同意、支持。我估计自治区领导不一定接受我的意见，还可能引起某些领导人的反感。只要是真理，我才不管领导人高兴不高兴哩！一味对领导阿谀奉承不是一个党员的作风。对领导负责，就是要敢于实事求是地、出于爱护地向领导提意见。我不认为自治区某些领导对教育的认识是正确的。我的发言估计会出现一点点风波。

下午，回到学校，在全校职工大会上我做了工作报告。据宣传部小孟反映，还好，说比"新工""新医"都简要。我自己认为不是事实堆集，不是现象罗列。有材料，有观点，是实事求是的。我讲了一小时15分钟。

2月12日　　星期五　　-28— -18℃

又降温。可是我室内的君子兰、剑兰却盛开着鲜艳的粉红色花，十分可爱！我有感得一首：

> 窗外画冰霜，万树镶银装。
>
> 室内君子兰，开放显春光。

的确，室外严冬寒天，室内一派春色，还不是繁花争艳所致！

开了半天党委会，讨论了开学前的准备工作，以及如何贯彻全国高教会议精神，还有其他具体问题。我宣布春节前不开党委会议了。关于春节前后学校的保卫、安全工作，我希望检查督促一下。

2月15日　　星期一　　-27— -16℃

参加全校团拜会。为大家放了一场电影，叫《鸳鸯楼》，讲的是五对不同情况的年轻夫妻，各有苦乐，各有矛盾，各有爱恨，各有追求。它反映了新社会青年夫妻生活的现实状况，给人以真实感，给人以启迪。讲了如何创造生活，如何使生活幸福，我看是一个比较好的影片。

下午5时40分，我赶到自治区顾委，参加春节茶话会。都到齐了。王恩茂、宋汉良、铁木尔、张希钦等都讲了话，会场充满了热烈、友好、和谐的气氛。宋汉良同志在讲话中特地表扬了我在新大"坐镇""把关"的作用，这使我得到了很大的安慰与鼓励。我将本着一个共产党员的起码标准，站好最后一班岗。

春节期间，我要热情招待好来贺者！

4月3日　　星期四　　-3—2℃

这又是一本日记的开始。近五年的晚年日记是我一生中最后几年的生活过程，我认为它是充实的，有生命价值的五年！

我的时间不多了，我确实在努力争取时间，弥补曾经于"文革"中白白浪费的大量时间，以完成我想把新疆大学建设好的夙愿。我又一次在努力实现。

看来，年龄不饶人，我有许许多多的想法，但在我在位的时候实现不了了。我努力使我留下的班子能继续实现我的愿望，一个"校风好、质量高、校园美"的新大一定能实现！

5月31日　星期二　晴

托儿所庆祝国际六一儿童节，我去参加了孩子们的盛会，在托儿所楼前的广场上，五彩缤纷，孩子们坐得整整齐齐，个个都着五颜六色的新装，恰似朵朵鲜花。小脸蛋都打扮得十分可爱，小小的眼睛个个都十分明亮。这就是我们的将来，祖国的未来是他们的。他们在21世纪将生活在非常幸福的环境里。我向孩子们祝贺，我问孩子好！他们整齐地回答："爷爷好！"这个托儿所办得不错。不少教养员、保育员很有本事，唱歌跳舞样样在行。孩子们表演的各民族舞蹈都是阿姨们教出来的。我生活在孩子们中间，感到革命带来的幸福多么深远！过去烈士们的鲜血没有白洒！

浓浓爱国情，拳拳励国心
——爸爸留美日记摘编

2000年5月，三女儿晓珊邀请爸爸在小女儿莎莎的"护送"下赴美国游玩。其时他已82岁高龄。到美国没几天，晓珊丈夫王澄就给爸爸买了一个笔记本。从那天开始，他每天都记日记。他不仅真实记录了在美国生活期间的衣食住行游，而且对美国的政治制度、经济发展、教育文化等方面的所见、所闻、所历，与当时国内的情况进行了思考和对比。

十多年前，我国的经济发展和社会现状比较现今，还有很大差距。爸爸到市场买东西看到商品的极大丰富，就联想到中国必须发展市场经济，认为只有走市场经济的发展道路，才能满足人们的需要，而计划经济只能束缚生产的发展。特别是那时，他就认识到中国最广大的市场在农村，必须提高农民的购买力，才能促进消费，从而促进生产；他参观学校，参加美国校园活动，就思考中国的教育应该从美国教育中学什么东西；他旅游，就联想到改革、开放、民主、自由的重要意义等。

在爸爸日记的字里行间，浸透了一位老共产党员爱国爱民的深切情怀、忧国忧民的社会责任感、理论联系实际的深刻剖析，以及对中国未来高瞻远瞩的预见。爸爸热爱生活，勤于学习，善于思考，虽年事已高却依然充满锐气，思想活跃。他的率真睿智、忠诚善良、诙谐幽默的形象也跃然纸上。

限于篇幅，仅摘录部分内容，按时间顺序编排。在不影响原意的情况下，仅对个别字、词和标点做了改动。

5月3日

这本日记是女婿王澄（哥伦比亚大学医学博士，康复科医生）给我买的。

美国之行酝酿了许多年，老伴儿因身体不好，一直未能成行。她于1997年3月23日溘然而去，至今已整三年了。晓珊、王澄念我孤独悲伤，一再要我来美散心。今年身体状况趋好，我便下决心远离中国新疆飞渡重洋，来到美国纽约，与王澄、晓珊、外孙女等团聚。5月3日夜2时50分安抵纽约。由北京去上海，再飞洛杉矶，在空中整整飞了二十多个小时，横跨太平洋，抵达纽约，时差13个小时，感到疲劳，总觉睡不够。我已耄耋之年，血压正常，虽偶有不适，但饮食、睡眠基本正常。真难得！女婿是医生，说我没有病，可以活到100岁。格外兴奋，格外高兴！给老友们儿女们说了这个好消息！

为留作纪念，我在美国一天，就记一天日记。82岁（虚岁）旅游美国。

5月4日

女婿请我、小女莎儿吃了一顿丰盛的纯美式西餐，逛了各式商店、电器商场，应有尽有。各种物品包装得非常精美。其质量应该说都是上乘的。这种物质文明水平，我国即使达到中等发达国家的经济水平后也未必能赶上。我指的是整体而不是局部，但就汽车、公路的数量与质量，恐怕再过20年、30年也未必能赶上。因此，中国共产党任重而道远，航线已开通，道路已找到，一定能达到！甚至某些方面有可能超越。这已为我国过去与今天的实践所证明。

5月10日

晓珊开车，我们一同到超市买了许多吃的、用的。这是一种仓储式的超市，应有尽有，而且便宜一些，但不是它的会员没有这个权利。每年要交40美元的会费，凭卡到超市购买。记得在北京，小军（儿子）的同学也开了一个类似的超市，小杨（儿媳杨玉凤）领我去看过，采购过。这是一种新型的消费市场。

没有消费就没有生产，中国的生产水平很低，就是设法提高消费水平不够。这方面现在的中央懂了，注意了。如果将农村的农民的生产消费水平提高，这将是一个巨大的市场。这方面我们还要下大力气。美国的生产水平很高，所以消费水平也高。

5月14日

我和晓珊上街，从纽约商街到百货商场参观，并买了一顶白色美式草帽，花了11美元。商场中，相当多的商品都是中国制造，我看了十分高兴。中国商品打入美国市场是真的，中国商品打入美国最大城市的市场是非常不容易的，证明我们的商品完全有了大的提高，否则是进不来的。这一点也证明我国经济发展了。

6月2日

今天在纽约市林肯中心市歌舞大剧院，由布鲁克商学院举行毕业典礼。会场十分隆重、热烈，按照该院一百多年的老传统进行。伟伟[1]获硕士学位。每人发了一套硕士服，黑色，黄色披肩，一个方形带飘带的帽子，很神气，很有学者风度。她也戴了。我和她一块儿照了相。这个音乐厅很大，隔音设施非常考究，灯光也十分柔和、明亮。美国有名的交响乐团在此表演，真是很漂亮，干净极了。坐在里面听音乐确实是一种享受，这表明美国文明是很好的、很高的。会议有乐队伴奏，教师、教授穿各种服装参加，也先后讲了话。晓珊带了录像机全程都录了像，给英弟全家看了一定非常高兴。

我第一次参加美国的大学毕业典礼，这么隆重使我有许多想法。

我搞大学教育几十年了。的确，学生能获得硕士学位不容易，老师教得也不容易。这是人生中最难忘的大事，应该采取这种庄严、隆重的典礼来表达。许多家长也参加了，朋友们也参加了，有的还是从很远的地方来的。我替英弟来参加伟伟的典礼，心中十分高兴。

———————————

[1] 罗焚的外孙女。

6月11日

上午我同周双文及家人(晓珊朋友周双文医生全家)一同参加了教堂的牧师布道,讲的是有神论,宣传耶稣等。他们的确非常敬仰、虔诚地希望大家都信神、信耶稣,有隆重的仪式,唱赞美歌,唱圣诗,个个都虔诚。全世界为什么那么多人信基督教?这与牧师们的信仰虔诚及热诚布道分不开。有神论都是在一批高级知识分子中流行,为什么?这是值得深思的。周双文问我,中国有五千多年历史,美国只有两百年,为什么(中美)差距这么大?

这是一个值得研究的大课题,我仔细观察,就是为找到一个答案。

6月15日

小妹(晓珊女儿)学校举行全校学生跳舞,我和晓珊都赶去观看。在大操场上孩子们都坐一大圈,在外围都是家长。录像者不少,照相甚多了,还有未录像的、拍照的家长。孩子们跳了许多集体舞。有三个女孩跳新西兰舞,十分可爱。她们的节奏感非常好,引得周围的家长观众一起拍手,非常欢乐。我这个八十多岁的老人能看到这种情形,心中十分高兴。这才是天伦之乐也。学校举办这次活动是免费的,还有一顿免费的自助餐,孩子们都吃得很好。身体健康,胖娃娃多。(这是一所)集九年义务教育制的学校,校门停了许多小汽车,都是家长来看孩子的车。每天中午2时5分接孩子。我今天也按时去接小妹。这些孩子太幸福了。

6月25日

今天又到布朗区 Hill Top Park 公园看书。这里空气真新鲜,幽静极了。这是第三次来此读书。我读的是《郝柏村传》。他是中国国民党驻台军总参谋长,又是金门马祖守将,是国民党的元老。他坚持反对"台独"。他与李登辉针锋相对,从他的传记中,可以看出台湾地方势力与国民党的矛盾。

6月26日

王澄郑重地告诉我,他及晓珊已加入美国国籍。我没有生气。我想,许多人都加入了美国国籍,我想得开。不过,我事后冷静想,这毕竟是一件大事,我得冷静地想一想。他们加入美国国籍，是我早已预料之中，但没有想到这么快就决定了。我当然希望他们学成以后回国，为中华民族复兴做点事。从他们离开时就是这样想的。其间，我也曾认真想过，但路毕竟由他们自己走，我不能也无法强迫他们走什么路。现在年轻人走什么路都由他们自己选择。不过，不能忘记自己是中国人，这一点是不能动摇的。我仍然要告诉他们。拥有外国国籍同样可以爱国，许多华侨不是这样的吗？我相信他们也会这样。

6月29日

今天是小妹八岁的生日。晓珊带我到纽约最有名的玩具商城为小妹生日买礼物。这个商场的小孩玩具多极了，应有尽有，而且非常精致。家庭主妇一般都到这里来购买。我就见到许多母亲带着孩子来此购买玩具。这些玩具大部分是中国制造的，不仅有各式各样的布娃娃，还有许多电动玩具。小妹就挑了一个电动小狗玩具，可以摇头、摇尾，向前走不很远，还汪汪地叫，非常可爱。30美元一个。中国制造的玩具出口，可以挣大笔外汇。这是我国出口商品的传统优势。货架上单是小自行车就有几十种，极其精致漂亮，还有小孩们的多种用具如尿布等。这也是商品经济的典型：只要群众需要，生产的产品就是有销路的。为人民服务，就要有适应群众需要的商品。社会主义可以运用市场经济，就是要考虑人民的所需，这是永无止境的。

我给杨克同志（原新疆维吾尔自治区党委常委、秘书长）写了信，劝他来美国看看（他女儿也定居美国）。外出看看，开阔眼界，总是有好处的。我国多多鼓励留学生出国留学，对改革开放是很有必要的。

闭关锁国，使我们落后于人。闭塞，闭目塞听，不思进取，必然落后。

坚持开放、坚持改革才有出路。

瞎子摸鱼，收获甚微。科学养鱼、捕鱼，变得鱼满库。

7月12日

游自由女神像。

今天天气特别晴朗、温和，晓珊叫我和小妹乘地铁到南码头经炮台公园，买票坐大西洋渡轮到世界闻名的旅游胜地爱丽丝岛对面的一个小岛上，耸立的自由女神像参观。我今天睡了午觉，特别清醒。我紧随她们登上渡轮向小岛上进发。在大西洋的轮渡上，眼界又开阔，看纽约感觉特别美丽，曼哈顿特别漂亮，各色高楼像人工积木一样，真是漂亮极了。蓝天白云，一望无际的大西洋，蓝色的海水荡漾、闪光，使纽约显得格外美丽。

经过大约 15 分钟，我们到达彼岸，走到自由女神像跟前。她显得特别高大壮观，女神座下由绿油油的草坪环绕着，还有一些叶茂绿树。我们排了半个多小时的队，慢慢地走进女神像之下的基座，这个基座全是水泥建造。女神像至少有三四十层楼房高。女神一手擎《独立宣言》，一手拿火炬，昂首远眺，非常壮观。这个庞然大物据说是 18 世纪从法国经大西洋运来的，由一个专家设计，钢架、水泥、表皮是由无数块铜片嵌凑而成，经多年风化，变成青铜色，闪闪发光。女神面向大西洋，代表罗马时代争取奴隶自由的精神，向世界散发。这个铜像极其壮观，含义极深。从大西洋彼岸运到这里，真是一个大的奇迹。

1776 年美国从英国殖民统治下获得独立自由，自由女神像象征着摆脱奴役，象征自由，为此，法国才运送到这里。我看选择的这个位置，太奇妙了。在大西洋口岸，面向世界，面向美国，成为全世界向往自由的象征。全世界旅游者都涌向这里朝拜，参观，每天游人络绎不绝。我看到各种肤色、各国的旅游者，奇装异服，真正看到了世界人民聚集于此。我顿时心胸开阔，感到无限幸福。在我不久就要辞世的时候，能来此圣地游览，太幸运了，太难得了。我兴致勃勃地登上女神脚部，远眺了大西洋，并照了相，真是心旷神怡。这才是真正的心旷神怡，面向大西洋，面向世界，在我有生之年有此机会，实在是太难得了呀！畅游自由女神像，有无限感慨。望全世界不自由的苦难人民都自由起来，都像人一样地生活下去。

不自由，毋宁死！不久的将来，人类一定会自由的。和平万岁、万岁、万万岁！

我能在自由女神像下，有此感慨，太不容易，幸甚、荣甚！

我革命一辈子就是为了自由解放，为了人类自由解放。今天虽然世界风云变幻，总有一天人类会自己解放自己，不靠神仙皇帝。

这是很有意义的一天。2000 年 7 月 12 日

7月14日

……

美国的法律非常细密，各方面都有法可依，所以这里的律师非常厉害，他们懂得美国的庞杂法律，单单保险业务就极其复杂，往往也要靠打官司才能实现，而且规定非常细致而实在，可能的情况都估计在内，合情合理。

我到哈德逊河的一个小镇买水果，方便、卫生、新鲜……货物充裕，物资十分丰富，而且质量好，也到处见到中国货，可见我们给美国添了生意，这是一个很大的市场。

中国自由市场（发展空间）很大，加上利用好国外市场就更大了，所以我认为，中国发展市场经济这条路线是走对了，就是将来到了共产主义分配的阶段，也可以通过市场的办法实现。大包大揽不是一个好办法，其中弊病比较多。

7月15日

我随晓珊到保险公司去验车被碰撞的情况，索取赔偿费。我们去后，保险公司职员检查并对被撞车的情况录像，然后按规定开了保险赔偿修理费，1700元。由我们找修理车行，他们付款，大约半个小时就办完事了，很快捷。这样的办事效率是非常之高的，对于群众而言省时省事，保险法律确实是为群众服务的。这种保险活动建立信用，是需要时间，需要严密的组织工作的。

王澄带我到一个私人诊所检查身体，为办绿卡用，量了身高体重，又抽了血，分次抽血，防止带入传染病。听王澄说，绿卡办成之后，再过五年就可以办公民（身份），完全获得公民的医疗保险，一切均有"公家"负责。听此消息后，我感到不安。办绿卡想来看孩子，很方便，我愿意。但如果是改变国籍，那又是另一回事。我生为中国人，死为中国鬼，改变我的国籍我是不愿意的。这一点，我必须向孩子们讲清楚。至于他们的事，我不会干涉，路由他们走。

7月22日

（游览加勒比海时，在豪华游轮上的日记摘编）

在轮船上，除了娱乐之外，有医务室，如果生病，可以及时得到治疗。

他们的服务周到极了。残疾人同大家一块玩儿，行动很方便。

我的老花镜是水晶石的，从海南买来的，一天我不小心将小螺丝钉弄丢了，镜片马上脱落了，不能写日记了。晓珊就在船上买到了这种眼镜的小螺丝钉，并且还附有螺丝刀工具，才一美元。我真奇怪，服务这么周到，就像到家了。我认为，为人民服务就要这样周到、细致。商品经济的优点就是凡是人们需要的，都可以而且应该生产，而计划部门的同志不可能周到得连眼镜螺丝钉都生产，并将其列入生产的范围内。人们有千千万万的需要，而计划经济适应千千万万的需要是不可能的。只有实行市场经济，按市场需要去生产，才能适应这么复杂的各种各样的需要。交换也是商品，谁需要谁就购买，如果实行计划分配，这简直是不可能的。因此，我认为，将来在共产主义社会按需分配，也一定要采取这种分配形式。

为什么社会主义不能利用商品经济呢？它能为满足人们的需要而生产，又能恰当地满足人们的分配，可以充分地发挥市场经济的作用，是我们必须努力学习、努力实践的。

8月2日

我看了许多份《世界日报》，又看了《世界周刊》上刊载的一篇文章——《古稀之年——李鸿章环球走一趟》，这是中国第一位完成环球旅行的老臣。……记者问，此次访问目的是什么，李答："一是祝贺沙皇加冕，二是博考诸国政治之道，他日在回来后改弦更张之。"

……李鸿章可能是（我国）第一位接受 X 光检查的人……他说："天下不可端倪之物，尽在美伦。"他说他所建的大洋舰只是小巫见大巫。他还拜谒了已故总统格兰特（又名葛兰脱）的墓地……1879 年，格兰特去中国，与李相见甚欢。他的墓地在曼哈顿西北部哈德逊河畔，墓碑钢牌字有：大清光绪二十有三年，岁在丁酉孟夏初吉，太子太傅、文华殿大学士、一等肃毅伯合肥李鸿章……等字样。

我决定设法前往凭吊一下。

旧官僚尚且远渡重洋观光，打开眼界。我国近代当权者除去中山先生周游世界，其他人皆闭关自守，目光短浅。可悲也。封建闭关自守，无疑是中国落后的一大原因。

没有调查就没有发言权。对于我国的事情，没有调查就没有发言权。这句话在今天是颇有用处的、有益处的。不了解美国，就不要谈论美国。

有一个华侨是一个绘画家，在美国十几年了，我们同桌吃饭，他说："美国是最可爱，美国是最可恨。"这倒有点辩证思想。

8月4日

……第二次才找到这个墓地（格兰特墓），在哈德逊河畔纽约州 120 街附近，在一个公园上面，林木葱茏非常幽静，绿草茵茵。这个陵墓建筑有点像白宫一样……这位总统是美国第 18 任总统，在南北战争中是指挥官，作战勇敢，立了大功，南军投降，在美国人民中享有崇高的威望。在清朝，曾到中国参观，与李鸿章建立了友谊……陵墓后面一小块地用铁栏杆围着，用汉文钢片刻的李鸿章在此植树，以兹纪念格兰特总统。这是一棵榆树，两年前有枯死的迹象，美国很重视，请了世界（著名）植物学家救活，（这棵树）迄今一百多年，我看尚有生命力，四尺左右，还在生长，现已成荫。

我在墓前、树前都照了相，留作纪念。

清朝大臣能来美国观光，又周游世界，实在是一件奇事。

李鸿章虽然屈服于日本帝国，（导致）甲午战争的惨败，做了降诏，签了合约，但不能完全怪他，清廷腐败，是其基本原因。

不过，他当时的思想是比较开放的，因为他周游了世界，眼界开阔，不完全闭关自守。这是我的看法。

我今天做了一件印象深刻的事，看了李鸿章在美国种的树！

在格兰特（墓地）中，有一幅字叫"美国永久和平"。在今天，希望美国和平变成世界和平，不要走向它的反面。在今天，大国不要欺负小国，强国不要欺负弱国，不要以人权作为借口，干涉别国内政。

美国人民从来就是爱好和平的，过去与现在侵略弱小民族的都不是美国的百姓人民。统治商品经济的财团巨霸，为霸占市场，不惜动武，动用最先进的科学技术，那样和平就没有保障。世界人民不要战争。中国人民打了几十年内战，一直渴望和平建设，不要战争。战争给社会带来的破坏太大、太大了！人民厌恶战争，我这一代是有深深体会的，不要战争要和平。但和平不是唾手可得的，得依靠斗争，和平是争来的，不是等来的。不要希望谁人发善心，恩赐和平。屈膝是不会有和平的。

民主在世界上已成为时髦的用语，究竟什么叫民主？不民主的最根本原因是什么？这是世界观的问题，恐怕还要争论若干年。美国是民主比较好的国家，但是种族歧视、贫富悬殊，有田者达阡陌、年轻人无立锥之地等情况还是存在。类似这种现象还要多少年才能消灭？

8月5日

女婿开车，晓珊、小妹我们一块儿到新泽西州熊小明家拜望。其先生姓薛，是一个工程师（建筑师）。她准备许多好吃的，还有烧烤等招待我们。又遇到来美国的中国老人，他月底回国，大概曾任某省省长，现在已经退休。我们没有深谈，少谈为佳，保养身体为主。他们年轻人谈得多，我不参与。等到下午6时才回家。他买了一栋房子，有六七间，有草坪，有树林，环境不错，属中等阶级，在美国的华人中算是优裕的。小孩不会讲中国话，会讲英语，生活有点西化了。

中国要争取知识分子留在中国，不能只靠高薪，不改善生活条件是非常困难的。还有需要发扬民主，使他们人尽其才、尽其用，充分发挥他们的作用。党在这一方面觉悟得太晚了，太慢了。

我不是知识分子，可我是做知识分子工作的，这方面我体会最深，感想也多。过去强调体力劳动创造世界是对的，但过头了，歧视知识分子的力量则是大错误。发展生产力，没有知识是不可能的，当然，也不可重视智力劳动而导致轻视体力劳动。劳动人民仍然是根本，这不能动摇。但是应重视脑力劳动、科学知识。没有它，谈不上现代科学技术。

8月11日

《世界日报》载：福特汽车公司分公司钻石公司是专门生产汽车轮胎的公司，宣布无偿调换该厂生产的650万个轮胎，这是要付出2亿—5亿美元的。

由此可见美国商业的信用度是极其高的，这在商品经济社会中是值得学习的。

讲信用，讲质量，可以说是商品经济的生命。

中国的假冒伪劣必须铲除，不然，商品经济不可能建立起来。

这次到美国真正开了眼界，见了许多值得我们学习的东西，要思考的问题也多。美国大选在即，社会非常平稳安定，没有任何大的波动，和平常一样。换个总统，换就换，没有什么奇怪的。人民习以为常了。单这一点就值得学习，中国不要再有大动荡，要安定，要稳定，一心一意把生产搞上去。不能再内讧了，乱了！让人民安居几十年吧！

乱与治也是相对的。这二十多年，我国稳定了，集中精力搞建设，所以人民生活改善，生产发展，有一点欣欣向荣的气势。这恐怕是非常重要的经验。任何国家、民族，如果不稳定，动荡，内乱，打仗，受害的是民众，所以保持一定时期的平稳是非常重要的。集中精力搞生产、搞生活是非常重要的。

……廉政应先从中央做起，让大家勤俭建国，发扬艰苦奋斗的作风，自己应带头。不是还有许多人衣不暖身、食不饱肚吗？要完成解决温饱问题，任重而道远！

第三篇

人生芳秽有千载

一 政声人去后

忆张战英和温厚华同志

徐召勋*

张战英和温厚华同志是我在中共中央宣传部工作时的老同事，是我尊敬的老干部和老党员，他们调到新疆后，我们还一直保持着联系，相互比较了解。

我是 1956 年武汉大学毕业，被分配到中共中央宣传部图书资料室工作的。中宣部图书室的前身是延安的中共中央图书馆。这个室的图书资料一直跟着党中央机关，由延安到西柏坡又到北京西山，再搬到北京城里，这些图书资料很珍贵，特别是有许多宝贵的党史资料，还有一小部分是毛泽东主席私人的藏书，盖着他本人的图章，或者有他本人读后圈点、批注的，也有其他中央负责同志批注的。

我到中央宣传部报到后，分配在图书室工作。当时的图书资料室，分两摊子办公。资料室有五六个人，图书室有六七个人，另外还有三四个

中央宣传部图书馆同事（后排左一为妈妈，右一为徐召勋）

* 作者原为安徽大学图书馆学系主任，教授。已退休。

因历史问题在肃反运动中受到审查，等待组织做结论后重新分配工作，暂时先在图书室帮助搞些杂事。

我到中宣部图书资料室时，正好新购买了很多新书和旧书，分类、编目的任务很重，又都是手工操作。原来搞图书分类的是朱富荣和谭以明夫妇。朱富荣是新华社长朱穆之的哥哥，新中国成立前是北京图书馆地下党的负责人之一。他知识渊博，对图书馆业务很熟，中宣部使用的分类法就是由他们夫妇编制的。因工作需要，他调到中宣部《宣教动态》（内刊）去了。由于我是学图书馆学的，就让我和谭以明一起搞图书分类工作，分配张战英搞编目工作。我们在一个办公室工作。在几年共同工作中，我感到在张战英身上保存着党的许多优良传统和作风，有许多高贵的革命品质，很值得我们学习。以下仅举几例。

第一，张战英从不计较个人得失。革命工作不论大小，职务不分高低，只要组织上分配她干的工作，她都是勤勤恳恳、埋头苦干、认真负责地去完成。她是1938年参加革命的老干部、老党员，如果在政府部门，至少当处长了。可是当时，中宣部大干部、老干部太多（大区撤销后，六个大区宣传部的干部都并到中宣部来了），行政职务太少（当时中宣部只分部长、处长和干事三个等级）。有的处有13级以上的干事十多人，听报告、看文件，他们和政府部门的司局长享受同样的待遇，我们年轻人就称他们为"大干事"。像温厚华这样11级的干部在宣传处也是"大干事"，负责农村宣传工作。

张战英在图书室是资格最老的干部，当时使用干部基本上是论资排辈的。可是，在张战英到图书资料室以前，办公室领导已指定另一位抗战后期参加革命的同志为行政负责人（其实行政负责人在当时也不是什么官，也没有任命书，在资料室也是做具体工作）了。论资历，张战英比那位同志高，算是老革命了，但她对安排做具体工作毫无怨言。当时全国没有集中编目，各个图书馆都是手工操作搞编目工作，要为每本书写2—3张卡片。对于这样一个具体的小工作，张战英是兢兢业业、认真负责地去干。每本书的卡片写好以后，又与原书的版权页对照一下，检查有没有错误。有些解放前出版的旧书，版权页很不规范，她拿不准，就让我们传看，核对一下她写的卡片是否对。由于任务重，她经常是在上班时间先写一张卡片，下班后带回家，晚上加班再抄一两张。有时我听她说："昨天晚上，温厚华帮我抄卡片抄到半夜。"由此，我们可以看出这两位老党员、老干部不计较个人职位的高低，在平凡的工作岗位上全心全意为人民服务的高贵品质。

第二，善于做政治思想工作。对于张战英这样的老党员，图书资料室的人都很尊重她。她资格老、党龄长，搞党务工作和政治思想工作的经验丰富，所以，图书资料室的党员选举她为党小组长。图书资料室虽然只有十几个人，但是政治思想工作的任务并不轻。譬如，相互工作的协调问题；有的女同志工作与家务劳动的矛盾；几名"肃反"对象的思想问题；过去运动中受了委屈，如何正确对待等。张战英经常找一些同志谈心，帮助其解决思想问题和实际困难。她光明磊落，心直口快，能展开批评和自我批评。譬如有一位管借书的年轻人，节日晚上爬到楼顶去看放烟火，很危险。她发现后，立即当面严厉批评了这位年轻人。她本人以身作则，严于律己，带动了整个图书室的风气正。大家工作积极性很高，很多人都是加班加点地干，一个人干多种工作。我除了图书分类以外，还参加编四门学科（经济学、政治学、社会学、法学）的目录，经常外出到北京地区的大图书馆去查资料，有时还到印刷厂帮助校对文件或简报。

第三，能正确执行党的知识分子政策。1956年1月，中共中央召开了关于知识分子问题的会议，周总理在会上做了《关于知识分子问题的报告》。周总理以"为谁服务"作为划分知识分子阶级属性的标准，明确提出：知识分子中间的绝大部分已经为社会主义服务，已经是工人阶级的一部分。中央还发出"向科学进军"的号召，鼓励知识分子钻研业务。新中国成立以后的六年中，全国高等学校毕业生已经达到21.79万人。他们是知识界的新生力量，又是专家的后备军。中央宣传部是一个管知识分子的部门，抓好几百万知识分子工作是中宣部工作的一项重要内容。但是当时中宣部中有不少人包括最高层领导，还把广大知识分子视为资产阶级知识分子。图书资料室属中宣部办公室领导，在办公室所管辖的几个小单位（秘书、机要、档案、《宣教动态》）中，除《宣教动态》以外，图书资料室人员的文化程度最高，可以说是知识分子比较集中的地方。我是中宣部办公室中唯一一个真正的大学毕业生（经国家统考录取，有正式学籍，有正式的高校毕业文凭）。张战英担任党小组长，她很注意认真地、正确地贯彻党的知识分子政策。我新到一个单位，为了帮助组织了解自己，经常写一些个人简历材料和思想汇报。张战英看了以后，又带给温厚华看，因为温厚华思想理论水平、政策水平都比较高，温厚华看了我写的材料后，对我做了正确评价。他说：这次教育部给中宣部分来了个优秀的大学生，我认为这个青年很有培养前途，特别可贵的是，他在上学前有四年多在县以下的基层工作锻炼，做过多种多样的工作，而且是在皖北、豫东（原黄泛区）这些很贫穷、生活很艰苦的地方工作，坚持和群众实行"三同"。他还有一个特点，是肯学习，读过很多书。从他写的材料看，他严格要求自己是对的，但对自己的缺点无限上纲，过于夸大地自我批评，这不好。对自己的长、短、优、劣要实事求是。多少年过去了，这些往事还时常浮现在我的脑海里，对自己人生道路有很好的启迪作用。

温厚华夫妇调到新疆工作后，我和他们一直保持着联系（除"文革"期间中断外）。20世纪80年代初，我出版了几本小册子寄给他们，温厚华不仅认真地看了，还用毛笔写了一封很长的回信，对这几本小册子大加赞扬和肯定，并且说：你是中宣部调出来的干部中，在学术上有突出成就的一个。对于他的鼓励，我当成鞭策。我知道自己知识浅薄，几本小册子质量还不高。

我最后一次见到他们，是在20世纪90年代初，北京他们儿子温小军的家中。我们交谈的时候比较长（有三四个小时），对他们二十多年来的工作、生活情况，以及对教育事业所做的贡献有了初步的了解。在交谈中还知道他和李之琏（原中宣部秘书长、机关党委书记，1958年因在丁、陈问题上坚

爸爸写给徐召勋的信件

中央宣传部图书馆的老同事重聚留影（右起：徐召勋、姚黎民、席昕）

持实事求是，被中宣部定为"极右"分子，下放到新疆生产建设兵团）、陆学斌（原安徽省委候补书记、省委宣传部部长，因故调到新疆工作）的关系很好。我听中宣部几个同志以及李之琏的家属子女也讲过，李之琏下放到新疆生产建设兵团后，有什么事情和困难常去找温厚华。温厚华对这两位老干部、老党员，寄予很大的同情和关怀。由此，我们可以看出温厚华同志在特殊的年代，能够保持纯洁的党性，坚持实事求是，不顾个人安危去爱护老干部的高贵品质。张战英也是同样，她在图书室工作，大家和她和谐相处，无所不谈。她待人宽厚，对图书室的同志不抓辫子，不打棍子。在反右派斗争中，图书室的十人左右无一人被划为右派分子。而其他部门基本都有人难以幸免。

出版社要出纪念老同志的文集，我很高兴。我认为很有必要。像温厚华、张战英夫妇这样优秀的共产党员和革命老干部，他们在中国革命、建设和改革开放的各个历史时期都做出了重要贡献。用史料记录下他们的业绩，可以使我们从中汲取力量，学习党的优良传统和作风，并且对教育下一代十分重要。

献身边疆教育事业的光辉典范
——深切怀念老领导温厚华同志

徐玉圻*

1958 年夏季的一天，一位中年人坐在新疆军区军用大卡车上，后面是他的夫人和五个年幼的孩子及保姆，一双炯炯有神的眼睛注视着前方，露出坚毅而渴望的神情，向着新疆急驰而去。他就是到新疆履新的温厚华同志。

新中国成立初的兰新线，一路极少看到像样的房子，散散落落映入眼帘的绝大多数是泥块垒墙、泥巴抹顶的土房。车过酒泉，西出嘉峪关，举目四望，是茫茫无际的戈壁滩，没有树木，没有鸟兽，偶尔有几峰骆驼，伴随着驼铃慢步向前挪进。

从繁华的首都，来到荒凉、艰苦的边疆，厚华同志没有退缩。本来，来新疆之前已确定他到宁夏任工委常委、宣传部部长。一次偶然的机会，他碰到从新疆去北京的一位熟人，告诉他新疆多么缺人，多么需要有人去开发它、建设它，动员他去新疆，建设这块美好的大地，并且新疆最缺的是培养人的高等学校的领导干部，希望他到新疆高等学校工作。他听后非常高兴，立刻就和家人商量，决定去新疆。

---

* 作者曾任新疆大学党委副书记、新疆维吾尔自治区党委政策研究室主任、新疆中共党史学会第五届理事会会长。主要著作有《民族理论和民族政策概论》《马克思主义民族观简明读本》等。

　　厚华同志在新中国成立前长期在部队工作，新中国成立后又一直在党委机关工作，当时是中宣部的一位处级干部（厅局级别），从来没有在高等学校工作过。为了能适应工作，他决定到首都一所高等学校"实习"，了解高等学校的政治思想、行政管理、教学科研等工作情况。经过组织联系，他选择了我国最老的一所高等学校——北京大学，参加北京大学党委的一切活动，对每项工作的全过程务求了解清楚。经过一个多月的考察，他对综合性高等院校的基本情况，以及具体工作如何开展大体有了初步的了解。随后，他在很短的时间内办好了去新疆的手续，登上西去的火车。

　　他所去的新疆大学（新疆学院）是新疆最大的，也是历史最久的高等学校，有几座楼房，为教学所用。职工大都住在破破烂烂的土房子里，没有暖气，没有自来水，都是教职工自己架炉子生火取暖、打水。厚华同志来后，先住在两间窑洞房子，也跟大家一样天天打水、劈柴、敲煤、生炉子。五个孩子，三个大人（除老两口，还有个保姆），每天工作、会客、做饭、吃饭都在两间窑洞里。他是去担任新疆大学党委书记的，一天到晚找他的人很多，有的同志要给他再找间房子，以便能活动得开，但是他坚绝不要。他说学校住房很紧，我住的可以了，不要再添麻烦了。

　　他到校不久，约在9、10月间，大炼钢铁运动就在全国推开了。新疆跟全国一样，大炼钢铁热潮很快发展起来。新疆学院很快组建了一个新疆学院西山民兵钢铁突击团，由厚华同志任团政委，很快上山。上山后他和大家住在一起（住的是地窝子），吃在一起，并经常和大家一起去废弃的小煤窑挖煤，砸矿石，装炉子，挖烧结铁，每一道炼铁的工序都能见到他身影。他和大家一起艰苦地劳动，饿了就啃干馕。他这种艰苦奋斗、不摆架子、平易近人、和群众打成一片的优良作风，赢得了广大师生的热烈赞许，群众称赞："老红军、老八路回来了。"

　　新疆大学校园有一片空地，两边有个小山包，地势南高北低，中间有几眼泉水，涓涓细流，每天向北白白流去。如果在北边筑条大坝，将水积蓄起来，再从上边的红雁池水库放些水下来，不就成了很好的人工湖了吗？厚华同志将这个想法在校党委会上提出后，得到了全体同志的热烈拥护，一致主张修人工湖，改善学校环境，为师生员工营造一个读书、休闲的好去处。在校党委的号

徐玉圻主编的《马克思主义民族观简明读本》

召下，全体师生员工几千名劳动大军，在没有现代化设备的条件下，全靠架子车拉、人扛、肩挑，将千米的拦水坝修筑完成了。以厚华同志为首的学校党委成员亲自到工地参加劳动，不断鼓舞大家的劳动热情。在那热火朝天的劳动场面下，施工进度很快，不久就提前完成了红湖的修建。后来在红湖周围种了柳树、杨树、榆树等许多风景树，经精心培育慢慢就绿树成荫。同学们在绿荫下看书学习，老人们在湖畔锻炼身体，特别是傍晚时分，游人如织，微风扑面，鸟语花香，湖水映月，令人心旷神怡。

为了绿化美化环境，厚华同志继续提倡大家种树，专门成立了一个校园管理科，来规划设计美化校园，并派专人负责种树、种花草，精心养护管理。本来新大只有红大楼前边有一片杨树，其他教学楼之间和家属院都没有树，更没有花草。在他的积极策划下，专业队伍和广大群众相结合，大量种树，在道路两旁和各个院落都种起了各种花草树木，使整个校园环境焕然一新。

高校工作以教学为主，千方百计提高教学质量，是党委的中心工作。厚华同志除积极配合主管教学的院领导制订教学计划、认真执行教学计划，他自己还经常抽时间去各系听课。有时他亲自给学生上课，深入实际了解教学情况。提高教学质量的关键在于教师，必须不断提高教师的思想水平、业务水平。学校党委制订了培训师资计划，认真执行，采取请进来、派出去的办法培训教师队伍。每年都要选派大批教师，特别是少数民族教师到内地各高校进修学习，开阔眼界，了解各专业学科的新发展。另一方面，他又经常到高教部和内地兄弟院校请求支援。当时高教部确定北京大学、清华大学、中国人民大学等一批北京名校支援新疆大学，经常抽调一些教师来新大任教。有一次，因新大成立工科（机械、电机、建工），清华专门抽调了多名教师支援新大，把厚华同志高兴得不得了，亲自找这批教师座谈、慰问，动员他们安下心来建设新疆大学。经过多年的努力，许多教师的学识水平和教学能力有很大提高，教学质量也大幅提升，还开了不少新课程。

　　思想政治工作是党委最主要、最经常的工作。在他的领导下，党委每年都有工作计划，并在实践中认真贯彻执行。工作中他十分注意耐心细致的说服教育，更主要的是他以身作则，以一个老共产党员的高尚品格和良好风范，以自己的模范行动去影响和带动大家。他一贯廉洁奉公，勤政为民，不谋私利。他五个子女谁也没有沾父亲的光，一个也没有在新大工作，都是靠自己的努力在各自的岗位上兢兢业业地工作。但如果有人请他帮忙，只要在政策允许的范围内，他总是尽力相助。他一贯疾恶如仇，秉公办事，自觉接受党和群众的批评和监督。与他长期共事的同志们都说，温厚华同志原则性强，纪律性强，平易近人，作风民主，不争名利，不计得失，是一位优秀的共产党人。

　　从新疆大学调离后，厚华同志又任新疆八一农学院院长、新疆教育厅党组书记等职，离休前又调回新疆大学任党委书记。他每到一个地方，都是忠心耿耿，勤勤恳恳，尽心尽力，把工作做好，将毕生精力奉献给了新疆的教育事业。

2011 年 8 月于乌鲁木齐

开创新大的先行者，立党为公的实践者
——深切怀念我敬重的老领导温厚华同志

张国良*

我原来是在新疆师范学院工作，1962 年院校调整时，新疆师范学院并入新疆大学，新大也由乌鲁木齐市的二宫迁往南梁。温厚华同志仍担任新疆大学的党委书记。从此，我有幸在他的领导下工作。起初，我在党委宣传部，后来任校团委书记，自然在工作中与厚华同志有过不少接触。

在我的记忆中，厚华同志党性原则特别强，有很高的组织领导才能，有从部队带来的雷厉风行的工作作风。他传承和发扬了我们党密切联系群众的优良传统，平易近人，善于与群众打成一片，是一位令我非常敬重的老领导。

两校合并、新大南迁后，新校址是由原来的师范学院、政法干校、财贸学校、科学院四家原有的用房拼到一起的，凌乱不堪，确实不像一所大学应有的样子。校园急需整修，可是当时我们国家刚从困难时期走出来，经费非常紧张。厚华同志就发动全校师生员工进行建校劳动，拆除了矗立在校中心区的一些破烂不堪的土平房，规划了学校几条主要的道路。他身先士卒，和师生们一道参加搅拌水泥沙石、打磨水泥地面的劳动。连续几年春天，他都动员并亲自带领师生们挖坑种树、绿化、美化校园。几十年过去了，当年的小苗早已长成了参天大树，校园已是一片翠绿。

---

* 作者曾任新疆大学团委书记、新疆教育工会主席。

为改变校园面貌，他以宏大的气魄，积极倡导、热情动员全校师生员工，将一片低洼的臭水沼泽地改建成人工湖泊。他善于发动群众，善于做宣传鼓励工作并身先士卒，广大师生员工的热情被充分激发出来，在改建人工湖泊时，全校员工那种高昂的劳动热情，热火朝天的劳动场面，至今回忆起来都令人振奋和感佩。没有多长时间，原来臭熏熏、脏兮兮的"羊毛湖"就变成了一片波光粼粼的新大"红湖"。人们都知道，新疆多是戈壁荒滩，而在乌鲁木齐市南梁新大校园深处，竟然出现了一湖清澈的绿水，这是多么难得啊！红湖经新大后来人的几次修整，如今已变得非常美丽，是新大校园的一大美景。不仅是师生员工休闲的最佳去处，也是周围市民前来观光游览的好地方。现在，每当曙光初照的清晨，或是夕阳西下的黄昏，人们就会聚集在湖滨的树荫下，读书、聊天、健身，很多人沿着湖边小道漫步，吸吮着湿润清新的空气，无限地放松自己，一天的劳累与紧张荡然无存。人们可曾知道，当年建造红湖，竟是谁人的主张？又是如何艰辛建造的？新大红湖将永远造福于新大广大的师生员工及子孙后代。

高校当以教学为主，并校以后，厚华同志与主管教学的张东月、云光等领导配合默契，狠抓教学工作，制定了一系列关于教学及其管理的规章制度。20 世纪60 年代初期，其他省份许多名校的毕业生志愿到艰苦的边疆服务，新大借机招揽了一批人才充实教师队伍，教学质量显著提高。可以说并校后、"文革"前的那几年，新大的规模迅速扩大，教学质量稳步提高，是新大历史上的一段黄金时期。

作为新大的党委书记，厚华同志统领全校的思想政治工作。那些年，他先后倡导、动员、部署开展了"学习雷锋""学习王杰"等活动。活动进行得深入扎实，有声有色，成绩显著。那时，我是校团委书记，是这些部署的忠实执行者。回想

新疆大学红湖秀丽的风光

起来，那个时代的青年学生实在太可爱了！学习雷锋都主动自觉做好事，从不留名，校园里经常打扫得干干净净。天还没亮，就有很多人起床抢着扫厕所。那时，"人人为我，我为人人，助人为乐"已蔚然成风。凡是从那个时期过来的人，都会深深怀念那个时期人们的精神面貌和社会风气。

我与厚华同志接触较为密切的一段时间，是1966年一起到农村参加社会主义教育运动。那年，他带领维语专业的几个本科和专科班学生，到托克逊县红旗公社进行社教。当时考虑带维语专业学生到民族地区去社教，肯定对他们的语言学习大有帮助。当年是自治区人事厅的李国瑞厅长任社教工作团团长，厚华同志任副团长，我随同前往，任社教团办公室主任。那时农村的条件还很艰苦，厚华同志以他的表率作用，带头与社员同吃、同住、同劳动，充分展现了一个"老八路"的作风。

当时社员家中的主要食物是用地产高粱面烤制的干馕，又干又涩，难以下咽。少数民族地区原来没有种菜的习惯，社员们下地干活大都是带个干馕，用涝坝里的水沾湿了下咽。我们在社员家中用餐，也几乎没有菜吃，偶尔有点咸菜就很不错了。卫生条件也较差。一次，我和厚华同志在一户比较贫困的维族社员家中吃饭。他们家的高粱面馕是用妇女用过的头巾包裹放置的。他们的习惯是将事先泡好的砖茶给每人一大碗，然后将干馕掰碎放在碗里，泡软后再食用。当我们将干馕掰碎放在碗里时，居然发现有个小动物在上面"游泳"，原来是妇女头巾上带来的虱子。我们不吱声，悄悄将虱子处理掉，硬着头皮将食物咽下。

托克逊位于吐鲁番盆地的边缘，天气异常炎热，那时候不要说什么空调，连电扇都少有，最热时温度能到40多度。我们热得实在受不了时，只好钻进地下室稍凉点的地方避暑。有时前半夜根本无法入睡，我们常蹲在公社的一口自流井口，一边泡在凉凉的井水中，一边研究第二天的工作。床铺被我们搬到室外，在露天睡觉。蚊子又多，涂抹一些防蚊油也不太管用，只有熬到后半夜，接近天亮时，稍凉快些才能睡一觉。在如此艰苦的条件下，厚华同志从不叫苦，他还是那么乐观。他要给师生们做表率啊！我们住在公社办公室里，他照样早出晚归，访贫问苦，与社员促膝谈心。他心里装着广大贫苦的社员群众，整天考虑如何才能让他们摆脱贫困。他心里还牵挂着参加社教的师生们，他们在这么艰苦的环境下能否经受住考验？思想收获几何？一位老革命，党的高级干部能够做到这样，实在令人钦佩！他展现了一个共产党员的胸怀和风范。

"文革"后期，厚华同志复出后，曾担任过八一农学院党委书记、副校长，自治区教育厅党组书记等职，后来又再度回新疆大学担任党委书记。我从1984年底调离新大，到自治区教育工会工作，这期间，我们的接触就比较少了。厚华同志从领导岗位上退下来后，我倒是常抽空去看望这位老领导。我记得他仍住在新疆农业大学（原八一农学院）的一个小院里。我在教育工会工作期间，有时有什么重要一点的活动，当然忘不了特别邀请这位教育界德高望重的老领导参加。厚华同志很乐意参加我们的活动，支持我们的工作。我记得有一次活动，我们给所有与会的同志赠送了一部大型辞书《唐诗鉴赏辞典》，厚华同志很喜欢这部书。此后不久，我到他家去看望他时，他还对我说："你们送的这本辞书真好，对我学习诗词帮助很大。"

人们从岗位上退下来后，一般都会有一种失落感，所以这个时期我特别注意常去看看老领导。每次他都特别高兴，像见了老朋友一样，总有说不完的话。他的晚年生活还是安排得很好的，主要是学习、研究唐诗宋词，练习毛笔字，钻研书法，陶冶情操。他常把他的习作给我看，谈他的收获体会。我知道他很喜欢下象棋，可是他离休后，没有多少人能和他对弈。他夫人张战英同志的去世对他打击很大，此后我几次去看望他，见他渐渐地显得苍老多了，神情也显得沉郁。有一次他对我说："现在最大的问题是太寂寞了！"他非常想念老伴战英同志，说着说着便哽咽得说不下去了。我一时嘴笨，找不出更好的语言来安慰他，只是劝他想开些，自己多加保重。告别他后，我心里特别难受。后来听说他到北京孩子们那里去了。从此，我就再也没见过他了。想不到我们那一次见面竟是一生的永别！

厚华同志是在北京去世的。噩耗传来，我感到非常悲痛！我们党失去了一位久经考验的忠诚共产主义战士，我们失去了一位令人敬重的老领导。新疆与北京相距遥远，也不便前去送他老人家一程，见他最后一面，这是我心中永远无法弥补的一大遗憾。

2011年6月17日于乌鲁木齐

怀念温厚华书记

董兆河*

　　温厚华是一位政治家和资深教育家，也是我十分敬重的师长。1962 年我在新疆师范学院中文系读书。是年，新疆师范学院合并入新疆大学，温厚华任学校党委书记。1963 年我毕业后，留校在新疆大学中文系任教。这期间，温厚华是我的领导和老师，但我与他并没有多少直接接触与交往。我与温厚华频繁接触，是从"文革"后期开始的。

　　"文革"期间，1968 年新疆大学进驻了"工宣队"，对当时的所有校领导干部实行"审查"。这一年的 5 月，我所在的"温厚华专案组"由一名工宣队员带队，到全国一些地方搞"外调"。我们先后到了西安、北京、成都、重庆等地，对与温厚华同志历史上共过事并且能够找到的人，进行谈话并索取书面证明材料。这些人都是资历很深的党政各级领导干部或民主进步人士。记得最有名的是漆鲁鱼。他是抗日战争时期重庆我党的外围组织"抗日救国会"的领导，也是温厚华同志的革命引路人。后来送温厚华去了延安。另外还有一些是当时在军队工作的高级将领。在我的记忆中，凡接触过的调查对象，不管是哪一方面的人，不管职位高低，当一提到温厚华的名字时，绝大多数人都是称赞有加，认为他是我党和军队中年轻有为，又有较高文化水平的少数民族（回

---

* 作者曾任中共新疆维吾尔自治区委员会副秘书长。

族）干部。记得有一位证人说："温厚华同志很优秀，工作能力很强，二十岁出头就担任了团级干部，有马骑（当时规定团级干部才可以配马）。"说到温厚华同志的"问题"时，我记得最重的一句是"知识分子味较浓"。

我们这个调查组，在全国跑了近两个月，没有找到温厚华同志历史上有什么问题。工宣队带队的同志有些不耐烦。记得调查组走到成都时，我问工宣队带队的："是不是继续调查下去？"他说："回回回，再不跑了，再跑还不是都说好？"

要知道梨子的味道，必须亲自尝一尝。经过"深挖细找"的调查，并没有发现温厚华有什么问题，得到的是各式各样的赞扬，这在我的脑海中形成了一个看法：温厚华是一个好人。我对过去并不了解的温厚华同志，因为现在心里有了底，所以交往起来是放心和坦然的，甚至与他的老伴张战英同志（也是一位很早参加革命工作的老同志）以及他的子女都有了接触。逢年过节有时还相互走访走访。这种从纷乱年代形成和建立起来的信任与友谊，纯洁而真挚，陪伴了我们的终生。

温厚华同志一生忠于党的教育事业，特别是很熟悉高等教育工作。从1958年他由中宣部调新疆筹建新疆大学，直到他病逝，始终没有离开过新疆高等教育这个圈子。在他的直接领导下，新疆大学、新疆农业大学（原八一农学院）发展很快，规模逐步扩大，学科逐步增多，教育质量逐步提高，为自治区乃至全国培养了大量的优秀人才。1983年，温厚华同志已经是63岁高龄的老人，但为了整顿和进一步推进新疆的教育事业，区党委又让他这位教育战线上的老将出马，担任了自治区教育厅（教育委员会）党组书记兼副厅长。在他的领导下，自治区教育厅坚决贯彻中共中央《关于教育体制改革的决定》，使自治区的教育事业出现了新的变化与发展，特别是高等教育的结构变化最为明显：首先，打破了高等学校学生一律公费的框框，出现了自费走读和国家不包分配的新模式；其次，在办好本科专业的同时，扩充了专科和职业大学的招生比例与范围；再次，加快了招收研究生的步伐，实施多层次办学、多层次培养人才的新举措；最后，重视并加强了高等师范教育，为因"文革"而遭受破坏的基础教育培养合格的师资。到1986年底，全区共有大学17所，在校学生达到近3万人。在保证教学的前提下，强化了高校科研，建立了科研与教学、科研与生产实践相结合的制度。恢复和加强了高等学校的思想政治工作，各校普遍开设了马列主义民族理论和党的民族政策等课程，结合思想政治教育开展了社会实践和社会调查等。一系列改革措施的实施，使全区高等教育出现了蓬勃发展的新局面。

与此同时，全区基础教育、职业技术教育、成人教育、民族教育等各类教育都呈现出了快速向前发展的局面。到 1986 年底，全区普通中学规模达到 2053 所，各民族在校学生达到 102 万余人。

这些成绩的取得，除了得益于当时国家实行教育体制改革和实施科教兴国方针的大环境外，是温厚华同志带领教育厅（委）一班人运筹帷幄、苦干实干换来的。今天，全区教育事业已经有了深厚的根基和可观的规模，已经和正在为自治区的社会主义建设事业培养、输送着各类人才。我们要牢记，这是温厚华等老一辈教育家奠定的基础，我们应该永远铭记他们的功绩。

温厚华同志不仅是一个有很强领导能力的老干部，而且也是一个为党的事业不计个人得失的实干家。新疆大学与师范学院合并搬迁到三甬碑校址后，在国家和自治区当时经济困难、对高等教育投资不足的情况下，他和校党委一班人，领导全校师生开展了"自己动手，建设校园"和学校办工厂、办农场以及各类勤工俭学活动。现在进到新疆大学三甬碑校园区，可以看见一个水波荡漾、绿树环绕的湖泊，名叫红湖，那里原来是一片沼泽地、臭水坑，那是温厚华、张东月、云光、朱瘦铁、阿克木·加帕尔等老一辈校领导带领全校师生员工，改造沼泽地而建成的。至今，温厚华等老同志拉车、挥锹修建红湖的身影与情景，还常常浮现在我们的脑海中。他们不仅为今天的新大各族师生种下了可以庇荫乘凉的参天大树，而且树立了值得后人认真研究和学习的办学规范。

温厚华同志是一个坚持真理，敢讲真话的人。"文革"后期，在"左"的思想指导下，全国教育系统刮起了一股学习"朝阳农学院"的歪风，很多大学从城市搬迁到了农村。当时的八一农学院也被搬迁到了昌吉玛纳斯县南山。那里是一个林区，没有任何社会依托，交通也不便利，根本不适宜办大学，师生意见很大。当时温厚华同志刚刚被"放"出来参与八一农学院的领导工作，他不计较个人安危，多次找自治区领导反映实情，要求将学校由玛纳斯林区搬迁回老满城原址。当时，由于各方面意见不一致，温厚华同志跑了不少路，费了很多口舌，甚至受到了一些误解。但在他和校领导一班人以及全校师生员工的争取下，八一农学院终于搬回了原址，大大降低了当时政治对新疆农业高等教育的损害。

温厚华同志为人热情直爽、平易近人，关心同志、爱护下属，不管在哪里工作，他都注意深入群众、深入实际，关心群众的冷暖，与群众打成一片。他担任新疆大学党委书记时，住在农场附近的土平房里，而将当时条件较好的五栋楼房让给资深教师和其他领导住。我在自治区人民政府办公厅工作时，有一次到北京出差，他想让我给他在中国科学院工作的女儿温瑾带一点东西。我作为他的学生，理应到他家亲自去取要带的物品，但他执意不让，硬是从老远的老满城送到我的办公室，这让我心里很是不安。1986年教育部在云南昆明召开全国教育系统勤工俭学工作会议。自治区委派时任自治区教育厅党组书记兼副厅长的温厚华、新疆大学副校长张永实和我参加会议。当时我在自治区人民政府办公厅科教处任副处长。那时候，乌鲁木齐至昆明没有直达飞机航班，也没有直达火车，我们是乘飞机途经广州转道到达昆明的，一路上费尽了周折。当时，温厚华同志已经是66岁高龄的老人了，但他一路上硬是自己背着行李转车转机，不让我给他分担。同时，还处处关照张永实副校长和我，这使我心里很是过意不去，但也更加增强了我对他的尊重和敬佩。

1986年，温厚华同志重回新疆大学担任党委书记后，家还住在当时的八一农学院。为了节省时间，也为了能与教职员工多接触、多了解群众的意见与要求，他不顾67岁高龄和体衰有病的身体，每天中午都在教工食堂用餐。他的这种亲民作风深受广大师生的赞扬和崇敬。温厚华同志离休后，虽然年事已高，但他仍然积极参与力所能及的社会工作，担任自治区关心下一代工作委员会（简称"关工委"）副主任。我那时是作为在职干部兼任"关工委"的常务副主任。每次"关工委"开会，我都能见到他；"关工委"组织的老同志与青少年"大手拉小手"互动活动，他都积极参加。他和一大批离退休老同志，为新疆各民族青少年的健康成长，呕心沥血，发挥余热，做了很多有益的工作。

但是岁月催人老，年龄不饶人，温厚华同志日渐年迈体衰。有一年春节我去老满城他家给他拜年，见他身体已经很虚弱，说话的声音也沙哑了。我的心中不由得略过了一丝悲凉。2005年6月，我在北京京西宾馆参加全国

20 世纪 80 年代，爸爸参加教育部会议

关心下一代工作会议时，突然接到新疆大学党委原副书记徐玉圻同志的电话，说温厚华书记已经在北京逝世。我感到无比的惋惜和悲痛。我原来准备会议结束后，到他儿子温小军在北京的家去看望他的，没想到，他突然离别我们，永远地走了。6 月 13 日，温厚华同志的遗体告别仪式在北京八宝山公墓举行。我和新疆去北京开会的同事以及新疆维吾尔自治区政府驻北京办事处的一些同志参加了告别仪式。

一个对新疆高等教育事业和民族团结事业做出了卓越贡献的革命老战士、老教育家，怀着对新疆教育事业和各族人民的无限眷念，怀着对战友和亲人的无限眷念，离别我们走了。他的精神是不朽的，他的业绩和风采，将永远留在我和朋友们的心中。

2013 年 6 月 8 日

温厚华同志二三事

墨愚*

温厚华同志离开我们四年了，他的音容笑貌一直刻印在我的记忆里，那么清晰，那么亲切，无法忘怀。

作为回族老红军、老革命的温厚华同志，1958年服从组织派遣，愉快离开政治、文化中心和经济发达、生活条件较优越的首都北京，离开中共中央宣传部，到祖国西北边陲多民族聚居、条件艰苦的乌鲁木齐扎根，这本身就是一种难能可贵的奉献。温厚华同志来新疆后，先后担任新疆学院党委书记、新疆大学党委副书记（主持工作）、新疆八一农学院（现新疆农业大学）党委书记（注：应是院长）、自治区教委党组书记和新疆大学党委书记等领导职务，于1988年离休。他把后半生的心血和精力全部贡献给了新疆的教育事业，为培养各民族的建设人才呕心沥血、鞠躬尽瘁。作为温厚华同志的学生和部下，我仅记下亲历的几件小事，表达对前辈领导的崇敬和缅怀。

20世纪60年代初，正值国家遭遇自然灾害的困难时期。为自力更生渡过难关，学校将校园空地划成小块，分给教职工和学生班级种瓜菜。我就多次看到温厚华书记带头去公厕掏粪，给菜地施肥。1961年国庆节后的一天晚饭前，

---

* 作者曾任《新疆大学校报》主编。本文曾刊登在《新大老年报》2005年7月8日、《新疆老教授》2009年第2期。

我们早早聚集在食堂门前等待开饭，只见温书记背着背篓，里面装着冒尖的土豆，吃力地向食堂走来。他汗流满面地朝我们喊道："同学们，我给你们送土豆来了！"顿时，同学们纷纷涌向老书记身旁，欢呼声、鼓掌声响成一片，感激之情溢于言表。温书记家中人口较多，粮食并不充足，他却心系师生，把亲手种植的蔬菜送给学生食堂。这种关心群众疾苦的高尚品德和以身作则的领导风范，让我至今记忆犹新。

1965年，国庆节和自治区30周年大庆在即。当时，我调到团委工作不久。学校曾接到自治区双庆办公室通知，要求新疆大学迅速挑选几十名政治可靠、身体健康、仪容较好的女学生，为其他省份来宾伴舞。晚上，外出归来的温书记听到汇报后非常激愤，他态度鲜明地表示："女学生的任务是学习，不是当舞女，我们不能接受任何伴舞的任务。"他命令各系，立即停止挑选，同时用电话与上级联系，表明学校的态度，顺利协调了此事。

1971年春天，新疆大学教职工到昌吉农村接受"再教育"。温厚华同志和大家同吃、同住、同学习、同劳动，接受组织考察和群众检验。他在劳动之余为贫下中农做好事——义务理发。开始，他把小凳子摆在村口的路

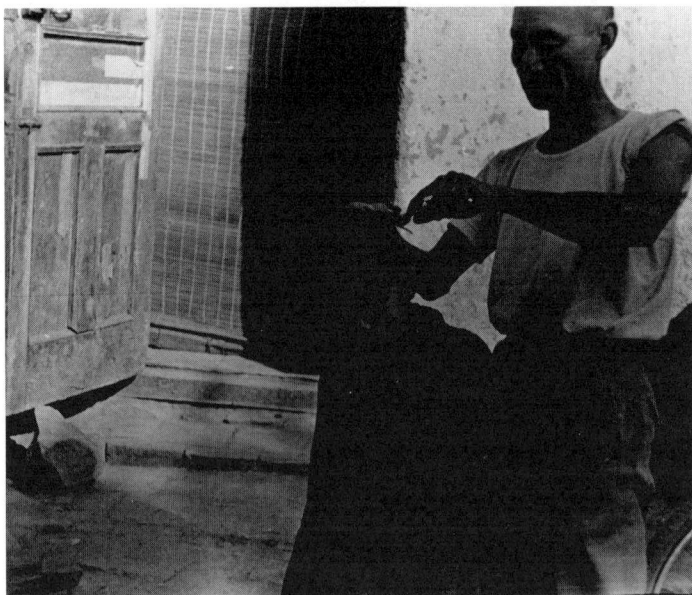

"文革"期间，爸爸为农民孩子理发

边，主动叫小孩理发；以后找他理发的社员逐渐多了起来。他总是不顾疲劳，有求必应，热情服务，充满了快乐。在驻地，担水、打柴、种菜、浇水，甚至打草熏蚊子的活，他也与大家抢着干，洋溢着老革命、老干部的朝气和活力。记得有一天，他去公社办事，主动帮我顺路捎带买一双塑料凉鞋。回来后，我一试穿，才发现两只是同一脚的，惹得同屋子人大笑不止。特别令人难忘的是"整党"阶段，温厚华同志主动找党内外干部群众谈心，虚心征求意见，情真心诚，感人至深。温厚华同志在昌吉的表现，重现了抗大精神和老红军作风，赢得了群众的谅解和好评，很快被安排了领导工作。

温厚华同志平易近人，不摆架子，平等待人，和蔼可亲，对此我有切身体会。1975年秋天的一天傍晚，我和徐霞去新疆医学院附属医院探视病人后，等车返校。公交车站秩序混乱，我们根本无法挤上车。这种情况被路过的温厚华同志看到了，他让司机停车，招呼我俩挤进他的吉普车回到学校。与某些领导拒绝病人搭乘或借口"影响车内空气"、不让体弱者搭车相比，温厚华同志对群众体贴入微的作风令人感动。

1986年，温厚华同志重返新疆大学任党委书记。经历了"文革"中盘根错节的人际关系的干扰，他却一如既往地坚持在选拔、任用干部问题上任人唯贤、不分亲疏、客观公正、不计较个人恩怨。他抵制拉帮结派，厌恶吃吃喝喝，表现了为政清正、廉洁奉公的高风亮节。虽然他也感到力不从心，但他的正气和精神仍受到大多数师生员工的称赞和敬重。

1986年底，温厚华书记因病前往北京住院。适逢我出差去国家教委，校领导指令我前往探视慰问。当时，温书记住在北航医院一楼一间简陋的病房里。我见到他后，他不谈自己的病情，却逐一询问党委的同志，了解学校的近况，真是心中只有学校和同事。为了不影响他休息，我几次表示要离开后，他才握手道别，还坚持把我送出医院。温厚华同志对事业的一腔热忱和对同志的毫无私心的真挚情谊，真令我深为感动，久久难忘。

温厚华同志的离休，标志着老红军、老八路、老革命领导新疆大学的历史正式结束，新中国培养的中青年领导开始接班。如果让我们公正、客观、全面、历史地评价温厚华同志在新疆大学二十多年的辛劳和是非功过，历史会做出回答：他的贡献是巨大的，成绩不容忽视和抹杀。对于作为后辈的我而言，他始终是廉洁的长者和可敬的前辈；作为他的学生和部下，我虔诚地为他祈祷，并以他为榜样对待生活。温厚华同志的优良品格和作风，我将永远铭记。

爱民如子的好书记

李致和*

小明：

你好！

前天收到你的来信，我很欣慰。没想到分别二十多年后，你们还能记得我。当我一遍遍读着来信，自然对你敬爱的父母、我们的老领导——温书记和战英大姐产生了深深的怀念和敬意。

温书记是 1958 年由中宣部调任新疆大学党委书记的，他真是我们的好领导、好书记。他对革命事业忠心耿耿、兢兢业业，对同志平易近人，对下级关心爱护。他一生艰苦朴素，凡事以身作则，给我们留下了极深的影响，至今不能忘怀。

下面我就讲讲对我影响最深的几件事：

1964 年，为了学校的远景规划，为了美化校园环境，在老书记的提倡和亲自带领下，在新大修建了红湖。他首先对全校师生做了动员报告。在修建过程中，亲自带领大家肩挑人拉，给了师生们极大的鼓舞。

红湖的建成不仅给新疆大学校园增添了一大景观，而且给以后新大的环境绿化用水提供了有力的保证。现在的新疆大学校园绿树成荫，湖面水波涟漪，

---

* 作者原为新疆大学数学系主任、教授。

1988 年，我陪爸爸在新大红湖故地重游

湖内鱼儿跳跃，校园草坪如茵，鲜花似锦，这么优美的环境都多亏有这么大、这么多的一湖水啊！每天漫步在凉爽的红湖边，不由得会想起这都是温书记的远见和功劳啊！

1962 年，大家吃粮都非常紧张，定量粮食都不够吃。我们年轻人每月只有 28.5 斤定量粮食，更是不能放开肚皮吃。温书记和战英大姐在自己吃粮也不宽余的情况下，还专门请我们几个年轻人到家里去改善饮食、补充能量。往事历历在目，每当回忆起都激动不已，感激不尽。温书记真不愧是爱民如子的好书记啊！他关心群众疾苦，处处体现了老革命、老八路的优良作风。

老书记虽然是学校主要领导，但他一贯艰苦朴素，多年来一直住着非常简易的土平房，穿着也简单朴素，过着与民同乐的生活。每当想起这一切，我们都非常怀念、非常敬仰。

往事很多，就说这些吧，但愿能对你们有参考之用。

2011 年 7 月 26 日

不能忘怀的人
——追忆那个年代的新大校领导

徐霞*

在迎接建党 90 周年的日子里，我们很自然地想起那个年代的新大领导。当年，学校师生正是从身边这些领导干部的身上，看到了我们党的优良作风和光荣传统。如今，岁月流逝，那些老一辈校领导都已先后离去，然而，每当新大老人谈起前辈校领导时，无不感慨万千，发自内心地尊敬他们，思念他们，非常怀念那个年代党的好作风。新大老领导的一些小事，也留在了我的记忆深处。

1965 年秋，我刚调到新大宣传部校刊室工作。一次，领导安排我复写一份材料（是即将召开的学校第四次党代会工作报告，供讨论用）。复写时，我遇到个别字比较潦草，不好辨认，便去请教周围的老同志。一问才知道，原来这份工作报告是温书记自己起草的。温厚华同志作为书记，亲自动手、自己起草报告、不靠秘书代劳的工作作风，给我这个宣传部新来的年轻人留下了深刻印象，至今记忆犹新。现在回想起来，更觉得难能可贵。

那年 8 月，我开始接受编辑汉文校刊的任务。领导通知我，校刊复刊第一期，温书记要审阅大样。9 月下旬的一天，从五一印刷厂拿到大样时，正值

* 作者原为《新疆大学校刊》编辑。本文摘自《新疆老教授》2011年第2期。

爸爸晚年潜心研习书法，安度天年

中午时分，我急忙送到温书记家。他用午休时间，仔细审阅了第一期校刊大样，还嘱咐我，要好好向以前搞过校刊的老同志学习。温书记亲力亲为的作风，让我始终难忘。

修建新大红湖亲历记

王力德[*]

许多著名大学都建在依山傍水之处，为学府增添一抹诗情画意的人文景观。如北大有未名湖、博雅塔，清华有朱自清《荷塘月色》中所描写过的近春园，而武汉大学则依珞珈山，濒东湖水，尽得山水之胜。

作为新疆最高学府的新疆大学，地处乌鲁木齐南梁，无山无水，周边环境也不算优雅。为了创造一个良好的读书氛围，1964年夏，学校在大礼堂召开大会，新大副书记温厚华宣布：学校决定，全体学生动手，利用暑假在校园东南侧一片低洼的沼泽处修建人工湖。在当时"革命化"的思潮影响下，决定命名为红湖，正好新大有一座新中国成立前修建的红楼，当时是我们物理系的教学楼。一楼一湖，恰可相映成趣。

在大会上温书记说："今天早上，我在未来的工地上遛了个弯，作了两句诗，为咱们红湖的未来描绘出美好的远景，现在把它奉献给大家：

东方欲晓，莫道君行早。

踏遍南梁人未老，风景这边独好！"

---

* 作者为新疆大学物理系62级学生。http://blog.sina.com.cn/s/blog_53c57b9d0100puzg.html/2011—03—26

1964年夏兴建新疆大学红湖时的场景　王力德摄

王力德参加修红湖奋战，晒得很黑！

温书记本来就是一口浓重的四川调，朗诵起诗词来，更加抑扬顿挫，令我至今难忘。显然，这是套用毛泽东诗词《清平乐·会昌》的上半阕，只是把"青山"改成了"南梁"。我差点笑了，南梁才多大一点儿地方，"踏遍南梁"最多一天也就够了，哪里够得上"人未老"这么玄乎？当然，我们都理解，温书记不过是开了个小小的玩笑，两句"文字游戏"把年轻人的热情全动员起来了。

开完会我想，新大旁边还真有片沼泽吗？我上了两年学怎么也没听说？会一散，我就直奔东南方向，果然在文科宿舍楼后面看到了那片沼泽，绿草如茵，我想将来这里就是盛满水的湖底吧？趁着还没动工，先走一趟再说。没想到越往里走越泥泞，最后真有点像红军过的"草地"，一块块草堆像悬浮在泥浆上的小岛似的，软乎乎，晃悠悠，吓得我直冒冷汗，万一哪只脚踩不好陷进去，我可就真的"壮烈牺牲"了。

第二天，全体学生就在此处举行了开工典礼。红旗招展，高音喇叭扯足了嗓门儿，气势颇为壮观。

湖底两旁是高地，西北角（即朝向新大校园的方向）是比较低的缺口，工程规划从两边高地取土，在西北角筑一道百米长的大坝，把缺口拦挡起来，形成一个人工湖。

为筑大坝，先得在坝址处挖成一道百米长、四五十米宽的深坑，作为大坝的基坑，然后再往里填土，夯实，层层加高成一条大坝，才能防止湖水从坝底外透。这种坝应属于最普通的"黏土重力坝"。

挖基坑，除了我们学生抢镐使锹外，还动用了几台挖掘机和拖拉机。基坑挖了有五六米深之后，开始取土回填。

为了保证学生有充沛的体力，在当时粮食定量比较紧张的情况下，学校宣布，玉米面馍可以不定量，这下我们高兴坏了。本来每天定量是两个白面馍、一个玉米馍，每个馍大概三两多，三个馍总共一斤。这一下不定量了，我每顿吃两个还带一个，等于一顿一斤，一天三斤，一个月就相当于90斤粮！只要肚子一吃饱，体力立刻大增，每天干到收工还有使不完的劲儿，抢镐不止，铲土不息，每天收工时分总要由班干部们再三再四地催，才依依不舍地放下工具。

那时的宣传也造足了势头，高音喇叭中一会儿播放校领导的慰问信，一会儿播放学生会记者的采访，一会儿播放同学自己的来稿，一会儿播放铿锵有力的革命歌曲或优美动听的民歌。我在物理系也算混充个文学爱好者，领导安排了宣传任务，喇叭里经常传出我写的所谓诗歌，或用新诗风格，或用信天游风格，同学们和我开玩笑，"你的大名又上去了一次"，弄得我怪脸红的。

记得我那时写了一首长一点儿的"自由诗"，叫作《红湖畅想曲》，把将来建成后的红湖美景大大地幻想了一通，比如：春天同学们如何在湖畔柳荫下徜徉漫步（当然不会是谈恋爱），夏天如何像鱼儿般畅游，或者"让我们荡起双桨"，秋天如何在湖边红叶下默默地读书，冬天如何在冰面上如燕子似的滑翔，反正有点"酸"吧。后来到"文革"来临，偷偷烧了。

当时最重的活儿要数拉车上坝，我们从两旁高地上拉着满满一车土，顺坡冲下来，一路飞跑，再借着惯性冲上大坝，坝坡上专有人等着，在我们往上冲的时候推一把。

我那时喜欢锻炼身体，在班里有"大力士"的外号，有次我拉了一天车，其实体力已经消耗得差不多了，但别人要换，自己还不肯换，怕坏了"大力士"的名号。这次从坡上冲下来，有点把不住车辕，一下与对面拉空车过来的65级一位同学撞上了，我的辕把儿正捅在那同学的胃上，那同学顿时疼得龇牙咧嘴直不起腰来。我闯下大祸，吓坏了，千道歉万道歉，最后那同学被人扶走了，从此我再也不敢逞能了。

我们把土填到坝基上，有人泼水使填土潮一些，然后由拖拉机拉着沉重的铁滚来回碾压。那铁滚上满是突起的"牙齿"，看起来有点像"高宠挑滑车"的那种"滑车"，当然要大得多。

我们干了两个月，大坝基本起来了。然后由刚进校的68级（届）同学接着干，到秋天全部竣工。大坝迎水面全部用片石砌满，以抵御水浪对坝体的冲蚀，大坝背水坡铺了一层砂石，叫作"反滤层"，其作用是防止坝心的土被渗流冲走，以免在坝体内形成"管涌"，使大坝决堤。

深秋时节，湖里放满了水，形成长约300米、宽约100米的水面，大坝对岸的湖面中还有一个湖心岛，看起来蛮像那么回事。新大终于有了一泓湖水，我们也算在乌鲁木齐地图上增添了一块宝贵的蓝色。

第二年夏天，我的第一个"畅想"实现了，新大开设了游泳课。我们在大礼堂里看了《游泳教学片》之后，再进入红湖里由老师教。其实老师也懒得一个一个教，只游了几趟，就让我们这些旱鸭子开开眼就走了，全是我们自己在水里瞎扑腾。我买了本游泳书，自己在床上照着书本，手舞足蹈地比画着"练旱泳"，然后再下水实战。同学们热情极高，浑浊的黄水汤中挤满赤身裸体的莘莘学子，简直等于"下饺子"，到处都闪着眼镜片儿的反光。不久，一位数学系68级（届）的同学淹死了，第三天我自己也掉入深水差点淹死，幸亏被同学们救出来。折腾了几个月，终于算是初步学会了。当我第一次横渡红湖时，自我感觉就跟"百万雄师横渡长江"差不多。

后来新大搞了一次游泳比赛，不分泳姿，只分男女，一声枪响，各路"泳坛高手"竞相入水，八仙过"海"，各显其能，我们这些"半瓶醋"只能站在大坝上欢呼加油。从那时起，我不断练习，到现在已经能横渡红雁池水库，教的徒弟有一个排，现在也敢自称游泳高手了，但游泳的基础还是在红湖打下的。

1966年毛泽东主席横渡长江，在全国激起了游泳热，乌鲁木齐也来了一次"百人雄师纵渡红湖"的活动。上百名"浪里白条"在湖面上排成方阵，举着红旗，推着巨大的横幅，上书"锻炼身体，保卫祖国"毛体大字，一路唱着"大海航行靠舵手"，浩浩荡荡从大坝游到了对岸。

遗憾的是，我的其他"畅想"，如"小船儿推开波浪"，如"小燕儿滑翔在冰面上"，当时均未实现。

经过"文革"，百废待兴，谁也顾不上红湖。后来我又去了几次，虽然红湖岸边已是绿树成荫，而且湖边修建了凉亭，但红湖的水质却越来越差，成了臭水坑，别说游泳、划船、滑冰，甚至连钓鱼都不适宜了。

最近，我们开同学会时又去了一趟红湖，红湖已经彻底得到了治理，我们亲手修建的红湖终于盼到"河清海晏"的这一天了。

怀念温伯伯

李玉新[*]

接到晓珊自北京打来的电话，得知温伯伯于 6 月 11 日去世了，一时无语，如同父母去世一般，又一个长者消逝在生命的终点，又一个前辈离我们而去。

许许多多的清晰和模糊的记忆在心底翻腾。

那还是 1971 年 4 月 3 日，我们离开学校奔赴农村的那天，许多家人都来相送，温伯伯也来了。事后，妈妈给我讲，温伯伯当时反复说着一句话："这都是些好孩子……"

啊！"好孩子"再次相聚时，已是为人父母的中年人了，晓珊也已远涉重洋，定居美国好多年了。那时忙工作，忙家庭，忙事业，相互间的联系少了，问候少了，唯一不变的是心中的牵挂。

1997 年晓珊再次回国，回乌市探望父母，我们得知后，相约一起去看她。

晓珊回来住在温伯伯家，农大一幢苏式平房内。不大的客厅，因孩子的相聚愈显拥挤，书架上整齐地排列着伟人的著作，温伯伯这时已离休多年，赋闲在家，脸上仍是那温和的恬淡的笑容，老人家用依然浓厚的四川口音欢迎我们。当时的温伯伯已是七十多岁的老人，但思维仍然那样敏捷，思路仍然那样清晰，特别是他对社会状况，对国家大事又是那样观点明晰、认识超前，看不

---

[*] 作者为原新疆人民出版社编辑。

1997 年 8 月，爸爸摄于海南三亚

出他是一个在家安度晚年的老人。

我们经过"文革"的这一代，对社会的一些阴暗面深恶痛绝，当然免不了对前途有一些灰暗的看法。和温伯伯交谈，他不经意地谈起"文革"中在新疆教育事业中的一些经历，谈到邓小平改革开放思想的伟大，听不到他因"文革"受冲击的抱怨，听不到他个人的恩怨。和温伯伯交谈，似乎你自己也变得高尚了，变得对一些事物不那么急功近利了。以后我多次想，一个老人，一个离休后赋闲在家的老人，其实他的骨子里已经浸透了他所战斗过、生活过、为之贡献过的那个年代的印记，他的一生已经和一种事业联结在一起，和一种为大多数人的利益而奋斗的事业联结在一起，个人的恩怨情仇已排除在外了。

在晓珊妈妈张战英阿姨的追悼会上，温伯伯始终坐在那里，低着头，一言不发，一种切身的悲痛从温伯伯的神情和姿势中流露出来，深深地打动了在场的每个人。许多年过去了，温伯伯在那个时间的定格一直留在我内心的深处，每想到此，都有一种悲伤从心中溢出。早听晓珊说过，温伯伯和张阿姨感情很好，老伴先他而去，是对他最大的打击，离开了相濡以沫几十年的妻子，就像拿走他生命中最宝贵的一部分。也就是从那时起，温伯伯的身体状况每况愈下，虽然儿女们都很孝顺，他的晚年生活也很优越，但物质的充裕并没有能填补他精神上的缺失和内心的伤痛。

2004年春年前，我去北京开会，正好晓珊从美国回国，温伯伯因病住在306医院。看到温伯伯时，他知道我从新疆来，认出我来，不断地说"谢谢"。当时温伯伯的面相红润，不知是不是一种病态。尽管有人照看，温伯伯还是想自己去上厕所，自己吃饭，虽然一会儿清醒，一会儿迷糊，但仍然表现出一个长者的尊严和修养，使人肃然起敬。春节前，温伯伯回家了，当时我想，温伯伯是可以长寿的。

温伯伯去世后，我代表几个同学发了一个唁电：

> 悼思千顷泪双行，
> 前人栽树荫枝凉。
> 辈晚何妨忆尊长，
> 温故论今忧国殇。
> 厚土高天怜子常，
> 华风疆雨溥边庠。

这是首藏头诗，但其中的文字都是这么多年的感受。温伯伯走了，新疆的教育史留下了他浓重的一笔；温伯伯走了，农大的许多人还记得他搀扶陈妈在院子里散步的情景；温伯伯走了，他的孩子们继承了他民主的意识、开朗的性格，各自成就了一番事业；温伯伯走了，他留下的许多许多，我们还深深地记着……

2005年8月31日

活着，就是幸福
——从《父辈画传》里感悟人生

李维青*

在《父辈画传》第 458 页和 459 页的横开页上，两幅照片强烈地冲击着读者视觉。

1936 年 6 月，四位爱国青年在重庆合影，五十多年过去了，20 世纪 80 年代末，当年的四位爱国青年相聚北京，又以原位，再次合影。此时，已是四位革命老人。

在两幅照片上，我们看到的是笑容，是充满幸福感的笑容，无论是在白色恐怖腥风血雨的岁月，还是在历经战争、历经磨难后的日子里，画面中告知读者的，是信心、坚定、无畏、激情……我们的眼光会停留在画面上，凝视着他们的笑容，油然起敬，浮想联翩，追寻当年……

照片上的四位爱国青年，即四位革命老人，就是张西洛（前左，曾任《光明日报》副总编、《新民报》记者，1939 年在延安采访过毛泽东主席）；罗焚（前右，曾任驻苏联大使一秘、中央马列研究室副秘书长）；贺方木（后左，曾任西南民族学院院长）；温厚华（后右，曾任新疆教育厅党组书记、新疆大学

* 作者曾任新疆人民出版社党委书记、总编辑，新疆维吾尔自治区政协委员。原文刊登于《亚洲中心时报》2010 年 5 月 13 日。

李维青（左）接受兵团网专访

党委书记、新疆维吾尔自治区顾问委员会委员）。

　　1936 年，在重庆抗日救国会的领导下，成立了重庆青年自强读书会，其为救国会的一个支部。这里集聚了一大批进步青年，通过传阅书籍、自由发言、小会讨论等各种形式，认识社会，启蒙思想，接触革命，并积极参与到一系列抗日救亡活动中。当年的温厚华，刚 17 岁，在重庆做记者时，在中国共产党领导下的"重庆抗日救国会"从事秘密救亡革命活动。在这个读书会中，温厚华被选为干事，作为救国会的交通员，负责向救国会汇报情况，传递上级指示。当年 6 月，读书会中四位爱国青年留下了珍贵的合影，留下了灿烂的笑容，留下了革命必胜的眼神。

　　抛头颅，洒热血。成千上万的先烈为了人民的利益英勇地牺牲了，让我们每个活着的人，想起他们就心里难过……能活着，就感到幸福。1975 年 10 月，温厚华前辈看到当年他们四个重庆抗日救国会的伙伴的合影，感慨万分，随感而发，在照片后题字："几棵春芽聚山城，长江嘉陵滚不停；一年几度暴风雨，春树春花笑盈盈。——方木、西洛、英弟、厚华年轻时候合影有感，十月一日夜于乌鲁木齐市。"

半个多世纪过去了，20世纪80年代末，这四位当年风华正茂的热血青年虽已白发苍苍，却精神抖擞地在北京重逢。他们经历了战火战争，他们经历了挫折磨砺，他们经历了创业艰难……血与火的考验，奋斗岁月的磨砺，他们依然坚定、激情、乐观、从容。看着这张照片，回味温老1975年的随感而发：可否"几棵松柏聚京城，万千思绪滚不停；几度春秋多风雨，春树春花笑盈盈"？

父辈，这一代人让我们敬仰，让我们怀念。张西洛前辈，1998年离去；贺方木前辈，2005年离去；温厚华前辈，2005年离去。在《父辈画传》中的第455页上有这么一句："人生芳秽有千载，世上荣枯无百年。"照片已深深地印在读者心中。坚定信心，激情永存！那眼神、那笑容永存！

父辈，这一代让我们学会坚定，学会了乐观。"活着，就体验幸福感！"

重庆救国会老战友六十年情意重：1936年合影于重庆（右上），1989年合影于北京（前左起：张西洛、龚远英；后排左起：贺方木、爸爸）

二 永远的思念

为党和人民牺牲一切的忠实践行者

大女儿飞飞（温峰）

入党誓词中有这样一句话："对党忠诚，积极工作，为共产主义奋斗终身，随时准备为党和人民牺牲一切。"我的爸爸温厚华、妈妈张战英是这句誓词的忠实践行者。

战火纷飞的年月

我和弟弟小军都是在部队里出生的。我出生在陕北绥德，两岁时得了一场病，当时解放区部队医院药品极其匮乏，连消炎药都常常断货，由于没有特效消炎药，病很快发展成肺炎，病情愈来愈严重。妈妈说，那时我时不时就一口气喘不上来，小脸憋得通红，"死"过去医生又救过来。那时坚持着在等药，好像是磺胺或盘尼西林，一块大洋才能买两片药。医生说，死马也要当活马医，妈妈不忍心看我憋死过去的样子，急得只有在屋外边走边哭。药等到了，我被救活了。

1948年底，妈妈生弟弟小军，不能带我了，那时我两岁多。正赶上爸爸部队休整，爸爸把我带到连队。爸爸说，班里的战士可喜欢我了。训练间隙，这个班传到那个班，那个班传到这个班，都抢着带我，帮着爸爸照看我，让爸爸工作。有次我又生病了，晚上吃药没有热水，爸爸就用小洋瓷碗，碗底倒一点点水，手举着，用小小的油灯把水慢慢加热，才给我喂药。没有暖水

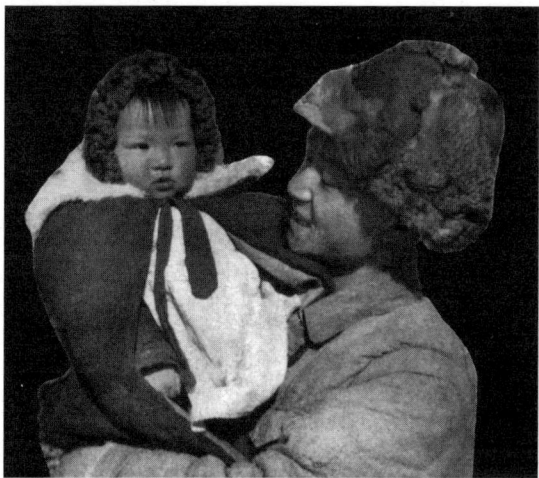

爸爸抱着两岁的飞飞

瓶。那时的条件太艰苦了，也没什么吃的。爸爸说，有一次，战士们想法儿打了一只鸟，炖了一大碗汤，谁都没舍得吃，全给我们端来了，让我们补充营养。部队里战士们淳朴的感情，竭尽所能地互相关心、互相帮助，怎能不让人万众一心，怎能不打胜仗？

那时候，大部队行军，为了防止被敌人发现，经常不得已在晚上行动。有一次又是晚上长途行军，要翻一座大山。当时爸爸在前线，妈妈随留守大队走。那天晚上，妈妈用两个筐子，把我和小军，一人放进一个筐里，再把两个筐子搭到一头骡子背的两边，和警卫员一起，一路上小心翼翼地赶着骡子。妈妈说，那天晚上，天特别黑，山上只有一条小路，路下面就是深渊，山路曲里拐弯的，特别难走，不时有石头滚下去。为了减少动静，大家都不许说话，尽量靠山那面快速行走。前面不时紧急传下悄悄话来，说："大家小心，又有一头骡子滚下山了。"令气氛愈发紧张。妈妈生怕我们掉下去，提心吊胆地走了一夜。

在北京的幸福生活

新中国成立后，爸爸和妈妈服从组织安排，陆续转业到地方。1954年爸爸从重庆中共中央西南局调到北京中央宣传部工作。全家人在北京安顿下来。我们家住在中宣部大院里，在北海沙滩一带，景山东街附近，离景山公园只有几百米。爸爸妈妈在中宣部办公大楼里上班，那是一座淡灰白色的建筑，高高的，在当时比较新潮，在我们眼里很雄伟。它的前面，有一座红砖小楼，爸爸每提起它，十分神秘十分崇敬，叫"红楼"，是一座有着非同寻常历史的小楼。

爸爸办公楼后面，隔个院子就是中宣部宿舍区。我们家住在大院里一座灰色砖墙四层楼的四楼上，我们住的不是套间，一条走廊几个房间。楼前面是大院子。楼上是一个小阁楼，家里不常用的东西就堆在上面。有次陈妈从阁楼拿东西回来，告诉我们说，有一只猫在阁楼生了五只小猫。我们可稀罕了。陈妈说，莫摸小猫，老猫抓人的，让我们悄悄爬上去看。我们这层楼还连着一个大大的露天平台，平台上铺了厚厚一层很小的鹅卵石，周围围了一圈一米来高的防护台，在露台上玩，又大，又空旷，又亮堂，还不用下楼，太舒服了。但是管理员不让小孩子在上面疯跑。露台上，妈妈放了好几盆花，印象最深的是那一盆盆太阳花。它们的生长能力特别强，只要种一颗，它就愈长愈多，翻到花盆外面。早上太阳一出来，满盆花竞相开放，红的黄的紫的白的，特别鲜艳，漂亮无比；太阳落山它们就败了。第二天太阳一出，又开满满一盆花，周而复始，蓬蓬勃勃，漂亮极了。

刚来时大院里小孩欺生，跟我们吵架，我们不示弱，用四川话骂他们。胡屯兰家是从西南局先我们调来，她站在我们这一边，给我们帮腔，使院子里小孩很快接受了我们。

对着大院门，是条通往景山公园的小街，街不宽，长几百米，很多小门面，卖什么的都有。生活还算方便。而做糖人、捏面人的就在大门口，各自推一辆木推车。糖猴子有一股格外的香甜味，而捏面人的小推车更吸引人，我们经常久久围在那儿，老盼着有人来买，想再看一遍五颜六色的面人是怎么做的。还有一个羊肉铺，我常去那儿寻摸羊拐，四个一般大小的羊拐凑一副。我们那会儿，女孩子特喜欢玩"翻

20 世纪 50 年代的幸福生活

拐"，是一个要求手、眼、脑灵活配合，锻炼精准能力的极好的游戏，竞技性很强；还有挑棍、抓杏核什么的，现在都没有什么人会玩了。小街走到头，马路对面就是景山公园。因为很近，又不收门票，爸爸妈妈常带我们去散步、爬山。我们专挑没有路的地方往上爬，爬到最高的亭子上，放眼望去，郁郁葱葱，护城河，角楼，故宫那金黄色的琉璃瓦在太阳下，光彩熠熠。北京公园太多了，北海和颐和园是爸爸妈妈带我们去的最多的公园，坐在大船上，湖上吹来阵阵微风。爸爸妈妈还带我们去游泳，到那时我才发现，原来爸爸妈妈都会游泳，爸爸游得好，妈妈就一个极简单的姿势，也能游出去很远。儿童泳池水浅浅的，温温的，正中间还有几个高高的彩色石蘑菇，几姊妹在里面扑腾得开心极了。长大点后，我们结伙到不远的什刹海游泳。

爸爸妈妈来北京后即投入新工作中。爸爸是中宣部党组委员，刚调来时在农村工作部工作，妈妈在中宣部图书馆，都很忙。好像有吸引力一样，我们几个孩子老想去找爸爸妈妈，办公楼有警卫进不去。有次我让一个妹妹找警卫说话，分散他注意力，我们好趁机溜进去，没成功。我们在他们楼前后用竹扫把扑蜻蜓，抬头看大楼那么多窗户，窗户里面有那么多的爸爸妈妈，所以我们自作聪明，有事就喊："温爸爸，张妈妈。"

爸爸经常出差，出差的日子是很苦的。每次我们都舍不得他走，记得爸爸是坐黄包车去车站。妈妈带我们常常把爸爸送到大门外，帮着把行李搬到黄包车上。

爸爸在西南局做处长时工作能力强，工作成绩突出，才被调到中央。深入扎实的工作作风、不怕劳苦的工作态度、严谨求实的精神及出色的写作水平，使爸爸的调查报告和文章观点明确，论证有力，很有分量，对决策十分有价值。常听别人夸爸爸说："老温文章写得好！"那是爸爸用心和汗水凝结出来的，是用双脚丈量出来的。

平时爸爸妈妈上班，小明妹妹送幼儿园，妹妹的幼儿园就在中宣部院子里，很近。这个幼儿园是专门为苏联专家修的，条件非常好；我和弟弟小军上的是北京中直育英小学，在复兴门外万寿路，更是一个环境设施、教学水平一流的学校，每周有机关大轿车专门接送。妹妹晓珊尚小，由陈妈带着。

1955 年，最小的妹妹莎莎出生了。当时妈妈住北京协和医院，记得那天爸爸率领我们众小，兴冲冲地前往探视，不想医院管理严格，给挡在大门口，不让小孩进，我们只得在收发室门口向妈妈远远望去，看见妈妈在楼上病房的玻璃窗前，冲我们招手。

我们家在北京的日子很安定，很幸福。

有一天，爸爸抱回一台收音机，收音机大约五六十厘米长，二三十厘米高，棕黄色木制外壳，木纹清晰可见，浅黄色麻布正面，圆圆的喇叭口隐约可见。爸爸说这是他给我们买的，这太使我们惊喜了，全家乐翻天。当时，孙进修叔叔正在收音机里讲孙悟空的长篇连续故事，他一个人扮演不同角色，唐僧、孙悟空、猪八戒、沙僧，还有众多大小妖怪，每个角色的声音都不一样，绘声绘色，生动得很，小孩都听得上瘾了，我们也听上瘾了，每集都不落下。

这台收音机是爸爸用稿费攒起来给我们买的。我们觉得爸爸太伟大了。这台收音机一直伴随我们家到新疆。"文革"中，造反派曾冲到家里，试图强行拿走这台收音机，当时家里只有三个十来岁的妹妹，她们紧紧怀抱收音机，与造反派据理力争，终于保住了它。在那动荡的日子里，靠它听新闻，全家人还跟着收音机里传出的歌声，学会了"每周一歌"和八部革命样板戏。

很多年以后，家里有了电视机，但还一直珍藏着收音机。20世纪90年代拍摄反映王震将军生平的电视剧时，在新疆乌鲁木齐八一农学院的家中，摄制组用我们家做内景，还用这台收音机做了道具。

北京的亲戚可多了，有老祖祖（爸爸的奶奶，我们的曾祖母）、姑爷爷（爸爸的大姑，四川人把姑也称爷）、幺姑婆（爸爸的小姑）及两个儿子天杰、天章，这些人都是爸爸的至亲。老祖祖从小把爸爸带大，直到爸爸离开身边奔赴延安；爸爸的两个姑姑是和爸爸冒着危险一同去的延安；特别是幺姑婆，在重庆就和爸爸一同从事地下秘密活动，是抗日救国会的老骨干。在家里又一起长大，既是战友又是亲人，他们的感情很深。原来由于工作，一家人南北两相隔。现在爸爸带着全家大小来北京了，而且是在中央工作，团聚之喜谁能不高兴呢？北京还有八爷爷一家、厚崇大伯一家等其他叔伯亲戚。温家在北京的亲人可是不少呢！

记得老祖祖重男轻女，她眼里只有爸爸和小军，一见面摸着小军的手，爱得没够。妈妈和我们几个女孩子，不在她眼里。老祖祖是回教徒，十分虔诚，每次到我们家，锅盆碗筷都要用碱水彻底洗一个遍，有时干脆自己带碗筷来。我们也喜欢到她那去，她住在一个老式平房里，和姑爷爷住一起。我们都爱她，敬重她。幺姑婆是一个有气质、有思想、有能力的女中豪杰，而且厨艺是一等的好，也是我们很爱、很敬重的人。有一次过春节，她们一家到我们家玩，天杰、天章和我们一起放鞭炮，放了一个"二踢脚"，只听第一声响后，就见鞭炮直冲着院子里晾的一床被子飞去，"嘭"的一下，被子烧糊一个洞。爸爸只得赔人家钱了。

另外令爸爸特别高兴的是，到北京后能和年轻时重庆的伙伴们会合了。罗焚、张西洛、李春褆、贺方木等这些十几岁时就在一起冒着生命危险在重庆从事地下抗日救国活动的战友，后来分开后，有的出生入死，经过战争炮火的洗礼，幸存下来；有的在文化战线上，艰难地与国民党周旋……以前的热血青年，如今个个都结婚成家，事业有成，都有了自己的儿女。再聚首时，孩子们的欢声笑语，怎能不令他们感叹？

爸爸是个特别注重革命战友情谊的人，与战友的感情很深。我们从小耳边就经常听爸爸提起英弟（罗焚）啦，春褆啦，西洛啦，幺叔、幺姑婆啦这些老朋友的名字。这些老战友都集中在北京，所以爸爸在北京工作时的几年，和老战友会面可方便了。工作之余，几家人互相串门子，包括幺姑婆。他们在一起的时候，都不说普通话，大声操着标准四川口音，高谈阔论，个个嗓门都不低，我们做小孩的只有听的分儿。他们的兴奋与默契，还有无尽的幽默，令人捧腹，又令人深思，在场的人都会被感染。有时他们也发生非常激烈的争论，各抒己

1979年爸爸六十寿辰时，与老战友聚会（右起：李春褆、张西洛、黎岚、爸爸、罗焚、温嗣汤）

见，互不相让，可以看出他们在探求真理的道路上是如此执着。

在北京，不光爸爸的亲人近在咫尺，妈妈也算到老家门口了。妈妈的老家在河北定县翟城村，是北京的门户。爸爸妈妈对老人十分孝顺。到北京后，他们把姥姥从农村接来北京，住在我们家，还带着她老人家逛公园。

姥姥和我住一个房间。记得姥姥教我搓绳子，我们俩各抓着数根线的两头，一人站一房角，对着搓，搓好的绳子纳鞋底用。有一阵我养蚕，妈妈下班回来就帮着带一把桑叶给我喂蚕。我的蚕长大吐丝了，我让蚕在绣花绷子上吐了两个圆圆的蚕丝片，送给姥姥。河北人的枕头不是扁的，是长圆的。姥姥说她要用来做枕头两边的挡片。

到北京后，没过几年，全国改成"薪金制"，开始发工资。在此之前，爸爸妈妈一直是"供给制"，就是每人只配发粮食、衣服。在重庆时，有一次妈妈去看望老祖祖，却发现老祖祖几乎无米下锅了，回来向部队申请，给老祖祖领了多半袋米送去。因为老祖祖从小把爸爸拉扯大，是爸爸的抚养人，爸爸妈妈想要赡养老人，哪里有钱？就算送米也只有申领。也就是说，爸爸妈妈从20世纪30年代参加革命一直到解放，又一直到重庆，再到北京，连续工作了18年，已经生儿育女，都一大家子人了，却没有能力赡养老人。

工资也少得可怜。每月也就刚够全家人的温饱，没有积蓄。当时票面上印有"壹百圆"的钞票相当于现在的一分钱，"壹萬圆"就是一元钱。像我们小孩，是很难看到"壹萬圆"的。帮家里买东西，顶多捏几张"壹百圆"，那会儿东西又便宜，所以"壹百圆"钱的样子印象比较深。

爸爸妈妈一生都十分节俭。我们五个孩子的衣服全是妈妈自己做的。没有机器前，妈妈全是手工做。妈妈心灵手巧，不仅会缝衣服，还会织毛衣，会绣花，甚至还会缠"粽子"。不是吃的粽子，是小挂件。先用硬纸壳折成粽子样，但有五个角，再用各种彩色丝线缠上，图案各异，还带穗儿，非常精美，像是端阳节时兴的小饰件，要到现在绝对是工艺品。妈妈还会盘老式衣服上的盘扣，各种花样都会盘。还会做鞋，鞋底针脚都翻着花样。在北京时，有一次妈妈给爸爸做了一双新鞋，叫爸爸来试，爸爸穿在脚上，走两步，又好看又舒服，可满意了。我看见妈妈脸上那会心的一抹笑意，生动得至今都在我眼前。在北京那会儿，妈妈就开始教我绣花，妈妈不但会绣，还会画底样。画一个萝卜，胖胖乎乎的，带个小尾巴，上面飘着三片叶子，着实令人喜欢。我一针一针学着，把萝卜绣成红色、叶子绣成绿色。妈妈自己针线活儿好，对我们要求可够严格的。到新疆后，我已经做了多少年针线活，都学会纳鞋底了，妈妈嫌我的活儿不够细，还看不上。记得妈妈教我们做事要认真，嘴边老挂着一句话："懒婆娘纫长线，做的活儿没人看。"看我们那会儿照的相片穿得多洋气，衣服都是妈妈做的。

中宣部处理过几次物资，非常便宜。爸爸给妈妈买了一台缝纫机，还买了几个马皮箱、牛皮箱。日寇侵略中国前，妈妈在村里的工读班里学过使用缝纫机、织袜子，甚至还学过做雪花膏。在部队时，又在被服厂工作过。妈妈车得一手好缝纫。有了缝纫机，妈妈可高兴了，如虎添翼，再也不用手工缝衣。从此，"小车不倒，只管拉"。这台缝纫机在妈妈手下，制作的衣服不计其数。特别是逢年过节，妈妈时常做到大半夜。至今，这台缝纫机还在新疆我们家里。

当我长大后的一天，妈妈跟我说，她在帮我买一台缝纫机。我当时已大学毕业，在陕西汉中大山深处的三线军工厂工作。事后才知道，为了这台缝纫机，妈妈在新疆八农时费尽周折，托人，好不容易搞了一张"蝴蝶"牌缝纫机的票。那年代，"蝴蝶"是名牌，不但贵，还要凭票才买得到。当时名牌货还不让托运出新疆，妈妈又只好乘亲戚调动工作之际，混在他们的行李里，几经周折，转运到汉中深山我的手里。

我从汉中到海南，现在也有 23 年了。我汉中家的电冰箱、彩电、落地收音机、衣服、被褥什么的，都没有拿，只把这台缝纫机设法弄到了海南。我对这台缝纫机的感情太深了。看到它，我脑子里浮现的是妈妈挑灯趴在缝纫机上，从北京到新疆，都戴上老花镜了，还在给家人做衣服、补衣服的情景，而且一直用的就是那台中宣部淘汰下来的，连机头都不能放到机身下的旧缝纫机。

爸爸妈妈自从有了工资，一直到 20 世纪 70 年代，在十几年的期间里，一直供养着 12 个人：我们五个孩子、老祖祖、爷爷、奶奶（后奶奶，爸爸在解放后到重庆才谋面的）、姥姥、陈妈、爸爸、妈妈。想起来我们家很少吃水果，偶尔买一次，妈妈也是切开分给我们吃。我们家要用有限的资金，维持全家人的生活，要保证全家人的身体健康，还要月月给众多的老人寄钱。记得全家人搬到八一农学院，已经是 20 世纪 80 年代了，我们住在平房，还在院子里晒"袼褙"？就是把穿得烂稀了的衣服剪成布块，用浆糊一层层糊成一定厚度的布板，供做鞋底用。即便是这样，任何时候，爸爸妈妈都没有对生活有过抱怨，处处看到的都是他们的乐观精神。不论是在艰苦的战争年代，还是在"供给制"时的四川、"薪金制"的北京、边远的新疆，不论是三年自然灾害，还是"文革"，回想起我们的童年、少年，我们感受到的，没有苦难，只有欢乐和全家人的幸福。清贫，使得妈妈工作之后，回到家里，琢磨最多的就是怎么"吃"了。我们大家没饿着过，全家人都健康、快乐地生活着。

尽管家中不富裕，可是爸爸妈妈帮助别人不遗余力。

在北京时，我们有一个表姐叫张巧格，她是大舅的孩子。人长得十分俊俏，瘦瘦的脸，大大的眼睛。但是整天戴个帽子，从不摘。原来她有秃发病，不长头发，在农村治不好。妈妈知道后，坚决把她接到北京给她治病。这病很顽固，要长期用药。大舅他们知道要花很多钱，几度中断治疗，回了老家。一来怕爸爸妈妈花钱，二来也没有信心治好。在爸爸妈妈的坚持下，巧格姐又来北京，爸爸妈妈先出钱给她治。后来帮她找了个工作，她自己挣一点，爸爸妈妈再接济一点。我都记得，硬是治了好几年，巧格姐终于长出了一头乌黑的头发。我们家到新疆后，听说巧格姐找了爱人，结了婚，还生了个大胖小子。

爸爸有一段时间做张际春部长的秘书，在中南海上班。中南海风景优雅，张伯伯有一个挺大的独立的院落，院子里有一棵桃树。中南海大大的人工湖和北海公园一桥相连。有一年冬天，湖面结冰，爸爸带我去，爸爸办公去了，我和其他小孩子在冰上滑冰，玩得真痛快。中南海食堂的豆沙包又香又甜。爸爸知道我爱吃，所以我每次去，都专门给我买豆沙包吃。

爸爸妈妈都有文艺天赋。爸爸天生一副好嗓子。在重庆西南局时，爸爸最拿手的歌是《歌唱二郎山》。唱的是当年解放军修建青藏公路的艰难，二郎山"枯树荒草遍山野，巨石万丈高"，拦住了修路大军，"解放军铁打的汉，下决心进西藏"，硬是啃掉了这块硬骨头，把"那公路修到西藏"。这首歌高亢激昂，提振人心，音调高。每当处里开茶话会、庆祝会，大家一定要爸爸唱这首歌，中间还要爸爸唱京剧。爸爸唱京剧也是相当拿手的。爸爸带我参加过他们的会。妈妈教我唱的第一首歌，也是在西南局，是"蓝蓝的天上白云飘"，旋律和歌词都那么美。

　　妈妈当年曾在八路军一二〇师战胜剧社、战力剧社工作过。爸爸说："你知道大伙叫你妈妈什么吗？叫她'金嗓子'。"说妈妈唱戏唱得可好了，很有名气，是团里的骨干。后来我分析，因为生了我，1947 年底妈妈到留守大队做支部书记，从此离开文艺战线。新中国成立后，老一代的电影明星，像高保成这种部队培养的演员，有好几个都是妈妈在剧社时的老战友。听妈妈说，高保成当年是红小鬼，就是年纪小的意思。还有严寄洲（八一电影制片厂著名导演）、鲁勒（当年剧社团长）、刘莲池（电影《达吉和他的父亲》中扮演汉族父亲）、田伟（原西安电影制片厂厂长）、杨帆叔叔、张毓明阿姨（田伟叔叔的爱人）等，都是妈妈的剧社战友。妈妈说，她和张毓明阿姨是盖一个被子的好姐妹。

　　爸爸年轻时就会摄影，我们家留下的战争年代的照片大都是爸爸用缴获日本人的相机拍的。拍摄的视角和内容相当专业。

　　爸爸妈妈兴趣广泛，是会享受生活的人，而且有着丰富的生活情趣，很热情、很浪漫。

与老战友合影，1994 年摄于北京家中

"文革"期间，张毓明阿姨来新疆看望我们

看我们在北京拍的照片，就可以看出在北京时，我们多么幸福。

北京，对我们家来说，真是"天时、地利、人和"。

首先爸爸妈妈在中央宣传部、中南海这么优越的工作环境里工作。想想现在的年轻人，报考公务员是趋之若鹜，用现在的话来说，爸爸妈妈那公务员，算够高级了；全家住在机关大院里，过着这么有规律有依靠的安定生活；爸爸的战友情结又非常深，而爸爸的儿时伙伴和战友全集中在北京，和老战友欢聚近在咫尺。后来去了新疆后的几十年中，但凡有机会到北京，爸爸都要和老战友重逢，那就难多了。爸爸妈妈的至亲也都在北京，亲戚朋友可以常常往来走动。爸爸妈妈向来热情好客，喜交往，组织大家游园，大都是由爸爸牵头，有时一二十口人。爬山，去公园，划船，北京有太多的皇家公园，能提供特别丰富的文化娱乐活动。特别是学校、幼儿园教育水平高，环境优越。这一切与新疆当时艰苦的条件比起来，真是天壤之别。但是爸爸妈听从党的召唤，选择了新疆，带我们又举家西迁。

爸爸一生中放弃熟悉的工作，奔赴陌生艰苦甚至险恶的地方，不止一次了。在重庆冒着沿途被抓的危险，要往延安那个穷黄土坡跑。到了部队，爸爸文化程度算高的，分到机关，又要求到战争炮火的前线。刚解放，在西北军政干部学校当干部挺好的，又调去改造俘虏，俘虏哗变，差点丢了命。新中国成立初期国家百废待兴，地方上需要大量的人才，当时在部队优越多了，可爸爸却服从组织调动，转业到了地方。当时一共三个人受命，另外两个叔叔坚绝不转业，至今都在部队上。1972年我跟爸爸妈妈还去拜访了其中的一位，他在武汉解放军军事测绘学院工作，各方面条件都比我们好得多。1958年，爸爸又放弃北京中央机关的工作，跑到新疆去，那会儿到新疆，连火车都不通。就算调，当初也是调去宁夏筹建省委，是省委干部。新疆要人，显然各方面情况更差。但是对于爸爸来说，那都是次要的。只要革命工作有新的需要，有新的地方需要他，哪怕是火海刀山，他都会毫不犹豫地放弃眼前一切，坚决服从组织分配。去吃苦，去拼搏，去为党开辟新工作。一辈子都是如此。

北京育英小学

1954 年，中央把爸爸从西南局调到北京中央宣传部工作，全家随父亲一同北迁，从重庆坐轮船走。一起乘轮船的还有跟爸爸年轻时一起参加重庆抗日救亡运动的革命发小李春褆叔叔一家。他们夫妇俩带着大同、三丁两个男孩。我们家是爸爸、妈妈、四个孩子（当时还没有莎莎）和保姆陈妈，一共七人。坐了几天不记得，只记得轮船停靠码头的那天，大人们赶紧收拾行李，准备带我们下船。当时我们几个孩子正在船舷边玩，看到船舷离江面那么高，真是好奇极了！突然大同的一只鞋子掉到江里了，大人们又急又气，后来他怎么下船的，已经记不得了。

那年，我已在重庆西南人民小学上了一年级，到北京后转学到北京育英小学。北京育英小学给我留下的印象十分深刻。首先，它的建筑几乎完美无缺。一进大门，迎面一座雄伟的石屏风，上面刻着朱德的大大的题词。左边一条笔直的小路直通教学区。整个学校，由一条玻璃内走廊全部贯通，包括各个教室、学生宿舍、老师办公室、行政区，甚至室内体育馆、大礼堂、食堂、厕所，下雨不会影响活动举行。除了体育馆，室内地面全是水磨石，墙面涂着绿漆。教室里的黑板都是用很厚的玻璃板制成，极细的磨砂表面，平极了，又好写又好擦。当时全国的学校哪里有玻璃黑板啊？黑板右上角挂着一个小喇叭盒，这个喇叭盒可是我们喜爱的，因为每周六下午，从那里面传出谁的名字，谁就可以立刻拿上书包去集合，坐车回家了。

其次，学校的活动场所太好了，光操场就有好几个，有近有远，有小有大。有三个小院供同学们课间活动。每个小院的体育器械都不一样，按学生不同年龄分别配备。小班院是一二年级的，有滑梯等。三四年级，五六年级也分别有不同的器械。而且每个小院三面由相应年级的教室围着，一面敞开，下课活动十分方便，互不干扰，又可串通。我们大班小院的设施中，有单双杠、摇板等，其中有一个长长的吊桥，印象较深，因为我觉得特能锻炼臂力。

除了课间小院以外，还有几个大操场，一个叫南操场，有秋千、转伞、攀爬格等。转伞是最好玩的，从伞顶垂下八条粗绳子，每条下面弯一个圈。玩时一条腿套进这个粗麻绳圈里，另一条腿使劲蹬，直到把自己荡悠起来，后面的抓前面的人，被抓的就算输了，一共八个绳圈，最多八个人角逐。我觉得那时我就像一个假小子，玩得特别厉害。

另一个叫西操场，是足球场，很大，周围还有平衡木、沙坑等，是男孩子课后最喜欢较量的地方，也是学校开体育大会的地方。每逢体育大会，会前相当严肃。一级级上报人数，报告词是统一的："报告中队长，本小队应有12人，实到12人，报告完毕，请接收我的报告。"中队长说："接收你的报告！"一个班就是一个中队，中队长再向大队长报告，大队长向辅导员报告。辅导员才是老师，其他都是小孩，而且是少先队员。这么多班一个个报上去，很是威严。红领巾都扎得好好的，给我留下深刻的集体主义印象。

我们还有一个操场叫东操场，那另有一番风味儿。那是一片长满草和很多大树的地方，特别阴凉，也是我们学生喂羊的地方。为了培养学生的勤劳品德，学校养了几只羊，大班在规定的时间轮流把羊牵出来喂，我也喂过。以前我们哪里喂过羊呢？很是件新鲜事情，也很难忘。另外东操场在"除四害"那年，可是轰麻雀的主要战场。"除四害"是党中央带领全国人民进行的一场轰轰烈烈的全民运动。四害也，老鼠、苍蝇、蚊子和麻雀。麻雀因为糟践农民的粮食而榜上有名。那阵子"除四害"可热闹了，学校组织学生分批到东操场，每人拿根竹棍，竹棍头上绑一块布，五颜六色的，一见有麻雀飞过来，大家争相大声呐喊，拼命挥动竹竿，吓得麻雀飞走了。据说，因为是全北京同时轰麻雀，这样麻雀不能停下来，就累死了。记得这项任务不止一天，不知道麻雀累不累，可把我们累坏了，嗓子都哑了。

我们学校还有一个果园，和足球场一样长，紧挨着足球场。里面是桃树，果园四周是一米来高的葡萄藤，葡萄藤就是果园的围墙。葡萄藤也是要结果的。当时给我的印象是，学校故意不搞围墙，相信学生不偷吃。我觉得这是学校对学生的信任，谁也不能偷。我在校的期间里，只有一次，几个男孩翻进果园，说是捡了一书包掉在地上的酸桃，那时还没熟。但是学校为这件事专门召开全校大会。那天，我们各班排队走进大礼堂，严肃极了，好像发生了重大事件，至今印象深刻。

再次，就要说到学校的室内体育馆和大礼堂有多豪华了。室内体育馆一色的清漆木地板，标准篮球架，还有侧二楼。大礼堂舞台很大，座椅全是软式可折的，外面包着紫红色的套子。地面跟影院一样前低后高，带有坡度。一个小学就有这么好的大礼堂、体育馆，在20世纪50年代很是超前了。

另外，学校还有一个不高的假山，假山是用黄土堆起来的，我们常爬山。假山下有个小小动物园，里面有孔雀、狐狸、猴子、小白鼠等。当时听说孔雀爱比美，看见鲜艳的颜色，它就会开屏。我们就留了个心眼，一穿漂亮衣服，就抽空站在孔雀面前，等它开屏。

假山旁是洗衣房。从五年级起，要求学生自己洗衣服。育英小学实行住校制，每周六才回家，星期日下午返校。大孩子要自己到洗衣房学习洗衣服，为的是培养学生的自立能力。

我们上课有老师教，生活由专门的阿姨管。两套人马。

还有一件事至今都觉得与众不同，那就是收集剪下来的手指甲。那时我们班女生寝室的窗台上，放着一个棕色小玻璃瓶。刚进校时，管理生活的阿姨就告诉我们，要把剪下来的手指甲放到这个小瓶里，说攒起来可以炼胶。一听说手指甲还有这么大用途，我们都心甘情愿地仔细收集自己的手指甲，放到这个小瓶子里，希望它快点被攒满。

育英小学在北京城西复兴门外公主坟附近，当时出了复兴门就是郊区，可荒凉了。我

北京育英学校礼堂

们学校周围全是地。记得有一次学校组织我们去校外给地里施肥，好像是一块向日葵地，肥料是马粪、牛粪和土的混合物，我们全都是用手弄肥，搬来搬去的，小手那个脏啊！可干完回校，在厕所洗好手，进饭堂吃饭时，却发现饭堂的地上一溜儿放着好几个搪瓷脸盆，里面是紫紫的高锰酸钾水，老师让我们必须在盆里洗完手才能上桌吃饭。我觉得我们学校真是太好了，既培养我们爱劳动，不怕脏不怕累，还这么讲科学管理。

说起吃饭，学校的名堂也不少。每个人两个洋瓷碗，每个饭桌都有一个桌长。我们吃完饭后有两个动作是必须完成的。第一，把两个碗翻成90度给桌长看，看还有没有一粒米。第二，再把两个碗端起来，让桌长看桌子上有没有撒一粒米，都没有就可以走了。平时食堂不发水果，但每周六是放假回家的日子。每逢周六下午饭时，每人发一个红苹果。我舍不得吃，想着家里还有个最小的妹妹，马上就带回家给莎莎了。

"锄禾日当午，汗滴禾下土"，现在的孩子刚学会说话，八成就开始背这首诗了。可我们那会儿学校的种种活动、严格要求，对我的一生都有影响，吃饭碗里不留一粒饭的习惯，一直保持到现在。

我们学校的超前表现，还有"五线谱"。学校的音乐教室、手工劳动室等都是按其功能专门设计的。内走廊也一直通到这里，尽管比较偏。我们的音乐老师是个女的，戴眼镜，钢琴弹得特别好，声乐也非常棒，听说在北京都有名。尽管全校教室的黑板全是厚玻璃做的，但音乐教室的黑板更特别，玻璃上事先就刻好了五线谱，一条一条凹下去，里面涂着红颜色。老师写谱时，直接标音符等就行了，老师用钢琴给我们伴奏。所以我在育英小学学的是五线谱，而到新疆后学简谱，不是同一个层次，很不习惯。

上手工劳动课，也是同学们喜爱的。记得我们做过木拖鞋，把木板锯成鞋底的样子，再钉上帆布带就成了。用的主要工具叫"弓锯"，这东西真神奇，一条带齿的钢丝绷在一张竹弓上。我们都学会了用弓锯把木板锯出弯弯曲曲的形状。

学校还有一所独立的校医院，是一座楼。校医院不在校内，和学校隔一条马路。其实那条马路就是学校自己用，周边没有别的单位。校医院在楼上设有住院部，条件很好，非常方便，生病不用找家长。我住过一次院，好像是感冒。住院的孩子，星期六一般不能回家。所以爸爸妈妈从城里专门来看我，给我带来糖，是酒心糖，高级糖。我托一个出院的小男孩，跟我弟弟差不多大的，让他把一些糖带给我弟弟。后来才知道小军根本没吃着，肯定是那孩子自己吃了。

据说，育英小学是中央直属机关的，爸爸在中央宣传部工作，每周都有轿车集中接送孩子。车子从中南海到育英小学，之前先要到中宣部家属院，也就是我们家住的那个灰楼下面院子里绕一圈，然后再到中南海，从中南海再去育英小学。记得好几次我们在中宣部没有赶上车，爸爸带着我就往中南海赶，在中南海院子里上的车。到学校接孩子也是很严的。接的单位要事先拟好孩子的名单，交到刚进教学区的广播室，如果父母出差、出国或有事不能接孩子，名单上就不写这个孩子的名字。周六下午饭后，全校同学都必须坐在各自教室里，班主任坐在讲台上守着，谁也不能乱跑。我们都眼巴巴地盯着教室黑板右上角那个小喇叭盒，凡被叫到的，就能回家，可神气了，抓起书包就跑。如果一直听不到自己的名字，那这星期就不能回家了。

学校的一点一滴都让我那么热爱它，那么怀念它。一个小学，就有自己的果园、动物园、假山、带住院部的校医院、上乘的校舍，特别丰富的活动，是一个多么上乘的环境。当时我在班上的学习，虽然排在前面，但并不是最突出，有好几个人，不相上下。可后来转学到新疆，成绩却一直独领风骚。现在想起来，这完全说明育英小学的教学水平同样是上乘的。

1958 年爸爸调到新疆工作后，设法把我们转到乌鲁木齐的好学校之一：新疆军区子弟学校（八一中学），也是住校。但是不知为什么，我感情上的落差太大了，老想哭。小军也不愿意去。好几次在我宿舍，我们哇哇大哭。小明刚上一年级，看我们哭，也跟着哭，三个人哭成一团。有一次都进了学校了，小军死活不进楼，使劲哭着把书包扯下来，把里面的铅笔盒、书啊统统扔出去，家里给新买的一只小足球也摔了，老师都哄不住。新疆军区子弟学校在乌鲁木齐北门，我们家住在南梁。我们三人上学，步行要走四十多分钟，每次走在马路上，小军老是落在后面，我不得不老回头叫叫他，怕他趁我们不注意，跑回家。终于有一次，已经走到北门了，小军一屁股坐在马路牙子上，死活不走了。没办法，我们三人又折返回家，天都傍黑了，一推开家门，妈妈一看，把我们狠狠训斥一顿。第二天早上，三个人乖乖地上学去了。打那以后，虽然再也没有中途返回家过，但心是伤的……或许因为育英小学，或许因为北京。

临去新疆前，有一次我到同班同学宫春林（名字记不太清了）家玩，她家有一架钢琴，她在跟她舅舅学弹钢琴。当听说我就要随父母去新疆时，他们非常惊奇。说，你不要去，你留下来在北京，就跟着我们好了。可能是开玩笑，但如果是去一个比北京好的地方，他们就不会这么说了。那时我真是不想去新疆，回家胆怯地跟爸爸提过，说有个叔叔答应我到他们家，不用去新疆。当然这是不可能的。直到长大后，有一次小林给我打电话，我才知道，她舅舅就是后来中国著名的指挥家李德伦。

弟妹小，可能后来适应了。但我对育英小学，对北京的心结始终放不下。20世纪70年代，我已经工作了，到北京出差，看见扫马路的女工，我都羡慕她们，只因为她们在北京生活工作。

讲这样一段历史，这样细致地描绘育英小学，其实我只是想告诉读者，父母放弃了当时在北京那样优裕的生活条件，也让孩子们放弃了那样优裕的条件，义无反顾地到贫困、落后的新疆，不为别的，就是为了党的需要、祖国的需要、人民的需要。

我早已走出了北京心结，我也早已理解了父母的理想和追求。但愿历史不要忘记老一辈革命家的付出和牺牲。但愿历史永远记住他们！

为住院动手术的妈妈送饭

1996年妈妈做胆囊切除手术，住进了乌鲁木齐武警医院。我们兄妹几个当时都不在父母身边。唯一在家的妹妹的女儿又正值高考，全家人的紧张是可想而知的。为了照顾妈妈，我从海口赶回去。

回家后，我主要就是每天在家把饭做好，趁热用保温桶装好，赶紧送到医院。医院离家有两三公里的路程，而且是抄小路步行去。中间要路过农业大学的养牛场、一个现代化养鸡场，还要路过一大片绿绿的长势很好、收获在即的玉米地。路不好走，要跨两个绿化灌溉渠道，都先下后上，比较陡。还有一段是农村土路，路被大车年复一年地碾压，一条一条的大塄，疙疙瘩瘩的。单程一趟，怎么也得半个多小时。

爸爸那时快八十岁了，走路一定得拄拐杖。但只要可能，他一定要和我一起去送饭，当然是步行去。能和爸爸一块去，我特别高兴。一路上，爸爸不顾年事已高，总是兴致勃勃地谈论着各种事情。记得说得最多的是两个内容，一是对教育改革发展的憧憬设想。当时爸爸刚随中国教育考察团赴美参观回国不久，满脑子的新鲜想法，好像说也说不完。什么技能的培训啊，适用人才的造就，教学方式的灵活多样化……好像这一趟去获取了多少灵感，恨不得立刻将先进的教育理念和方法都吸收进来，尽快在中国教育上焕发更强大的活力。他那对中国教育的深厚之情与紧迫感溢于言表，让我受到很深的感染。

另一个谈论的话题就是邓小平、改革开放。走一路说一路，不停地赞许，不时发出些感叹。爸爸这一辈人曾经经历过很长的极"左"路线影响和熏陶，可能很多老干部已经淡漠了独立思考的习惯和能力，有的甚至故步自封，思想僵化起来。但爸爸一生从来没有放弃过独立思考，更不会人云亦云。他虽然上了年纪，但思想一点都不僵化，非常喜欢并善于接受新鲜事物，对改革开放有着深刻的理解和高度的赞许。他总是以积极向上的态度看待社会上的一些问题，总是对前途充满了信念和希望。我想，只有对社会怀着强烈的责任感，对民众怀有深切的关心，才能以独立的人格和独立的精神，将自己永远置身于推动社会前进的动力中。想着爸爸年近八旬，依然还像当初年轻时追求真理那样充满激情，我暗自感到十分惭愧。

我和爸爸一路走，一路谈论，经常不知不觉就到了医院。来到病房，我们支个简易桌子，把带来的饭菜摆好，和妈妈围拢在一起，爸爸用四川话吆喝着："吃饭，吃饭。"每当这时，爸爸快活得就像个孩子，妈妈也特别高兴，饭菜也格外有味儿。此刻我感到，每一次的聚会都那么珍贵和幸福，始终不能忘怀。

不过当女儿的，心中还是隐隐有一丝心疼。爸爸参加革命六十多个年头了，还是享受副省级待遇的"大官"，而老伴儿住院，自己年事已高，腿脚又不方便，却从不要"公车"，每次都和我步行去医院。他那瘦瘦的身影，挂着拐棍，高一脚低一脚，蹒跚在乡间土路上的情景，即使过去十多年了，却依然历历在目。

爸爸热爱人民，热爱教育事业，热切希望国家和人民更加富强。他从不向组织索取，从没有谈自己的待遇，对自己的生活没有丝毫抱怨和要求，只有奉献。不要说退休以后基本没有麻烦单位用"公车"，即使在位时，业余时间要办什么事也都是自己坐公交或步行，公私从来分得清清楚楚。

他深深爱着家人，爱妈妈，爱我们五个孩子，也爱所有的亲人、朋友和周围的同事……这不禁使我想起儿时的一些往事。

小时候上托儿所，都是爸爸背着我去。那时候是 1951 年、1952 年的样子，我们家住在重庆西南局。重庆是山城，我记得站在我们家看托儿所，那托儿所在高高的山坡上。

在我印象中，去托儿所的路又高又陡，可不好走了。小时候不懂大人辛苦，总想多和爸爸妈妈待一会儿，很不愿意去托儿所。本来去托儿所有一条近一点的路，一看要到了，就不干，非要再走那条远路。一个人爬山都够累了，再背个孩子！记得到托儿所，爸爸把我从背上放下来，交给阿姨，我好奇怪，我胸前怎么全湿了。阿姨说，你看你爸爸背上，衣服都湿透透的了。

晚年爸爸在海南

20 世纪 90 年代，爸妈在广州疗养后，顺路到海南来玩。那是我们从汉中被厂里派到海南工作后，爸妈第一次来海南。那时我们的工作环境和生活条件都还很差，一切都非常简陋。但爸妈对南国的风光非常喜爱。尤其是妈妈，她说她这一辈子感觉海南的风景最好。我们在有限的条件下，带爸妈去三亚游玩，他们开心极了。

2001 年 11 月，爸爸和保姆从乌鲁木齐来到海口。爸爸的到来，着实令我们小区发生了些许变化。当时小区刚建成两三年，邻里不熟悉，平时少交往。

20 世纪 90 年代，爸妈来海南游玩

1990 年摄于海南，夫妻伉俪情深

小院下棋（右一为爸爸）

爸爸参观海南大学

小区里没有设置老年人活动的专门场所，也没有任何设施，连一张桌子都没有，院子里只有几条板凳。

爸爸来后不久，就和周围的邻居相识了，还很快结识了一批老头。他们聚在一起，谈得可热闹了。爸爸挑头，提出下象棋，还把家里下棋的一套家什都带到院子里。开始，是一张旧的纸棋盘，铺在椅子中间，大伙儿围过来就开始对弈。没想到，小区还真有不少棋迷，一下就勾起了大家的兴趣。

从此以后，每天上午和下午，爸爸就像上班一样，把象棋往袋子里一装，再带着报纸、老花镜、小棉垫等全套行头，拄着拐杖，准时下楼到小区院子里。我用一张很薄很轻的木板，精心给爸爸画了一个新棋盘。

2002 年，爸爸应邀在海南东坡书院题字

2002 年，爸爸在海南东坡书院游览（右为海南儋州市原政协主席黎圣三）

从那以后，小区就更加热闹了，大家踊跃参与到各种活动中，聊天的，玩耍的，下棋的，观战支招的……晚上天色都暗下来了，人们也舍不得散去，连年轻人也加入了进来。这下可把小区的物业公司感动了，他们很快在院子里安装了三套印有棋盘的石桌、石凳，还专门拉了线，装上聚光灯照明。

2002 年 7 月，我们带爸爸到海南东坡书院游览。原海南省儋州市政协主席黎圣三陪同。应书院之邀，爸爸为书院题字："东坡书院千古奇葩，中华民族文化瑰宝——八旬老战士温厚华书，2002 年 7 月海南儋州。"

爸爸就像一块磁石，走到哪里，哪里的人就会被他吸引。用他的热情、真诚、平易、睿智和亲和力，给周围的人带来温暖和祥和。

一年多后，爸爸因身体不好，只得离开海口到北京去治病。也不知从什么时候开始，院子里的人群渐渐散了，聚光灯也再没有亮起来……

2005 年 6 月 11 日，爸爸因病在北京逝世，终年 86 岁。根据他的资历，最后享受了党和国家很高的礼遇，与妈妈合葬在北京八宝山革命公墓红军墙，并与他生前的战友杨帆、姑母温士一等相逢在一起。

作为儿女，我们觉得孟子的名句——"仰不愧于天，俯不怍于人"是对他们一生最好的写照。以此刻为墓志铭。

俯不怍于人

仰不愧于天

温厚华　　张战英
1919.6.6-2005.6.11　1920.4.21-1997.3.23

1060

北京八宝山革命公墓红军墙，爸爸妈妈的碑铭

父亲的军人风采

儿子小军

父亲给在新疆认识他的人的印象，是一位思想政治工作者、教育工作者，是一位行政干部。他们并不知道父亲也是一位合格的、值得骄傲的军人。在战争年代，他和所有参战的英雄一样，同样经历了残酷的战争考验。

在日本侵略者侵犯我国、抗日运动在各地轰轰烈烈开展之时，父亲正在重庆从事抗日救亡运动。当时，一方面共产党领导的抗日救亡运动在国民党的迫害下，不得不转入地下，部分身份暴露的同志需要转移到解放区，另一方面父亲也决定从后方到抗战前线去，同日本鬼子真枪实弹地拼搏。1938 年年底，一批干部在八路军一二〇师集中。在联欢会上父亲高亢的歌声，特别是他与当时出名的一二〇师篮球队比赛后，引起了贺龙师长的关注。因为恰好要为新加入的同志分配工作，所以贺龙决定留父亲在师部工作。但是父亲不同意。我曾经问过他：你是一个从城市来的青年，在当时也算是"知识分子"了，为什么不选择留在机关工作？在机关不是更适合吗？父亲说，我就是奔着到战斗第一线来的，那是我的责任。就这样，在与他同时期来的大部分战友留在总部机关工作时，他走向了战斗第一线——一二〇师三五八旅七一四团。

11 月，父亲刚到部队就参加了第一次战斗。当时在山西的滑石片包围了日本鬼子六个中队的 500 余人。据父亲履历记录：上级将他分配到一营二连，与指导员一起做战场宣传鼓舞工作。在战斗中，父亲与战友一起，时而利用地形地貌掩护，时而发起冲锋，直到战斗结束，消灭了这股敌人。父亲写道："通过这次战斗，我第一次亲眼看到了日本兵的残暴，看到了红军指挥员上上下下灵活的战斗精神。"父亲经受了第一次战斗的洗礼。多少年后，父亲曾不无得意地讲，他还将缴获的日本军大衣送给了后方的战友。

1940 年 8 月 27 日，经过周密的准备，部队经过三天长途奔袭，于 30 日攻击了日本鬼子占领的阳方口（山西）并消灭了敌人，同时俘获了几名日本士兵。在当时俘获日本兵是比较难得的。部队很快撤出了战斗，经过一天行军，到一个叫"大虫窝"的山沟宿营，父亲与日本战俘太桑久吉谈话。父亲说，有一位俘虏拿出一大叠伪钞，试图贿赂父亲，放他生路。想到牺牲的战友和民不聊生的国人，父亲认为这是对他极大的侮辱，反手抽了那俘虏一记耳光。

由于当时部队领导警惕性不高，撤退转移距离太短，日军进行了反奔袭。父亲曾怀着沉痛的心情给我们讲述了这一段经历。宿营第二天一早，在山沟的部队正集合准备转移时，一个警卫排迎着露出山头的朝阳往上头爬去，以担任警戒任务。突然，父亲清楚地看到，山头上出现了日本的太阳旗。日军已经先机占领了山头！顿时枪声大作，警卫排迎着敌人向山头冲去，以延缓敌人的进攻，山沟里的部队则迅速组织行动突围。敌人占领着制高点，火力很猛，机枪疯狂地扫射着，封锁了山谷。此时部队只有尽快分散突围，才有生路。战友们都在拼死突围，情急已容不得父亲多想，他立即与一位通信员将日俘绑在一头骡子上，不断用鞭子抽打骡子，连人带骡子随人流往外突围（据说，成功突围之后，那位俘虏变成了一名反战同盟人士）。父亲则与其他战友，冒着枪林弹雨，往另外一个山头突围。就在这时，他亲眼看见前面的通信员不幸中弹，就在他眼前牺牲了；身边的另一位战士也被击中倒地，而他自己的军帽也被打飞了，幸好没有伤及皮肉。等他终于冲上山头，往下看去，敌人已经下到沟里。爸爸亲眼看到他认识的一位很有才华的华侨战友，由于还没有学会骑马，从马上摔下来，被日本兵用刺刀扎死了。

突围出去后，在集结地，当时的领导张平化同志交给父亲一个任务，让他带领一个排，连夜返回战场，搜集伤员并带回部队。临行前，他特意将自己的佩枪交给父亲使用。父亲带领一支部队，悄悄地又返回村子，先动员一些老百姓赶制了一批简易担架，趁着夜色摸进撤离战斗的山沟。当时日本鬼

1949年，爸爸任改造起义部队工作团秘书、宣传主任、军事副代表

子还驻扎在山头上，能清楚地看到他们燃起的篝火。父亲他们一边轻声呼唤，一边翻动躺着的人们，艰难地搜寻着。好不容易找到一个负伤的同志，就用担架抬上；个别轻伤或还能站立的，就在战友的搀扶下悄悄地转移。就这样，爸爸他们终于从死神手中救出了一批战友，并带领他们经过两天的行军，最后到达新的集结地，与主力部队会合，胜利完成了任务。

我想，父亲的这次经历，在我国人民抗战14年的过程中，也许并不复杂，也很平凡，但是对于一位只有不到两年战龄的年轻战士来说，他要完成的是要把已经没有战斗能力的士兵，从日本鬼子的眼皮底下带回安全的地方，他要面临的不仅是巨大的危险，而且还要具有处理突发问题的能力，这是多么不容易啊！我觉得此时的父亲，已成为一名成熟、合格的军人了。

父亲还讲过，解放战争时期，在第一次攻打榆林的战斗中，团部设在一个村舍里。突然有迫击炮弹在他们驻扎的房间附近爆炸。父亲和其他团指挥员凭经验，就知道这是敌人已经发现了目标，正在试射。父亲赶紧招呼战友们，从屋内冲出隐蔽。一位刚刚分到部队的上海青年，个子高高的，很有才。他并未在意，觉得父亲他们是小题大做，磨蹭着没有跑出来。紧接着又有一发炮弹从屋顶直落到房间爆炸了，那位青年不幸牺牲了，非常可惜。

坚守榆林城的国民党将领邓宝珊具有一定实力，我军攻城部队伤亡惨重，几经硬攻都攻不下来。当时彭德怀司令赶到前线亲自督战，在父亲所在的部队里大发脾气，甚至提出要处理几位部队领导。但是当他看到从前方不断抬下来的伤员，特别是看到指挥战斗的团领导也被打掉了胳膊时，彭老总难过得落了泪。后来由于敌人增援，部队只好撤出了战斗。

在攻占敌人囤积军备供应的战略重地蟠龙后，出了一件事。当时三五八旅的一位参军不久的农村战士在敌人仓库中，看到"洋布"做的面袋非常稀罕，就将"洋面袋"用刺刀挑破，倒出面，把面口袋直往腰上别。此时，恰好一纵王震司令员来到那里。他目睹此景，非常气愤，大声呵斥住那个战士。王震的装扮给爸爸留下深刻印象：上身一件油腻腻的棉衣，胡子拉碴，一点也不像我军高级将领，而像一位小老头。那个战士也不认识王震司令员，看到他那身打扮，自然毫不收敛，火头儿上竟操起刺刀比画起来，幸亏被警卫阻止住了。后来还是由父亲处理了此事。

战争期间，有一段时间，父亲和战友们每冲上一个山头，他就要吐几口鲜血。在那种环境下，既没有医疗条件，也没有时间看病，他竟然不知道自己已经患了肺结核。幸运的是，新中国成立后部队安排体检时，发现他肺部的穿孔已经痊愈，钙化了！甚至连医生都觉得是个奇迹。但是，因为父亲的肺部受到了严重的损伤，他的晚年备受肺疾的折磨，也是因为肺部疾病导致了全身器官衰竭而辞世。

父亲在十几年的战争中出生入死，有了丰富的战斗经验，他在给大学民兵演练时，以亲身经历，讲如何利用土沟土坎选择正确的方向，躲避敌人飞机的扫射。至今家里，父亲遗留的一个马褡子上，还能清晰地看到弹孔。

父亲对他在战场上同生共死的战友怀有至深的感情。他经常回忆起与战友们一起战斗生活的日日夜夜。他们亲密无间，夜里如何挤在一个大炕上御寒，饥饿时如何分吃土豆和南瓜，如何比试坐骑和为交换各自的佩枪打趣，等等。

父亲担任新疆大学党委书记期间，在一次爱国主义教育活动中，他给大学生讲了这样一个故事。在改造起义部队时，由于少数顽固分子抵抗并发起叛乱，致使工作团的六名战士

1949 年，爸爸在随营学校任军事副代表

干部被杀害，并被残忍地抛入粪坑，有的烈士身上有十几个枪眼。每每说起这些牺牲的战友，父亲总是悲从中来。晚年他住院治病期间，有次我去看望他，当时他病房里的电视机正在放映一部战斗片。他越看越激动，对我讲起在我刚出生的那些天，他正在前线带部队"打野外"，当时兄弟部队刚刚打下一座城镇，战场尚未打扫完。他看到许多牺牲战士的遗体还挂在铁丝网上，倒在护城河里。讲到此处，已是八十多岁的老父亲悲愤不已，号啕大哭。

他经常对我们讲战争的残酷，告诫我们现在的美好生活是多少烈士用鲜血换来的："我的身边就倒下来多少人啊！"

父亲给我取名"温小军"，就是寄托了他军人的情怀！虽然当时的环境是那样艰苦，父亲从来没有对自己的信念发生动摇，对中国的未来充满了向往，对生活充满了热望。他担任宣传干事，部队给他一台缴获的照相机。他很快就喜欢上了摄影，在战斗间隙，只要条件允许，他都将部队的生活、训练、战斗场景拍摄下来。他给我们讲，当时根本没有正规的冲洗照片的条件，他们怎样躲在老百姓的大木柜里，有时用香火代替红灯，冲洗照片等。现在，我们能看到他所拍摄的那个年代的真实的画面：行军途中老百姓正在夹道欢迎，宣传队员正在表演霸王鞭，士兵正在

1965 年夏，和爸爸在一起

20 世纪 90 年代，陪伴爸爸登临天安门

2002 年在海南，爸爸病中与子女相聚

20 世纪 70 年代末，迎接新生活的兄妹五人

20 世纪 90 年代，陪伴爸爸游览

进行架桥训练，各种土工作业，机枪阵地，工程爆破，部队集会，战友合影，英雄英姿，等。其中有张治中陪同毛泽东从重庆回到延安，在延安机场的一组照片。这些照片已经成为那段历史的真实写照和珍贵的史料。

过去父亲忙于工作，很少有时间与我们子女长谈过去的经历。他退休之后，我们子女们又都离家工作，所以上面的故事多是在和父亲一起看战争剧，读到相关文章或者看到战友们的照片、来信时，断断续续听父亲讲的。

父亲在抗日战争和解放战争中的几个画面，是他和他的战友为祖国富强而战的缩影；父亲临终昏迷时还呼叫着"党费往哪里交？""单位粮食没有了，要快调粮！""要相信群众相信党！"等，也是他们那一辈党员为党、为人民奋斗一生的缩影。

我的父亲，不仅是一位称职的行政领导干部、教育工作者，也是一位忠诚的、合格的军人！

2011 年 5 月于北京

20世纪80年代，爸爸摄于新疆天池

人生芳秽有千载

二女儿小明

为人

在我的心目中，爸爸几乎是一个完美的人。年轻时他英俊潇洒，多才多艺，不仅学习成绩优异，而且志存高远，充满朝气。在国家和民族生死存亡的危难之时，他毅然舍弃一切，投身革命，在腥风血雨中出生入死，拿鲜血和生命报效祖国。在和平年代，他一如既往地追寻自己的报国理想，时时刻刻将人民的利益放在心中。半生宦海，沉沉浮浮，却从来没有动摇过自己的信念。

在战争年代，爸爸是部队中少有的文化人。在和平年代，他又是身经百战的创业者。战争的磨难不但没有消磨掉他身上的书生气，反而使他比许多"老革命"多了一份儒雅。在他身上，坚定的信念、执着的追求与高洁的浪漫情怀达到完美的结合。

爸爸有很好的个人修养。历次运动，宦海沉浮，他把内心的屈辱和痛苦埋在心底，从来不抱怨，不发牢骚，也不在家人面前对工作上的是是非非说三道四，更没有见过他随意地议论他人。他有很强的党性原则和组织纪律，内心充满了一团火，却永远以谦和、文雅和淡定的气韵风度示人。

他是一位非常热爱生活而兴趣广泛的人。青年时代喜爱摄影，打得一手好篮球，又有一副高亢的歌喉。他热爱大自然，喜欢看美景，对美好的事物具有很好的品位和艺术鉴赏力。晚年他坚持多年，苦练书法，丰富的阅历加上他的孜孜以求，最终形成了清癯而娟秀的独特书法风格。

他重情重义，心中永远装着大爱。他对人民赤胆忠心，对百姓质朴平易，对家人亲友一片赤诚，对所有给予过帮助的人都心存感激。

他勤于学习，善于思考，这使他始终保持着清醒的头脑和敏锐的洞察力，即使到了晚年依然不守旧，不僵化，对新鲜事物充满了好奇。他思想活跃，精神世界十分丰富，对世间一切美好的东西都充满了向往。

他光明磊落、襟怀坦荡。他为人善良正直，诚恳而谦和。

爸爸是一个高尚的人，一个纯粹的人，一个脱离了低级趣味的人，一个有益于人民的人。

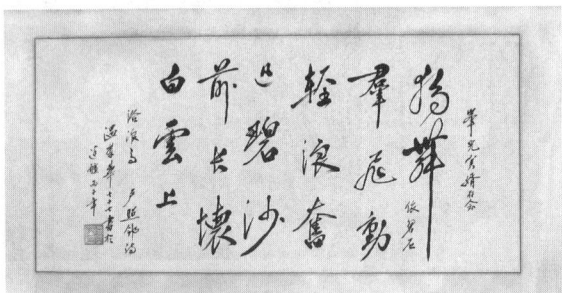

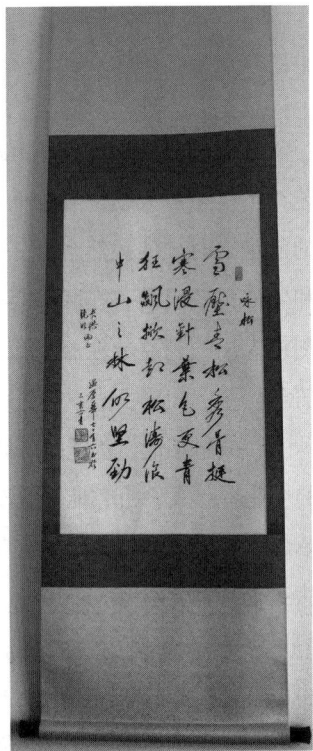

爸爸的书法

为官

爸爸自打投身抗日、奔赴延安、参军从戎，就开始了他一生的革命生涯。作为当时部队中少有的"知识分子"，爸爸很受器重，逐渐担负起越来越重的领导责任，"官"也越做越大。新中国成立初他就被定为行政 11 级，即所谓的厅局级"高干"。

中国千百年来的封建制度，使等级制和"官本位"思想根深蒂固。人们认为走仕途是"正道"，高官厚禄天经地义。做官了更要攀比，比官大小，比权力高低，比票子，比房子，比车子……

爸爸一生也在"比"，他比什么？他从小对我们说得最多的话就是："我身边那么多的战友都牺牲了。他们那么年轻，没有留下后代，甚至连姓名都没有留下。和他们比，我已经很幸福了。"——他在用自己生命的依然存在和失去生命的战友们"比"，因此他非常知足！因此他对什么官位，什么待遇，多少特权，多少荣耀，毫不在乎。他唯一在乎的就是，如何用自己幸存的生命更好地为人民多做点事，以告慰那些早已逝去的战友。

他晚年习字，有时即兴还创作些诗词。他给大姐题诗："树多百鸟飞，德高众望归。宁为昆山草，笑看昙花贵。"（散步八农校园随想，1996 年夏）送给我和爱人的条幅是"咏松：雪压青松秀骨挺，寒浸针叶色更青。狂飙掀起松涛

我们全家在爸爸书法前留影纪念（该诗为战友李春褆所题）

浪，中山之林仍坚劲。"（七十有六书）

离休以后，父亲潜心研究习练书法，技艺不断提高，作品被收入《新疆老年书法集》中。他最亲密的老战友之一李春褆专门赋诗一首，他自书后装裱起来："半生戎马半生文，战罢黄河渡玉门。老年摒弃酒肉宴，翰墨场上任驰骋。"它不仅是对爸爸一生真实的写照，而且爸爸用清秀隽永的字体书写出来，达到了诗意和笔墨完美的统一。我们非常喜欢这幅字。

晚年，他悄悄地给我们每一个孩子留下他的"遗愿"。有些在他生前就已经裱糊好，分别赠予了我们；有些是在我事后整理他的遗物时发现的。他书给大姐的是唐代虞世南的《蝉》："垂绥饮清露，流响出疏桐。居高声自远，非是藉秋风。"题给哥哥的赠语是："其身正，不令而行；其身不正，虽令不从"（《论语·子路》）；给我书的一幅："人生芳秽有千载，世上荣枯无百年"（南宋诗人谢枋得）。

在那么多的古典名言中，爸爸选了这幅字，意味深远。的确，他一生都在追求这样的境界，荣华富贵，过眼烟云，他淡定地对世事有了清醒的洞察；而他追求的是人生的意义和价值，是精神与品格的永恒。这幅字既可以看成是他给自己的座右铭，也是他留给我们对人生价值的认同和勉励。

爸爸是这样想的，更是这样做的。他一生都在坚守着信念和情操，践行着理想和诺言。他宦海几十年，却"居闹市而近田园"，始终严以律己，没有沾染上官场上那些吹吹拍拍、趋炎附势、阿谀逢迎的习气；他淡泊名利，一生勤勉工作而不计得失；他忠诚正直，恪尽职守，不说假话，不阿权贵；他为官清廉，坚持操守，两袖清风。

"政声人去后，民意闲谈中"。爸爸给我们做出了为官为政的榜样，也留给了我们安身立命的法宝。

为夫

爸爸和妈妈结婚，相敬如宾，走过了五十多年的历程。"金婚"对于每一对夫妻来说，不仅意味着生命要相依相伴，婚姻更要和谐稳固。

在我们孩子的心中，作为丈夫，爸爸宽厚、隐忍，做事谦让大气却非常细腻，对妈妈的爱是始终如一、由内而外的。说来，爸爸是在城市里长大，

晚年，爸爸妈妈在自己种的果树前

虽然家道中落，但毕竟是大户人家。而妈妈是地道的农村姑娘，虽然他们有着共同的理想和追求，但无论从家庭背景、成长环境，还是生活习惯、兴趣爱好，都有太多的差异。但听爸爸自己讲，和妈妈谈恋爱，是他自己主动的选择。他说，他就想找一个人品可靠、为人正直、善良淳朴，而且勤劳能干的女人。妈妈正是他心仪的人。爸爸注重的是人的品行，在他看来，这是作为夫妻最重要的基础。正因为如此，多少年来，虽然他们曾有过误会，有过磨难，但爸爸对妈妈的忠诚，一如他在政治生活、经济生活、家庭生活中一样，是始终如一的，是问心无愧的。

爸爸是妈妈的精神支柱，尽管妈妈也是一个性格刚强、自强自立的女人，但无论在政治方面、在工作中还是在学习上，妈妈都非常敬佩爸爸、依赖爸爸。每逢在工作中遇到困难，或是有什么心结，妈妈都会和爸爸谈，寻求爸爸的帮助和宽解。这么多年来，尽管经历了那么多的政治风浪和磨难，但他们俩从来没有在思想上发生过任何分歧，而且越是在危难时刻，夫妻之间的相互信任和支持，就越显得弥足珍贵。

爸爸对妈妈的好，我们从小就看在眼里。记得20世纪60年代，爸爸经常有一些开会中的社交活动。每到这时，都是爸爸亲自给妈妈收拾打扮。从穿衣、修饰，到梳头、喷香水，爸爸忙前忙后，极有耐心。反倒是妈妈因不大喜欢和适应这些，有时显得不情愿。我们就在旁边帮腔，一边起哄，一边帮着爸爸给妈妈打扮。看到他们神采奕奕，尤其是妈妈突然间变得那么时髦和漂亮，我们当孩子的，心里开心死了。

小时候，我们的衣服基本都是妈妈亲自制作，心灵手巧的妈妈永远把我们打扮得漂亮入时，在同龄小朋友中，我们的衣服总是最好看的，尽管那时生活很困难。这些可以从那些留下来的照片中得到印证。而妈妈的好衣服，都是爸爸给买。每次爸爸出差回来，展示给我们买的文具、玩具和给妈妈买的衣服，是全家人最快乐的时刻。记得爸爸曾经给妈妈买过两件大衣，一件是雪花呢，一件是深蓝色裁绒的，其式样高贵典雅，即使放到现在也不过时。为了那些衣服，"文革"期间可没有让妈妈少操心。她不得不心疼地对它们进行改造，许多给我们改成当时流行的款式，总算是"废物"利用了。那件裁绒大衣到现在还是当年拆成的散片，压在箱底多少年了。

由于爸妈生活环境的差异，因此在家里，爸爸是最喜欢干净整洁的，并亲自收拾房间。那时他工作很忙，但只要有一点时间，他总是耐心地坐下来，把书桌的抽屉打开，一点一点地清理，用各种小盒子将里面的东西分门别类摆好。他很享受这种整洁，但对妈妈有时东西乱放也从不发火，只是下次再抽时间收拾就是了。

爸爸天生脾气很好，从小我们就没有爸爸发火的印象。他对全家人都很好，对妈妈更是体贴备至、呵护有加。年轻时他会偶尔抚摩一下妈妈的头，或是坐在床边和妈妈说话。这些亲密的举动，他并不回避我们。到了晚年，他更是经常帮着妈妈做事，给妈妈洗头、梳头。家里来了客人，他也经常亲自下厨，烧几个好菜。妈妈住院，他顶着烈日，挂着拐棍，走很长一段崎岖不平的小路，亲自去给妈妈送饭。晚年妈妈唯一的爱好就是打麻将，爸爸基本不参加，但他总是在旁边做好"后勤"服务，只要妈妈高兴，他就开心。家里的电视，如果有孙儿在，一般就由孙儿们把持着；到了播放戏剧节目，全家人都一定先让妈妈看，而爸爸永远是排在最后，好像从来没有随心所欲地霸道过——尽管在外面他是那样坚毅和果敢。

爸爸妈妈这么相爱，家里的气氛永远是那么温馨和睦、平等民主。一家人在一块，永远是无比的亲密快乐。

为父

不知道别人家是怎样的，反正在我们家中，爸爸是百分之百的慈父，倒是妈妈更加理智和严厉一些。从小长大，只记得少有的一次爸爸发火。那是在我

我一岁时，在妈妈的怀里

我 6 岁时摄于中宣部宿舍的阳台

20 世纪 90 年代，我们全家和爸妈在一起

们全家去新疆途经兰州，住在当时新疆维吾尔自治区政府招待所。我们全家就住在一个房间里，那时条件非常简陋，地面没有铺什么砖，直接是土。爸爸发火的原因是我们在屋里打闹，不小心把枕头掉在地上了。他怕把公家的东西搞脏了，就让哥哥捡起来。可能哥哥一时拗劲上来，不捡，就把爸爸惹火了。那是我们第一次看见爸爸发火，不为别的，还是为了公家的事。

从小到大，爸爸对我们五个孩子万般慈爱，既有原则，又有极大的耐心。不管是谁病了，有困难了，第一个抱起的一定是爸爸。他把我们每一个都叫"幺儿"，长多大了还是"幺儿"。

爸爸生性浪漫，兴趣广泛。在我们的记忆里，周末全家出游是经常的事。"让我们荡起双桨，小船儿推开波浪……"每当这首歌响起，我就仿佛回到了幸福的童年，脑海里浮现出在北海游玩时的情景。可以说，这首歌是我童年生活真实的写照。爸爸不仅带我们出去，还经常约上在北京的老战友，几家孩子欢声笑语，嬉戏打闹。爸爸就忙着给大家照相……即使到了新疆，条件比不上北京，爸爸还是想方设法带我们出去找乐。只要有块草地，有条小溪，就是我们春游、野炊的好去处。

爸爸非常有艺术品位，小时候家里的陈设都是出自他的心意。什么镂空图案的台布，镶着蕾丝花边的窗帘……尤其是齐白石的木版水印国画，都是成套买回来的。其中那几幅著名的虾趣图、枫叶鸣蝉、荷花、白菜等写意花鸟画，印象最深。画面上栩栩如生的游虾，蝉翼和蜻蜓翅膀薄得透亮，活灵活现，精致至极。这些都成为我们艺术启蒙最早的记忆。

爸爸非常有情趣，每次出差，总要给家里带回来一两件小物件、小摆设。什么用景泰蓝做的台灯；一个绿色荷叶上趴着一只小青蛙的烟缸；要么就是一套非常典雅的瓷器，或是几只白如凝脂，印着蓝花、镶着金边的盘子……

爸爸喜爱瓷器，孩子们结婚得到的最好礼品总少不了一套瓷器。物件不在贵贱，关键是品位。"文革"以后，社会安定了，生活条件改善了，家里餐具不仅非常丰富也很讲究，大都是成套的。每次比较正式的家宴，都要把这些瓷器拿出来，按照用餐的顺序提前摆放好。每人面前都有一套，诸如小餐碟、小餐碗、汤匙……各色菜肴要配不同的盘碟、汤盆，餐后每人还有一条小毛巾用来擦手。真的是美食美器，精致中透着品位。爸爸妈妈好客，隔三差五地就愿意和亲朋好友聚一下。爸爸还经常亲自下厨为客人烧几道好菜，其乐融融。从小生活在这样的氛围里，对我们审美情趣的培养大有益处。我们几个孩子长大后，或多或少显露出一定的鉴赏力，这与从小的生活环境有着决定性的关系。为此我们非常自豪。

爸爸妈妈工作忙，我们孩子又多，印象中他们从来没有专门对我们进行过说教。但是他们自身的言行远远胜过说教。高尚的品格、坚定的信念、坦荡的胸襟、勤奋的作风、平易的性格，以及他那博大的爱，是爸爸留给我最宝贵的财富！

为友

爸爸感情丰富细腻，对家人、亲人、友人充满慈爱自不待言。最可贵的是在，不同时代结下的同窗情、战友情、同事情，他都非常珍惜，常来常往，保持终身。

　　我们家有一张特殊的照片，谁看了都不会不动容。1935年，当时在重庆从事秘密救亡运动的爸爸与他的一群志同道合的同窗好友结下了非常深厚的友情。作为城市学生，虽然他们怀揣着满满的爱国热情和抗日激情，但骨子里依然存有文化青年的浪漫情怀。他们希望用影像留下这段深厚的情谊，因此在某一天，爸爸和三位重庆救国会最亲密的战友在一个照相馆留下了一张珍贵的合影。

　　时间转眼就过去了50多年。20世纪80年代末，四位亲密朋友又在北京重逢了。当年风华正茂的热血青年，都已是白发苍苍的耄耋老者。他们历经了艰苦卓绝的战争岁月的洗礼，在新中国的建设中继续呕心沥血，艰苦创业。经受了"文革"的考验，他们都坚持下来。岁月磨蚀了他们的身心，却没有泯灭他们的信念。迟暮之年，他们忆及往事，感慨万千，并做出一个令年轻人都意外的举动——时隔半个多世纪的再次合影。每个人或坐或站，却依然是曾经的那个位置——如此的浪漫和富有情趣。

　　最可贵的是，一位叔叔竟然把这相隔近60年的照片翻洗并放在同一个画面上。相同的位置，相同的姿态，脸上依然带着纯真的笑容；不同的是青涩的面庞变成了满目沧桑，活泼的身影换成了龙钟老态……把这一组照片放在一起，给人的感觉太震撼了！

　　敬爱的爸爸妈妈给了我生命，更给我留下做人做事、安身立命的精神财富和品格。作为你们的女儿，我无比的幸福！

2000年夏，我陪爸爸在北京老战友家庆祝生日

永远不能忘怀

三女儿小珊（晓珊）

爸爸在美国的趣事

2000 年初，在小妹莎莎的陪伴下，爸爸以 80 岁高龄，乘飞机从北京来美国纽约探望我们全家。

飞机到达纽约肯尼迪机场，爸爸为了向我们显示他身体尚行，执意不让妹妹背他的背包，他红光满面向我们走来。他的两个美国外孙给了他满满的爱的拥抱，他在美国的第二次旅程就开始了（第一次是 20 世纪 80 年代初，随国家教育代表团来美）。

爸爸与生俱来并保持到他生命最后一刻的、像孩童一样的好奇心以及好学的个性，在美国五个多月的时间里，从来没有这样深刻地留在我们全家的记忆里。

我在他到达的第一天就用一个作废的信用卡，给他做了一个身份证，上面密密麻麻地写满了与我们联系的信息。我知道爸爸的好奇心与好学，常常会不听我们的告诫而擅自改变我们为他做的安排。爸爸每天早上出去散步，周围几条小街已很熟悉。我们早起上班，送孩子上学如同打仗一样忙乱。爸爸也就不需要我们陪伴了，开始每日早早自己出去了。但的确有几次，我动身之前他还没有回来，着实令人担心着急。有一次，他走出自己熟悉的地方之后就信心满满地向临近的一所老人院走去。这是一所为精神有障碍的老人设立的，就在离我们三四个街区处。爸爸就在那里迷失了。他就是好奇，想去看看这个设施。可以想见，当他把我给他的那张小卡递给那些智障的、嘴里不停喃喃自语的老人时，他们会告诉爸爸什么……不过从那以后，爸爸就经常"散步"到那里，观察那些老人是怎样生活，政府给予何种程度的关注，他深为感动。

爸爸参观纽约大都会博物馆

大多在晚饭之后，我也会陪他出去走走。有我的陪伴，他就会走得远一点。我们当时住在纽约布朗区一个叫"河谷"（Riverdale）的小镇，这是一个很富有的人与很贫穷的人混杂聚居的区域，在纽约因为这个特点而很有一些名气。它位于著名的哈德逊河的高坡岸边，这里有海明威、中国宋氏家族、肯尼迪家族等名人的名宅。有时，我因为周六加班，就开车把爸爸送到河边美丽的公园，让他在那里读书、赏景。几小时之后再来接他。每到一处，爸爸都要仔细地观察每一所建筑、桥梁、园地。他经常用手去触摸，不胜感慨地说："多好的质量啊！这才叫百年大计啊！"

每年7月，河谷镇的万考德兰大公园（Van Cortlandt Park）都要举行一年一度的由纽约爱乐乐团（New York Philharmonic，美国最著名的管弦乐团之一）主办的夏季音乐会。这是免费向公众提供的音乐会，吸引大批听众。每年那一天，从下午开始，就有很多的警员来引导车辆的停放。几千人的露天音乐会，被这些警员安排得井然有序。方圆数公里的公园草地上搭起了巨大的舞台。人们从下午就陆续到来。很多人铺开地单，点起蜡烛，支起折叠椅，摆上小吃。最传统的是，大家都带来葡萄酒或香槟。夜晚，在星星点点的烛光中，享受着美酒与音乐的浪漫。这是一种难得的享受，因为一般老百姓都难以支付昂贵音乐会的门票。我提早下班，与小女儿带着爸爸，在草地上铺开地单，把爸爸安置在舒适的折叠椅上。当天晚上爸爸听音乐时那如醉如痴的情景，至今历历在目。音乐会散了，他还兴致勃勃地向我评价节目中女高音的领唱。我才记起爸爸接受过声乐训练，曾经在抗战期间用自己高亢的歌声，鼓舞人们和战士们的斗志。他当时唱的方法就是美声！

我也记得带他去曼哈顿（Manhattan）南九街码头。这是观光者常去的纽约一景，因为南九街码头曾经是早年纽约很活跃的商业码头，又位于布鲁克林大桥之下。布鲁克林大桥是世界上第一座悬索桥，由父与子两代建筑师相继努力而建成。坐在南码头，还能望见远处海湾处的自由女神像。如果时间和体力允许，信步就可以走到去自由女神像登船处的炮台公园（Battery Park）以及进入高楼耸立的下城华尔街。爸爸一进南九街码头，就被一个用气球做成各种形态的艺人的表演所吸引。他就像围着那艺人的孩子们一样，开心地笑着。下午，当他走累了，坐在布鲁克林大桥下，听我讲述刚刚学到的有关它的一点知识，他专注的神态与他的身体在橙色的夕阳之下，与布鲁克林大桥浓浓地融在一起。

爸爸摄于美国哥伦比亚大学总图书馆前

　　不仅仅是这些观光点，任何地方，如果他能身体力行，或者我们可以开车带他去，只要我们问他，他都会用浓浓的四川口音回答说："去看一看嘛。"即使是买一根葱，他也不会放弃了解美国的机会。

　　我曾带爸爸乘纽约地铁，他看着上上下下的人群，悄悄地对我说："他们的身体多好哟！"美国人因为吃得太好、太多，相当大比例的人有不同程度的肥胖。特别是少数族群中，如黑人，以及来自南美的西裔人。所以我孩子非常不解姥爷的评语。我对他解释说：中国人苦难的过去一个重要的标志就是饥饿而造成的体质瘦弱。姥爷对此印象太深刻了。的确是这样，当我们漫步在曼哈顿饭馆集中的街头，他会情不自禁地驻足，瞠目结舌地看着侍者送给客人堆成小山一样的食物。他说："怎么会吃得下这么多的东西？"我最追悔莫及的是，当时我先生还在做住院医生，家庭生活仍然拮据。我原先的"宏伟计划"——让爸爸在纽约吃遍全世界，实际上根本没有实现。

　　为了让爸爸了解美国的宗教情况，我带他去了几个著名的大教堂。有一次还很凑巧在圣派翠克大教堂观看到一天主教的婚礼。看着拖着长长雪白婚纱的新娘与新郎在神父的主持下，由神见证他们的结合，爸爸的眼眶湿润了。

　　我还带他去了一个基督徒朋友的家，参加他们的见证聚会。别的信徒都在发言见证主耶稣的神迹。爸爸也发了言。他说："我的信仰与你们不同，但是我们都是属于世界上的好人。"引得笑声与掌声。

　　也在同一天，在新泽西州以华人为主的教堂里，爸爸遇见了一个曾为蒋介石开飞机的国民党老飞行员（他称蒋介石为"老总统"）。爸爸与他年龄相近，提起内战时的战争，他们居然曾在同一个战场作战。只是一个在天上打，一个在地下打，一个是国民党员，一个是共产党员。当他们激动地讲述他们各自的作战位置时，我好像身临其硝烟弥漫的战场。几十年之后，在美国的国土上，敌对的国共"双方"，终于握手言和了。

　　爸爸渐渐熟悉了周围情况，我就把接女儿放学的事交给他。第一天我仍然放心不下，他前脚出门，我后脚从公司赶回来就跟了去。映入眼帘的是：爸爸站在接孩子人群的第一排，以至于他的前脚尖紧紧地抵着最下一级台阶。这是家长被允许到达的最近距离。他眼睛一眨不眨地紧紧盯着孩子出来的那扇门，表情就像要做重要工作那样专注与严肃。他一定是在想，这是他能为女儿做的唯一一件事。

五个月在美国的生活，爸爸从来没有落下每日的华人报纸与杂志。他追踪美国的每天，了解世界发生的大事。他与华人交谈；去教堂；去孙儿学校仔细参观；还乘坐了七天加勒比海的豪华游轮……在所有这些观察、学习中，他审视着社会主义与共产主义的理论与实践，审视着中国的过去、现在与未来。他常常会发出这样的感叹：国富民强，人民安居乐业啊！

在他回国的前一天，我在为他打点行李时，左右为难——怎么把我为他卤的、他最喜欢的牛舌带回去。而他担心的却完全不是这个：他最担心的是我有没有把那本相册装好。那相册里边，是我们为他拍摄并记录的大量照片。据哥哥姐姐讲，回国后，那本相册作为他非常珍视的影像资料，经常拿出来向人们真诚地讲述他在美国的所见所闻。他最想告诉人们的就是：我们也要国富民强，人民安居乐业！

加勒比海豪华游轮历险记

7月，我与先生带着父亲与小女儿，从纽约飞往迈阿密，参加七天的加勒比海之游。

当日下午，我们登上"挪威号"豪华游轮。游轮设施豪华，犹如电影《泰坦尼克号》的再现，使老父亲恍若隔世，充满了兴奋与期待。整整七天，风和日丽。豪轮犹如一座海上宫殿，使人享尽天上人间的乐趣。所有的乘客都享受着帝王般的款待。本应是一场完美的旅途，却因老父亲的一场历险，犹如沉船惊魂。现在回想也颇具戏剧性。

第五天，游轮抵达圣托马斯岛。这座小岛是美属领地。上岛前一天，我们预定了上岛游玩的票。同时也收到了船上发的通知。像我父亲这样的非美国公民，上岛前要在船上接受岛上移民官的检查。虽然游轮属美国领土，但是由公海驶入美属领地，仍然被认为是由国外进入美国领地，需要接受护照与签证的检查。有美国公民身份的我们，没有在意这件事，却忽略了父亲这唯一的"非美国公民"，没有向父亲提起这事。

不料第二天一早，父亲略感不适，决定取消他自己上岛的计划。我于是通知服务台取消了父亲的订票，但全然不知道父亲的名字早已在前一日订票时，

爸爸乘豪华游轮，到达迈阿密

爸爸在游轮上

进入了岛上移民官的护照与签证的检查名单上了。

离开游轮前，我们安排了父亲的早餐，交代了所有应该注意的事项。爸爸虽已八十，仍童心未泯。我知道父亲好奇的天性，生怕他好转后会禁不住出外走动，特意留下了一张用英文书写的条子，叮嘱父亲一定要带在身上。条子上详记了父亲与我们的名字、舱号以及他的健康状况等，以备不时之需。

爸爸一再保证，他会睡一个长长的觉。在我们2点回来之前，一定不会到处乱跑。

近2点时，我先生惦记着对父亲的承诺，紧着催促我与女儿向渡轮方向移动。我的眼光落在一大堆木雕的茶具上，开始与卖主讨价还价。突然听见先生一声大叫："啊呀！那不是爸爸吗？"我顺着他的手向渡轮的入口望去，只见爸爸穿着显然是先生的长衫，因为过大，像是甩着两条水袖，正以与他年龄不相称的速度，大步跨入渡轮。尽管是一百码之外，我仍能看见他因为愤怒而涨红的脸。

我们顿时慌作一团，不知道父亲怎么会离开停泊在公海上的大游轮，突然出现在这个小岛与大游轮之间交通的渡轮上。我们拉扯着女儿，连跑带跳地登上渡轮，在人群中找到父亲。父亲一见我们，第一句蹦出来的话是："什么自由民主？简直是一派胡言！"

原来，父亲睡到 10 点，感觉好多了，于是完全忘记了对我们的承诺。豪轮上那些竭尽豪华之能事的游乐场、餐厅、演出厅如迷宫一般，不要说 80 岁的老人，连我们都很容易迷失其中。他每日与我们在十层高的大游轮里上上下下，在各层之间穿梭，所以他非常自信地认为，他没有问题！他甚至没有带上我留下的写满英文的条子！可是他到底还是在回舱的路上迷了路。

父亲知道每层都有服务台。不知道用什么办法，服务台小姐居然弄明白了父亲的名字。计算机立即显示，此人没有在今晨出现在移民局检查官的面前。岛上的移民官在船上等到 8 点，交代相关人员，如果此人出现，要送到岛上的移民署完成检查手续。这位移民官才返回了托马斯岛。

当我们乘坐通往托马斯岛的渡轮时，游轮正在用英文一遍又一遍地呼叫着父亲的名字。甚至在父亲住的舱门底下塞进一张纸条，可惜不懂英文的父亲无论对广播还是纸条全都浑然不知。登记上岛旅行的"非公民"们已全部通过检查，唯有父亲千呼万唤不出来。

父亲出现在服务台真是"自投罗网"，服务员如释重负，大概如果父亲不办手续，"挪威号"大游轮今天就得停在托马斯岛了。

父亲在一位美丽的服务小姐的陪同下，步出大游轮，登上了开往托马斯岛的渡轮。一路上，他完全不知道她亲切的谈话是什么内容。可是，当他被送出大游轮时，他已经意识到，他客气的微笑与"Yes"应酬并没有让他回到他想回的舱房。他连比带画说的中文，也没人能明白。他开始惊惶不安。10 分钟后，渡轮载他踏上托马斯岛，被交到等候在渡轮口的身着制服的移民署官员的手里时，他完全不知所措了。

父亲不知道为什么他被带离游轮，更不知道他与穿制服的"警察"有何公干。他只是感觉到事态严重，就开始用谁也不懂的汉语大喊大叫，拒绝被带离渡轮。他的抵抗显然被那些只习惯与偷渡客打交道的移民官认为是很不合作。10分钟前，他是船上尊贵的客人，10分钟后，他就像一个没有权利的囚犯，像铲雪一样地被放上岛上的移民署的汽车。

在移民署里，他们把父亲安置在一间小屋的床上坐下，示意让父亲安静下来就离去了。此时老爸无计可施，只有一个念头：回到游轮才能见到我的女儿。见到女儿就万事大吉了。

到底是久经沙场的父亲，此时他虽然心中仍然没底，但惊而不慌，急而不乱。他突然想起口袋里有一张小塑料卡片。那是父亲到美国的第一天，我用一张废的信用卡做的。在这张小卡片上密密麻麻地用英文写满了我们的姓名、地址、电话、工作和父亲所患疾病等信息。

父亲冲到门边，边用力敲打着房门，边继续用中文大声喊叫。移民官打开门，接过父亲手中的卡片，带他去了办公室。他们微笑着对他说了一些什么，然后带他上了接他来时的那辆车，又带他回到渡轮口。

以下发生的就是我们在渡轮口看见的一幕。

看见父亲虽然激动却安然无恙，先生感到万幸，就息事宁人地说："人安全就好，算了，算了。"我不出一声，心中却在翻江倒海。回到游轮把父亲安顿回舱后，我立即向七楼的服务台走去。

前台小姐见我乌云密布的脸，顿时变得十分小心。我劈头盖脸的第一句话就是："你们对我的父亲做了什么？"小姐还没有来得及回答，我又说："请你们的经理来。"小姐立即转身去找经理。经理也很快就出现在我面前。我话未出口，眼泪已滂沱而下。10分钟前的后怕（在这几小时的押解中，未造成老父亲身体的意外），此时宣泄而出，竟一发不可收拾，以致经理站在我面前，轮到她惶恐不安、手足无措了。

我好容易止住眼泪，此时的后怕又转变成愤怒。我一字一顿地对她说："我父亲在美利坚合众国的国土（游轮）上持有合法的中华人民共和国护照与合法签证，却在他不知晓、不自愿的情况下，被强行带离游轮。此行为已经严

游轮停留在加勒比海一个美属小岛上

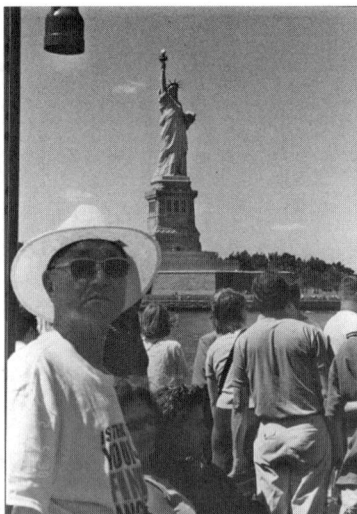
爸爸在驶往自由女神像的渡轮上

重违反了我父亲的权利。我没有什么可以说的，等待我的律师吧！"说完，我拂袖而去，留下一脸错愕的经理与一头雾水的前台小姐。

经理迅速搞清了发生的事情，很快就邀我谈话。但是由于父亲和我的尊严受到侵犯，以及从"皇帝"到"庶人"的落差，我怒气未消。

经理先是彻头彻尾地道歉，然后我才知道，整个上午几十次的广播与通告，对于不懂英文的父亲而言，真正是"对牛弹琴"。父亲以为我的那张小卡片对"释放"他起了决定作用。实际上，因为移民官未能如约在游轮上见到父亲，按照正常程序，父亲必须履行"踏入美国本土"的过境手续。因为在美国移民官的眼里，全世界的人都有移民美国的嫌疑。他们做事一板一眼，没有什么灵活性，所以父亲才被送到岛上移民署。

话说到这里，我已经平静了许多。待我回到舱时，船上已派人送来了一篮精美的糕点与一封正式的道歉信。半小时之后，满脸笑容的服务员又送来了一筐新鲜的水果。宽厚的父亲已经招架不住了，连声说："快去对他们说，不要再送东西了。他们也是例行公事。我早已不生气了。"父亲那副负疚的模样，反倒像是他做了什么对不住这艘大游轮的事。

第二天，巨轮停泊在一座美丽的小岛上。父亲坐在浸在水中的海滩椅上，平静地眺望着加勒比海的蔚蓝。我不知道他是不是还在回想着昨天的惊魂一刻，而我却后悔地想着我与经理最后的谈话："您父亲喜欢葡萄酒吗？雪茄烟呢？"经理亲切地问。我当时怒气仍未全消，加上平时就很愚钝，完全没有听明白经理赔礼道歉的用意，只是一味地说："No，Thank you。"现在反应过来，真是悔恨万分，应当说"Yes"，那一定是价值不菲的葡萄酒或雪茄，却白白失去了拿到的机会！

病中的思绪

我永远都不能忘记，2004 年爸爸病重时，我从美国赶回来见到他老人家时的那一幕：

哥哥在北京国际机场接到我之后，我们就直接赶到北京 306 医院爸爸的病房。大姐飞飞、二姐小明与妹妹莎莎都在。我与她们轻轻打过招呼之后，就走到爸爸的病床前。爸爸闭着眼睛，没有听到我进来。我凑近他轻轻地叫他："爸爸，我是珊珊，我回来看你来了。"爸爸睁开眼睛，立即认出了我。他泪水溢出眼眶说："珊珊，你回来了！"

接下来的第二句话让我们十分震动。他说："珊珊，你看了电视新闻了吧，连战来大陆访问了（他指：国民党与共产党又握手言欢了）……"突然间，他老泪纵横，说："多少人流血牺牲了……"然后，他艰难地托起上半身，使尽他全身的力气，大声唱起来："大刀向鬼子们的头上砍去……"歌声从他病重瘦弱的躯体里迸发出来之后，他就不能再支持下去，倒回到枕头上。

我泪如雨下，在爸爸病重的思绪里，他在考虑着这些事情。他从十几岁就为了中华民族的解放事业而投身于他忠实信仰的主义。为了他的信仰与人民，他毫无索求地贡献了 70 年。比起那些牺牲了同辈，他是幸运的，在他的弥留之际回首自己的一生，他仍然在思索着、坚守着他们为之奋斗终生的理想。

2011 年于美国纽约

缕缕温情留人间

小女儿莎莎（温瑾）

亲爱的父亲已经离开我们六年多了。母亲和陈妈也离开我们有十几年了。但是我能时时感到，他们仍在我身边。他们的音容笑貌总是不断在梦里见到，在眼前浮现，我多么想就生活在这些情景之中，多么想再听到他们的声音，看到他们灿烂的笑容，享受跟他们在一起的温馨！但唯有写点什么以寄托我的怀念！

父亲很温和。我们兄弟姐妹五人，从未有挨过打，而且几乎没有挨过骂。家里的气氛总是暖暖的，用现在时髦的话说是民主、和谐的。我也少有见到他向外人发脾气。在我的记忆中，只有一次他向我和三姐晓珊发了脾气。记得那时他是"新疆大学革委会筹备委员会"主任。与当时许多老干部、老党员一样，他并不理解

20 世纪 80 年代初在北京大学读书期间，和爸爸在一起

"文革"。在那样的风口浪尖上，工作千头万绪，他压力之大可想而知。可12岁的我和14岁的三姐一点儿不懂，有一天吵架，已经忘记是什么鸡毛蒜皮的小事了，总之吵得昏天黑地。三姐甚至威胁，要离家出走。爸爸在长时间劝说无效后，用力拍了一下桌子，怒吼一句："无法无天！"这是父亲第一次冲我们两个人发怒，我和三姐都怔住了，与其说是害怕，不如说是震惊。这是我唯一一次挨父亲训斥，所以记忆深刻。

"文革"前，我们几个孩子都住校。每周六回家，所以晚饭很重要。大家围坐在餐厅的桌子边上，姐姐哥哥们总是要讲发生在学校的趣事。饭后也不撤碗碟，一直聊到很晚。后来我们都成家了，还保留着团聚时聊天、饭后不撤碗碟的习惯。晚饭后，我们每个孩子还要把老师写着"操行评语"的小册子给父母看。如果谁有"上课说话""上课做小动作"等不良评语，这个孩子就会被留下谈话。是真正的谈话，父母平心静气，却让人难以忘怀。

父亲满腔柔情。他和母亲张战英伉俪情深。母亲也是领导干部，工作很忙，但她秉承了中国妇女克勤克俭、任劳任怨、宽厚仁德、自立自强的优良品质。我们五个孩子身上的衣服不能烂一个口子，掉一个扣子，她说："这样别人会笑话我。"她在家的时候，我从未见她"平平手待着"，不是在织毛衣，就是在缝衣服。每年六一儿童节和五四青年节，姐姐哥哥们都要穿白衬衣蓝裤子。这之前，缝纫机会彻夜响着。母亲的贤良还表现在她对老人的赡养上。除了外祖母她要供养，父亲的祖母、我祖父，甚至是继祖母（她自己有三个亲生的孩子）都是父母供养，直到他们20世纪70年代中期相继去世。母亲按月寄钱，从未有过怨言。父亲在退休前基本上不管家务，但是他对母亲的付出怀着深深的感激。我小时，他跟我说："你妈妈就是咱们家的'老黄牛'。"母亲晚年唯有一个嗜好——打麻将。我们住在新疆八一农学院，家属区里有几位阿姨是我母亲的"牌友"。每次来打麻将，每人分配几张小圆塑料片充当"赌资"，郑重其事地输输赢赢。父亲对母亲的嗜好非常惯纵，每次阿姨们来了，他又是泡茶又是冲咖啡。中午了，如果她们还"战斗"得如火如荼，他就自己泡方便面或者去食堂买碗面吃。

父亲很慈祥。我两三岁时，一哭闹，他马上来哄。记得最清楚的是变戏法。他掏出一条手绢，用两只手的大拇指和食指捏着，一反一正让我看，问：

"手绢上没有火柴吧？"
然后他把火柴倒在桌子
上，把手绢盖在火柴上，
嘴里说着"变变变"，一
把抓起手绢再摊开，火
柴就在他手绢里了。这
让我极端惊讶！虽然我
脸上挂的泪珠还没有干
呢！他在家时经常伏案
工作或看书，可是不管
什么时候，我去找他认
个字、问个事，他从来
都没有表现出不耐烦，
而是立刻放下手中的工
作作答，直到我满意为
止。有时他会带我们去
打乒乓球，主要是和哥
哥小军对打。他晚年时，
当我们姐妹四人簇拥着
父亲出门，碰到街坊邻
居或者他的同事，他们

1995 年，陪爸妈在乌鲁木齐红山公园游玩（左起：莎莎、妈妈、二姐夫长虹、爸爸、二姐小明）

20 世纪 70 年代，兄妹五人摄于新大小树林

总要说："哎呀，温书记，你有四朵金花啊！"他的脸上会立刻露出幸福甚至是
得意的微笑。

父亲很有情趣。小时候，乌鲁木齐南公园还是一片水草丰茂、人迹罕至
的荒郊野外。父亲就带着我们一家，跟其他同事一起，在那里野餐，吃着母亲
和陈妈烙的甜饼子，喝着暖壶里泡的砖茶。我和几个小孩子在树丛中、草丛中
跑来跑去，欢声笑语。现在想来，那比人还高的葱葱绿草，汪汪清水，是真正
的野情野趣。父亲天生一副好嗓子，据老亲戚们说，他小时候神父甚至给他灌
过唱片。他上台去唱京剧"毛延寿"，唱着唱着忘记词了，刚跑下台，又想起

1998 年参观卢沟桥抗日纪念馆

来词了，又跑上去唱。1936 年开始，他参加抗日救亡运动时，有战友回忆说："凡集会结束前，必须听温厚华高歌一首。他的歌声高亢明亮。"我们也爱唱歌。一次我唱歌时，父亲听见了，他说："你哪里是唱歌，是在喊歌儿！"就来教我发声的方法。我们想学习乐器了，他和母亲就给我们买小提琴、月琴、扬琴。其时已经是"文革"期间，他整天写检查挨批斗，而且家境清贫，他和母亲连水果都舍不得买了吃。

父亲很热爱生活。他给我们讲完战争年代的故事后，经常要加以一句："我有多少战友就在我的身边倒下，我的命真是捡来的！"也许因为这样，他更加珍惜生活。"文革"期间，造反派批斗他，他也从来没有对生活丧失过信心。

"文革"后期，不再那样斗他了，有闲暇时，他就学习做木工。他把褥子卷起来，用床板当木匠的工作台。这个月钱有富裕了，就买个刨子，下个月再攒钱买个锯子、凿子……他竟然凑齐了几乎全部木匠的家什，用旧板子做了一个吃饭的小桌子和几把小椅子，漆成天蓝色……父亲和哥哥，还有我，脱土坯给我们的平房盖了一个小院。哥哥姐姐们从学校回来，坐在父亲打的小椅子上，围着小桌子，欢声笑语就会在院子里荡漾开来，隔壁的邻居和对面 5 号楼的群众都会听见。一次，我们唱起延安时期的歌曲，父母说好联唱，结果母亲开头了，父亲没有接上，母亲羞红了脸，嗔怪父亲说："看你！"引得全家人哈哈大笑。跟我年龄相仿的几个小伙伴进到院里来，都跟着笑。多少年过去了，她们还在说，那时就你们家真热闹！

想起父母，我就有说不完的爱、诉不完的情。我的心就感慨，我的眼就流泪。

我还想讲一段关于陈妈的故事。

陈妈在外人看来，是我们家的保姆，但其实在家里，她是有地位的。母亲忙于工作，家务事几乎全部是陈妈打理，很多事情都要跟陈妈事先商量好，否则就会引起陈妈的不满。那个年代，国人都穷，请人在家吃顿饭，是要好好掂量掂量的。一次，母亲在抗日战争年代的部队时最好的朋友张毓明阿姨带孩子来玩儿，母亲就留她们在家里吃饭。由于事先没有跟陈妈说好，那顿饭吃得有点紧张。阿姨走了，母亲不得不跟陈妈"谈话"，告诉她，阿姨是我出生入死的老战友，再困难也不在乎这一顿饭。陈妈当时服软了，可是下次有人来吃饭，她照样不高兴。

母亲从不细致地过问家务事，吃什么、怎么吃，都是陈妈说了算。三年自然灾害时，由于营养不良，母亲浑身浮肿。陈妈想尽办法改善伙食，宁可自己少吃也不能让家里的人受屈。她害怕再有那样的情况发生，就在各种物资都严格定量的情况下，偷偷地从每个月的供应油中节省一点。日积月累，竟然攒下了好几瓶子。"文革"时搬家，这些油才被发现，有些都哈喇了。父母和我们真是哭笑不得。

1994 年，爸爸妈妈在北京雁栖湖游玩

有时母亲也会为家务事跟陈妈闹矛盾。在这时，我们都会向着陈妈说话，不管陈妈是正确还是错误。我们一插嘴，母亲就不吭气了。她曾经对一位阿姨说："孩子们这么做是对的！好歹我有个家，而陈妈什么都没有。"

陈妈到七十多岁之后，基本上不能干家务活了，她的眼睛看不见了，身体也每况愈下。后来躺在床上，基本上不能自理了。母亲退休在家，负担起了陈妈的饮食起居。每天都把做好的饭菜端给陈妈。母亲后来岁数也大了，为照顾陈妈，专门请了一个小姑娘帮忙。

陈妈病重时，住进了附近的武警总医院，从我们家到那里，走路要半个多小时。母亲在家里做好了饭，父亲就用饭盒送过去。那是夏天，中午的太阳毒辣辣的。父亲戴一顶草帽，每次进到病房已经是一身大汗。他也已经是年近七十的老人了呀！医生和护士都认为陈妈是我们家的亲人。后来他们知道陈妈是我家的保姆时，"温书记给保姆送饭"一时间成为医院上上下下的美谈。

陈妈生命的最后几个月，我在单位请了长假，守护在她床边。想起陈妈一辈子苦过来，我就哭。陈妈就劝。她说："莎儿，我真是有福气，被小明（二姐）引到你们家。我吃得好，穿得暖和，又没有人给我气受。走一千里，也找不到温书记、张同志这样的好人。我多享福啊！"

我们家不是她的家，但陈妈是我们家名副其实的成员，是她生命和心灵的归宿。

陈妈是笑着走的。我知道。

我相信，父亲、母亲和陈妈现在生活在一个美好的地方，他们正注视着我们，注视着他们为之奉献的祖国现今的发展。

我永远不会忘记他们，永远记得是他们打下的江山，并赋予我们的美好生活！

在姥爷姥姥身边的幸福时光

外孙女 萌萌

从小到大，在我的脑海里，"姥姥""姥爷"这两个字眼似乎不仅是两位长辈或亲缘关系的称呼，而是代表了逃离学习竞争压力的"校"外桃源；是艰苦生活的间隙中可以打牙祭的大饭桌；是小小的任性调皮后能被无罪释放的"挡箭牌"；是可以跷着小脚丫在沙发上坦坦荡荡尽情看电视的娱乐；是考试惨败被老师批评后可以"疗伤"的医疗室，也是插着"严禁干扰"的令箭牌可以一觉睡到半晌午的席梦思床……当然更是在原则问题上不能随意越雷池的"三八线"。总之，就不用问为什么一到周末，给爸妈留张小纸条，我就两腿生风地往姥姥家赶的急切劲儿了。其实总结起也就是一句话，姥姥、姥爷（其实我还是习惯称"爷爷"）代表的就是对我们孙儿辈深不见底的爱，以及对我们人生道路、天赋秉性和人品修养的深刻影响。

总是听大人们讲，我是温家孙子辈中最得姥姥、姥爷宠爱的，也是承续他们为人禀性最多的一个。其实我也可以明显地感到这种比较特殊的待遇。可能因为我是姥姥、姥爷第一个见到的孙辈（虽然上面还有我哥——大姨的孩子，但出生时不在身边），兴许老人六十多岁了才第一次见到第三代，所以两位老人就把更多的爱都先给了我。

我是幸运的，而且非常幸运，出生在这样一个充满了书香、温情、教养、民主、脱俗，并且衣食无忧的大家庭。小时候姥爷和姥姥曾经是做什么的，我

萌萌（两岁）在姥爷姥姥家的幸福时光

并不知道，对我也根本不重要。我只知道我有天底下最可亲的姥爷和姥姥。

我不知道姥爷做的什么"官"，但觉得他一定是很受欢迎的，因为不论是平日还是周末，老有人来家里找姥爷。来访的人好像总有些困难问题要和姥爷说说，有些客人或许也显得有些拘谨或谦卑。但不管是什么身份，姥爷姥姥都一视同仁地热情接待，而每次离开家时，客人们好像都是带着心悦诚服的表情告别。长大后我想，这倒不是姥爷有多大的本事，什么难题他都可以解决，但是他总会用最善解人意的办法，尽自己的所能真心为别人去努力。在我的记忆里，姥爷从来没有家长里短、琐琐碎碎地谈论别人的琐事，我也记不得有什么时候姥爷说过谁的不是。生活中姥爷和别人接触，总是很和善、大方，能帮忙就帮忙，从来没有算计过别人（估计姥爷没有这个技能）。有时来的客人给姥爷带些好吃的做礼物，而馋嘴的我不理解的是，姥爷为什么总是婉言谢绝。有时我会听到父母之间的谈话，知道姥爷工作上有很多难处，但不管是在怎样的困难情况下，我很少看到姥爷发愁或发怒是什么样子。对于我来说，姥爷永远都是乐呵呵的，耐心平和，从容淡定。也许姥爷体内有特殊的"缓冲剂"，生活中的酸甜苦辣都一并中和了。

记得每次随姥爷在院子里散步，那些见到姥爷的人总是很礼貌和敬重地和姥爷打招呼，顺便夸我和哥哥几句。那时，他身居高位的身份没有使我因此而感到有丝毫的优越，我只是认为，因为姥爷、姥姥人好，所以大家都很尊敬他——事实也果真如此。不过话说回来，也许正是在这样长期的、不经意的目光和接触中，使我从骨子里奠定了一种自尊、自爱却平易近人的秉性。许多年来，虽然自己不算交际很广，但也认识不少形形色色的人，姥爷、姥姥是我接触过的人里面最坦荡、最无私、最善良的长辈了。

听妈妈讲，我刚出生，本来是直接接到姥姥家，妈妈准备在那里坐"月子"。可没几天家里的老房子因为地下管道年久失修，突然跑水了。为了让妈妈"月子"里不要生病，临时又把我们送回我们自己的小家。那里的条件实在太糟糕，一间小屋子又住又做饭，还没有炉灶。爸爸每天要上班，听说妈妈一天下来连两顿饭都捞不到吃，而且周围环境太吵，我白天几乎没有囫囵睡过觉。但即便这样，当管道修好准备接我们回去时，小姨下乡农场的一位女工孩子生下来得了一种病，又耽搁了，需要到城里治病，就借宿在姥姥家。为了让人家看病方便，姥姥狠下心没有让我们回去，硬是等那家人走了，才把我们娘俩接回去。接回去的第二天，我竟然一连睡了七八个小时，中间没有醒也没有吃奶，把全家人都吓坏了。可见我的头一个月是怎么煎熬过来的。姥姥就是这样，永远先人后己，永远替他人着想，宁可自己吃亏也不能亏待了别人。

我两岁半前，姥姥还在上班，妈妈只好把我托在一位山东老奶奶家带着。她家很困难，连电灯都接不起，白天为了干活，经常把我捆在小推车上。但姥姥一直坚持上班到退休年龄才光荣"离休"。这样我就被接回"八农"——姥爷工作和居住的地方，开始了我一生中第一个幸福的时光。

那时，家里就我一个小的，全家人的宠爱集于一身，我简直就是一个活玩意。总听大人们讲，我小时候如何可爱，虽然没有生得"大眼睛、小嘴巴"，但"五个小豆栽在圆圆的脸上"，也十分可人。开始进幼儿园，因为陌生我很不愿意去，每天都让姥姥陪着把早餐吃完、上完厕所，才不敢再造次让姥姥多陪一会儿。后来姥姥腿脚不好，每天一早都是姥爷背着我去上幼儿园，然后才去上班，哪怕是雪天、雨天。一路上姥爷不停地和我说话，我看不见姥爷的脸，但知道姥爷一定是笑眯眯的。现在想

萌萌儿时和姥姥在一起

想，对于一位六十多岁的老人，背着一个足有 20 斤的孩子，还要说话，这是多么艰难的一件事！但姥爷好像乐此不疲，每天把能送我当成一件很荣幸的事……姥爷就这样背着我，送着我，一直到我长大、成人、上学、毕业、出国，最后在他老人家临终的时候，我却没有在他身边，而他念叨最多的还是我……

姥姥也许是我一生除妈妈以外，对我影响最大的人。姥姥祖辈家境贫寒，十来岁就参加革命，因此没有读多少书。但她深明大义，知情达理，尽其所能对我们进行培养。

在姥姥家做功课

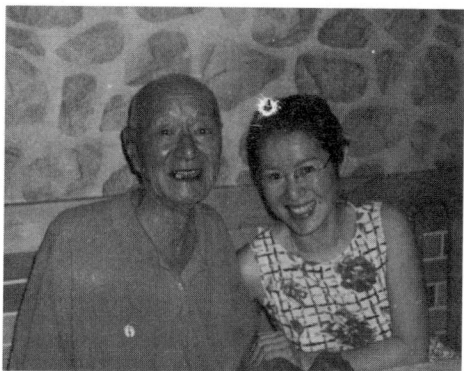
2003 年出国前，与姥爷合影

记得当时妈妈每天上班，很晚才能赶回来。我从幼儿园一被接回来，姥姥的时间就全部被我占用了。那时还没有时下丰富多彩的玩具和育儿图书，她就给我讲那些古老的故事，哄着我玩。等到妈妈回来了，姥姥就赶紧去做饭，妈妈再陪我讲故事。我最爱听的就是那几种:《渔夫和金鱼》《哪吒闹海》《小数点》什么的。据说在我刚三岁时，有一天我竟然把《哪吒闹海》的故事有模有样地完整讲下来，可把大人们乐坏了。后来，在一次无意中，大家发现我好像能认出"火锅"的火字，姥姥这就开始了对我的启蒙教育。姥姥把药盒、牙膏盒等各种可以再利用的纸收集起来，剪成小方块，在背面写上各种简单的字，什么"人""口""手""土""天"……用这些自制识字卡片教我认字，每天认一到两个，等妈妈回来了就给她表演。字越认越多，装了满满一个大盒子。特别有意思的是，姥姥很多字是用繁体，我竟然也在很小就会认繁体字，妈妈还经常要纠正一下。上小学后，我最喜欢炫耀的就是："上学前我就已经认识好几百个字啦！"打算以后也要用这个教训我的孩子："不要打游戏了，你妈妈上学前就认识好几百个字啦！"（现在想想，如果当时在这个基础上能转向直接读书，可能我现在会更加博闻强识）

姥姥对我学业影响最大的应该是语言丰富和表达能力强，这都要归功于姥姥讲的故事。姥姥受的是旧式教育，对古典文学比较熟悉，而且听说姥姥在部队文工团还给战士演过古装戏呢。那时妈妈工作忙，经常晚上赶不回来，就由姥姥带我睡觉。每天睡觉前姥姥都要给我讲故事，印象最深的就是姥姥讲的《西游记》。为了能讲得更通俗，姥姥每天白天先要自己看一段，然后用我能大致听懂的语言讲出来。晚上睡觉，我们祖孙俩躺在床上，姥姥关上灯开始给我讲，一直讲到我睡着。由于白天劳累，姥姥经常讲着讲着就不知不觉地跑了题，我还没睡着呢，她先睡着了。我就推着她喊："姥姥，您讲哪儿去了？您怎么睡着了？"最有趣的是，听妈妈讲，有一次她蹑手蹑脚进屋取东西，听姥姥正在讲："他就给孙悟空开了一张介绍信。"妈妈顿时笑得从屋里冲出来。类似这样的"带了一些面包""收拾了细软"之类的现代语比比皆是，反正我也不明就里。

就这样一晚上、一晚上的"语言"开发（还是河北话），使我自上学以来，写作文一直是我的强项。小学期间我随性而发的一篇作文还刊登在《新疆日报》副刊上呢。我没有读什么课外读物，或参加补习班之类的，但我的语文成绩一直都是给我提分的课目，弥补了我体育和数学的缺陷。我甚至觉得，因为语言都是相通的，学英语也没有费太大的工夫，却也学得轻松自如。我想，这都得归功于姥姥对我早期语言和形象思维能力的开发。

姥姥是个戏迷，遇到有戏曲节目，全家一定是先由着姥姥，为此我也跟着成了戏迷。平日里每晚是要按时睡觉的，但遇到播放戏曲，我们祖孙俩就可以破例，一老一小神情专注地欣赏，一直到节目演完才罢休。即便是这样，电视的"霸权"还基本掌握在我和我哥（表哥）手里，姥爷和姥姥对于我们的合理要求是有求必应，只要我们喜欢的他们都尽量满足。记得有一次我们在院子里玩，就听姥爷大声喊："快回来，'唐老鼠''米老鸭'开始了。"——笑得我们前仰后合。尽管我们多次纠正，姥爷还是分不清"米老鼠"和"唐老鸭"。

"八农"小院，是我从出生到成人一直住着或每周都要奔回去的最温暖的家，是我童年和少年最幸福的地方。等我离开再回去时，它已不存在了，只有姥姥种的一棵苹果树，还可以依稀让人想起这里曾经的温暖。

老房子不在了，可是好像现在还能闻到糖包子的香味。每天很早很早，姥姥就起来了。从生火、和面、做馅，到上炉蒸好，几个小时在厨房里忙活。比起当下超市里琳琅满目的早餐品种，我们的早点一般只有糖包、油条、牛奶、鸡蛋，以及自制的腌萝卜干和果酱，似乎有些单调，但每一道都是经过姥姥精心制作的。哪怕起得再早、费的时间再长，也不厌其烦地给孙儿们准备香喷喷的早餐。而分量更重的中餐和晚餐就更是要"大动干戈"了，经常是还在吃早点，姥姥就开始问："中午吃什么？"

我们孙子辈从来不知道姥姥、姥爷最喜欢吃什么，因为家里永远都是以我们的喜好来排菜单：这一段时间老三回来住了，那肉包子肯定是少不了的，而且餐桌上都是放在老三跟前，不能和他抢；那几天老小来了，就不能大鱼大肉了，清淡为主；像我和我哥眼睛离不开盘子里肉的"肉食动物"，赶上人多就恨不得一只整羊地供应了。可以说，姥姥把她全部的爱都倾注在我们身上，而姥姥总还要留点肚子吃吃剩下的残羹，时不时地告诉我们"不能浪费粮食"。直到现在，每每倒掉坏了的剩菜时，我还觉得小小的心痛。"粒粒皆辛苦"的道理不是从书本上背出来的，而是姥姥、姥爷平常的点点滴滴习惯影响到我们。

说到姥姥家，就不能不提远近闻名的温家果子酱了。院子里有棵海棠果树，是姥姥家搬来时栽种的。经过二十多年的细心呵护，小树长成一棵树冠大大的果树。每年开春，远远就能望见满树的白花，好看极了。夏天一过，满树的海棠果黄里透红，密密麻麻，红火热闹的样子煞是一道风景。自家的树可能反而不稀罕了，我们谁都不想吃它的果实。果子熟透了，就不断从树上掉下来，落满一地。有时邻居或来家做客的人很喜欢，姥姥就让人家随便摘。但是太多，掉在地上不收就自己烂掉了，很可惜。

后来每到秋后的几个星期，家里就变成了海棠果酱的作坊了。从收果、去核、清洗，到熬制，还有消毒瓶子等工序，真是个耗时、耗力又花销不小的大工程（每年要在果酱里加入半面口袋的白砂糖）。姥姥体型硕胖，腿脚也不灵活，但一瓶瓶果酱的出炉都是伴随着姥姥、姥爷一次次地伸臂、弯腰，一个果子一个果子地采摘、捡拾、去核、清洗，然后一锅一锅地搅拌、熬制，再小心翼翼地装进瓶子里。它们是我吃过的最原汁原味的果酱了，即使现在生活在果酱的家乡——欧洲，也没有再吃到过比温家果子酱更香甜的了。不知道是因为姥姥有秘方，还是果子酱里融入浓浓的对孙儿们的爱，总之它们永远都无法被超越。我想，不仅是我们自家人对果子酱怀念不已，相信许多人也一定有同样的香甜记忆。每年姥姥姥爷总是非常欣然地将果子酱送给周围的邻居和来家的客人，送出去的量往往大于自家吃的，并且姥姥总会嘱咐一句："方便的话，吃完了把瓶子给我留着。"——当时找能装果酱的瓶子是一件很不容易的事——倒显得瓶子比果酱更珍贵。

我记得我小时候不明白为什么辛辛苦苦做出来好吃的，就白白送给人家。苦恼没有一个橡皮肚子，可以吃完所有的果子酱，这样就不用分给别人了。也许幼小的我当时体会不到两位平平凡凡的老人"乐天下之乐而乐"的善良品质。歌词里经常唱的"无私地奉献""把欢乐带给你""你开心就是我开心"……这些都是对两位热心、善良和勤劳的老人最真实的写照。也许正是在潜移默化中，这些品质渐渐又影响并传承给了我们。说来也巧，上大学我懵懂地选择了食品专业，一不留神成为美食家，这兴许也是姥姥家传，或许是命中注定吧。

姥姥对我们的爱集中体现在嘴和身子骨，而姥爷的关注点更多的是我们的学习和品行。姥爷书房里总是弥漫着书香和墨香，一面墙全是书架，上面摆满了书。姥爷的写字台上永远都摆着摊开的书，写的东西，以及笔、墨、纸、砚，那些吵吵闹闹的电视剧是引不起姥爷兴趣的。姥爷干什么事都非常执着和认真。晚年他的主要精力就是练习书法。为了写一手好毛笔字，他可以练几十遍，甚至上百遍。如果有人向他讨字，他就更加认真，反反复复、一遍一遍地写、练，直到满意为止。"投机取巧""敷衍了事"这些字眼是永远不会和姥爷联系在一起的。而生活上的鸡毛蒜皮，姥爷却是从来不往心里去的。

姥爷有不少繁体字的老书，小时候我也会装模作样地读一读，虽然不完全明白书里的内容，但模模糊糊地知道读书就是好事情。现在工作上经常碰到繁体字，我识读都不成问题，而学校里从来也没有教过，兴许是姥姥教我认字和那时候练下的功力。那时我和我哥最清楚，姥爷姥姥一是关心身体，二就是关心学习。我在学校里考试考了好成绩，父母面前炫耀完就赶紧往姥姥家跑，看到他们欣慰的样子我甭提多骄傲了；一旦考试失败，算了，这周不回姥姥家了。

但不管怎样，我们在姥姥姥爷面前是不容许有任何不诚实或撒谎的行为的。在我的记忆里，两位老人永远是笑呵呵、慈祥的面容，只有一次例外，我哥不知因为什么逃学了。平日里从来没有发火的姥姥第一次发怒了，一边大声训斥，一边虚张声势地说："萌，快给我拿笤帚！"我吓得赶紧往家里跑，还故意把笤帚藏起来。姥爷姥姥经常对我们说，不论做错了什么事，都不要撒谎，一定要说出来。人一旦说谎了，就失去了别人的信任。两位老人是这样教育我们的，而他们自身的言行已为我们做出了最好的榜样。后来这些影响直接反映在我们身上，类似正面的评价从我的毕业留言或综合测评上面都可以看到。

姥爷姥姥虽身居高位，却平易近人，以诚待人。一事当前，先替别人着想；仁爱宽厚，善待别人，这些都是姥爷姥姥处事的原则。我和我哥长期生活在他们身边，在这样的环境熏陶下，我们也和周围院子里所有的小朋友都玩得很好，我哥还经常偷着把家里的东西拿出去为大家服务。

比起80后、90后，我们70年代出生的，在那个年代，在我们这样的家庭里，没有从姥爷姥姥那里拿到那么多的压岁钱，没有收到过昂贵的生日礼

1994年8月摄于北京，爷爷带领孙辈到中国军事博物馆参观，进行革命传统教育

物，也没有频繁地被带出去游山玩水，甚至出国旅游，但我们得到的关爱和教育一点没有比谁少。

10 年、20 年、30 年，我们孙子辈从一个小肉球，到踮着脚尖才能看到饭桌上的菜，到不能买儿童票，再到现在大步向中年迈进，也许儿时往事的记忆已有些淡漠了，可是姥爷和姥姥慈祥的面容却永远凝固在了脑海里，两位最可亲、最可敬的老人对我们深深的爱和无言的影响，将永永远远留在我们的心里。

2011 年 7 月 15 日于英国伦敦

茁壮成长的孙辈

陈 妈

小明

不论在北京还是在新疆，凡是认识我们家的人，都知道我们家有一个"陈妈"。在外人看来，陈妈就是我们家的保姆，但在父母和我们孩子们的心中，她全然是我们家的一名成员，一个不是亲人，却胜似亲人的重要成员。

陈妈自己的名字叫李淑民，在她还未出嫁的时候，这个名字是她的称谓。后来，只是在某些正式文书，譬如户口本、填选票，以至于在最后归宿的卡片上，才偶尔出现。出嫁后，她的丈夫姓陈，又因为她很早就去给有钱人家帮工，因此，人们都叫她陈妈。尽管她丈夫在她很年轻的时候就去世了，但人们还是用她丈夫的姓来称呼她，而知道她真实姓名的人反而很少了。

陈妈1909年出生在四川长寿县（大约是这个地方，因为后来她从那里走出来）一个农民的家里。听陈妈讲，小时候她家里很穷，母亲死得早，只有父亲带着三个女孩子，很艰难地过活。她在家排行最末，但很小就跟着父亲和姐姐上山砍柴，生活非常困苦。她说，父亲脾气不好，有一次不知为了什么，冲着她就发起火了，并顺手拿起砍刀向她头上砍来。她本能地用右手一挡，砍刀将右手小指根几乎砍断，从此落下一个深深的刀疤。童年的记忆似乎只有这些。

出嫁到夫家，也没有过上一天好日子。有了儿子后不久，丈夫就被国民党抓了壮丁，这一去就再也没有回来。陈妈从很年轻的时候就开始守寡，守了一辈子。

家里没有生路，她只得带着孩子去给地主家做用人。为了把孩子拉扯大，她不求工钱，只求能给娘儿俩一口饭吃。陈妈生性淳朴、善良、勤劳，给人帮佣从不知偷懒。最让她记忆深刻的是，地主和老婆抽大烟，经常抽到半夜没有烟面了，就把陈妈喊起来去买烟。地主家到卖烟的地方要经过一个坟地，每次她都非常害怕，过坟地的时候不敢回头，拼命跑。

在地主家干活是要随叫随到的，即使在晚上也不能耽搁。陈妈从那时就落下一个习惯，一年四季睡觉都不脱衣服。这种不脱衣服睡觉的习惯是万恶的旧社会给陈妈造成的一辈子的伤害和摧残，给她晚年带来很大的麻烦。想想白天穿着衣服干活，人活动着不感觉冷，晚上盖着被子也很暖和，但一起床还是那身衣服，无论如何就会冷起来。因此，陈妈只能用不断增加衣服来御寒，衣服就越穿越多，人完全没了火气。陈妈天生瘦弱，身上几乎没有一点多余的脂肪，因此即使在夏天最热的三伏天，她也要穿好几层衣服，甚至是薄棉袄。

陈妈在我十个月大的时候，来到家里。据妈妈讲，在此之前，有一个保姆在带我。那是一个小女孩，自己还不够大，怎么会带小孩？我是 1951 年 7 月出生的，半岁大的时候，正是四川最冷的季节。小保姆把我光脚放在冰冷的地上。这样我就得了一种奇怪的病，叫"重庆热"。这种病的症状是人无缘无故地发烧，而且高烧不退，也没有什么特效药可以医治。当时我连烧了一个多月，已奄奄一息。爸爸把我抱到医院，医生一看情况，摇摇头说："这孩子可能没救了，抱回去吧。"爸爸怎么能就此舍弃自己的骨肉呢？他背着妈妈对医生恳求说，就"死马当活马医"吧！在爸爸的坚持下，我被收留下来，在医生的精心治疗下，我竟奇迹般地活过来了。出院后，妈妈果断地换了保姆，就这样，陈妈走进了我们家。

妈妈后来说，为了给我调养，陈妈每天耐着性子，给我煨粥喝。等稍微缓过来一点，她就悄悄地将牛肉剁成很细很烂的肉沫，放在稀粥里，并逐渐加量——原本医生是不让给我肉吃，怕肠胃吸收不了。在陈妈精心的调养下，我的身体慢慢恢复起来，小脸上又可以看到红润的颜色了。爸爸妈妈都说，是陈妈给了我新的生命。

陈妈到我们家来时已四十出头了，白天爸爸妈妈去上班，姐姐和哥哥上托儿所。她每天把我背在背篓里，从早到晚忙活着，料理全家人的生活。她经常一边干活，一边用四川方言念叨着哄小孩的顺口溜："幺儿乖，大大歪，爹赶场，妈上街（gai），买个粑粑跟到怀里揣。"

大约在我三岁的时候，发生了一件意想不到的事情。当时家里烧牛奶用的是一个酒精灯炉子。那天里面的酒精烧完了，陈妈往里添加酒精，我就凑到跟前看。谁知在酒精的助燃下，原来弱小的火苗猛然蹿起来，一下把我的脸给燎着了。后来怎么通知的妈妈，我已不记得了，但有一个印象永远留在了我的脑海里：我的脸全都用纱布裹起来，就剩一只眼睛。我和妈妈、陈妈坐在一辆人力车里，路过一个十字路口，我看见警察正在指挥着交通。

事情发生后，妈妈没有怪罪陈妈，大家的感情反而更加贴近了。当爸爸要调北京工作时，妈妈征求陈妈的意见，是想留在重庆，还是继续跟我们走。陈妈坚决地提出，愿意跟我们到北京——尽管她对北京完全没有概念。

1954年，爸爸带着我们全家来到首都，在中央宣传部安下家来。当时爸爸在宣传处负责农村工作一块，经常出差。妈妈在中宣部图书馆工作，也十分繁忙。那时，大姐和哥哥已上北京育英小学，住校，每到周末才回来。我和大妹晓珊上中宣部托儿所。1955年小妹莎莎也出生了。后来妈妈还把姥姥从农村接来住。妈妈对陈妈非常信任，把全部家务放手交给她来打理。我清楚地记得，每天我们从托儿所回来，陈妈第一件事就是给我们三个人洗澡，然后做一家人的晚饭。当时厨房在楼梯上面的拐角处，每次做饭，跑上跑下不知要多少次。但陈妈似乎不知疲倦，总是乐呵呵地忙活着。

还有一件事让陈妈很骄傲：中央宣传部那会儿搞家庭卫生大比赛，由于陈妈把家里搞得十分干净、整洁，评比时得了第一名，还发了一块毛巾作为奖励。以后每每说起，她都有掩饰不住的自豪。

1958年，爸爸和妈妈放弃北京优越的工作和生活，毅然奔赴西北边陲新疆。这时，陈妈面临新的选择，她完全可以留在北京，另找一个人家——凭着她的勤奋和口碑。然而，她还是执意要跟着我们走，她觉得这个家就是她的家，"温同志和张同志是好人"，"我舍不得小明和孩子们"。就这样，陈妈又从北京跟我们到了新疆，在这个家一待就是40年。

记得在西去的火车上，妈妈看着东西太多，不得已将一个洗衣盆丢在了车站上，陈妈不顾一切地冲下去捡回来。后来这个洗衣盆跟着我们来到新疆，在很长一段时间，忠实地为我们家服务着。

随着年龄的增长，陈妈为这个家呕心沥血的点点滴滴，都深深烙在我的脑海里。我不知道用什么语言来描述陈妈的忠诚与勤劳。小时候，晚上她带我们睡觉，还要操心给我们盖被子，生怕我们着凉了。每天天不亮，她就起床了，在全家人还在睡觉时，她已经在为我们做早饭了。吃完早饭收拾完，她又开始打扫卫生，从拖地板到擦桌子，每个角落都认认真真地清理，从不马虎。快到中午了，她又赶紧去做中饭。下午不是洗衣服就是缝缝补补，接着开始准备晚饭。收拾停当，一天时间就这么过去了。

陈妈自小贫寒，没有吃过什么好东西，自然不会烧菜。但为了让我们吃好，她自己琢磨着，慢慢练就了一手烧菜的本领。每次当我们吃得可口、夸赞她时，她总是操着浓郁的四川腔说："全靠维之素（味精）！"

记得在三年困难时期，爸爸妈妈带头开荒种菜，还养了一群鸡，自力更生地改善了生活，家里的伙食也逐渐好起来。陈妈用甜菜熬成糖稀，用来沾玉米发糕，或将甜菜丝和在玉米面里蒸发糕，很好吃，很香甜，使难以下咽的粗粮变得不那么令人生厌了。她每天变着花样为我们改善伙食，最让我们难忘的是她烙的糖饼，圆圆的，内软外脆，中间的糖稀掺着花生、芝麻什么的，咬一口，又香又甜。陈妈看着我们狼吞虎咽的样子，就打趣说："不要把舌头吞进去了！"

陈妈一生都在为这个家操劳，从来不让自己闲着。每天下午有点空闲，就把一个大笸箩拿出来，里面都是缝缝补补用的针头线脑，她抓紧这点时间为我们补衣服、补袜子，经常缝着缝着就"跩"（zhuai 四川方言）起瞌睡来。因此，在我幼小的心灵中，总觉得陈妈睡得太少，很缺觉。一遇到这种情况，我就不忍心去打搅她，实在看得心疼就推醒她说："去睡一会儿嘛！"此时她总会露出一丝歉意的笑，然后接着做。

陈妈天生身材瘦弱，又常年劳碌，身上没有一点御寒的脂肪，加上从来不脱衣服睡觉，因此很怕冷。但从我记事起，她的两个袖子却永远是挽起来的，一直挽到快到胳膊肘。即使到了晚年，她身体逐渐衰弱，更加怕冷，但这两个袖子却依然没有放下来，好像随时准备着去干活。我时常拉着陈妈的

20 世纪 60 年代的陈妈

20 世纪 60 年代，陈妈和五个孩子在一起

手，心疼地抚摸着那瘦骨嶙峋的手臂，心里有说不出的怜惜。而陈妈从来没有抱怨，默默地、欣然地、竭尽全力地做她的事。

20 世纪 60 年代初，新大校址在二宫北院，当时的家属住宅楼孤零零地矗立在一片空旷的河滩地，每个月买粮要到很远的地方。陈妈每次先把早饭做好，安顿我们后，就背着背篓走了。记得有一次我偶然看到，远远地，陈妈背着全家人一百多斤的粮食，双手抱在胸前，一步一挪地往回走。这个景象永远留在我的记忆里，每每想起，心里似乎总有一种负罪感。那时陈妈已开始进入老年，每次看到她瘦弱的身体在忙碌，我心中都会涌出一种酸楚，总想能够帮助她分担一点。

等我和两个妹妹长大一些，一到放假，我们三个就争着要帮陈妈做事，最可以做的就是打扫卫生。我们分了工，一人负责一间屋子，每次干完心里都特别高兴，还故意让陈妈检查一下。当时我们几个孩子都在新疆军区子女学校读书，是住宿制，行李从家里自带。等大姐上中学以后，每次放寒暑假，姐姐就不让我们把被褥拿回家，都集中到她的宿舍里，由她来洗干净，开学前再缝好，就是为了减轻陈妈的负担。再后来我们都长大了，陈妈也越发衰老，家里的重活我们绝不让她老人家干，除了做饭我们还不太会以外，什么打扫屋子、洗衣服、买粮，以至于后来住平房里挑水、提煤、倒灰，都是由我们去做。等到后来我们也学会做饭了，家务活就更不在话下。

陈妈对我们没有任何要求，唯一需要我们为她做的就是给她儿子写信。儿子是陈妈在这个世界上除我们以外，唯一的牵挂。虽然从十几岁，母子俩就天各一方，但这毕竟是亲生血缘啊。每次儿子来信，她都很高兴，找时间让我们为她读信，仔仔细细询问详情，然后隔一段时间，把心里想要说的话反复琢磨很久，再瞅我们的空闲时间，坐下来写回信。记得我还比较小的时候，写封信也是一件挺难的事，要把陈妈想说的话变成书面语言，还要把简单的一句话写得复杂点，以增加篇幅。有时为了编一些词儿，真还绞尽脑汁。但我每次都很欣慰，觉得终于为陈妈做了点事。

陈妈对我们这个家可谓忠心耿耿，对我和下面两个妹妹的爱，不是亲生，胜过亲生。平时我们有什么需求，她都牢牢地记在心里，并想方设法满足我们。我们小时候爱踢毽子，20世纪60年代初的困难时期，家里养了一大群鸡，我们要用鸡毛做毽子。自打鸡毛有了用途，陈妈就一辈子为我们攒鸡毛。每次杀鸡总要把尾巴上、身上那些好看的鸡毛最先拔下来，其中尾巴上又直又硬的就专门用来做插羽毛的管子（把鸡毛根部白色的部分剪成一寸长的管子，在一头破几个口，一劈开叉，缝在"麻钱"上，作为鸡毛毽子的托儿），软一点有弹性的就做毽子羽毛。我们做的毽子永远是同学们中间最好看也最好踢的，我们很得意。一直到"文革"，我们都长大了，也不踢毽子了，但在搬家时，我们却发现了一个大本子，里面还夹着各式各样好看的鸡毛——那么多年了，她老人家还一直为我们保存着。

陈妈总说，这一辈子是我把她带到这个家的，因此格外地疼爱我。听大人经常讲，我很小就很懂事，会心疼人。我刚学会走路，只要看见陈妈蹲下，就赶紧端个小凳子硬塞到陈妈的屁股底下。最不可思议的是，稍大一点后，每逢下雨，我竟然能够在众多衣服中辨认出哪件是陈妈的，那么小就知道赶紧收下来，免得被雨淋湿了，而且只收陈妈的，别人的不管。这些故事，陈妈不知说过多少次，每次谈起，脸上总是洋溢着无限的幸福和满足。我想，也许正是陈妈那无以复加的慈爱，在我幼小的心灵中埋下了善良、同情和仁爱的种子。

陈妈疼爱我，因此也时常使出一些偏心的"小花样"。包"糖三角"和烙糖饼是我们小时候最喜欢的饭，每次一听说今天吃糖三角或糖饼，就像过年一样欢天喜地，馋得从早上盼到中午。陈妈很想让我能吃到糖最多的那个，就故意在几个"糖三角"里多放一些糖，然后在上面捏个小"揪揪"（方言，指疙瘩），上桌前一定特意将这个包子塞到我手里。其实我心里也感到挺不好意思，但又不好辜负她的一番好意，每次也就佯装不知，赶紧把它吃下去，心里挺紧张的。慢慢时间长了，大家都发现了这个秘密。哥哥很淘气，以后遇到吃糖包，就快快地跑回家，先掀开锅盖，专门捡上面有"揪揪"的，抓着就吃，陈妈又气又没奈何。

每当周末返校时，她会悄悄塞给我一点平日里积攒下来的好吃的，几颗糖、一把葡萄干、几个油炸果子等。我知道她对我特别疼爱，虽然心里有点忐忑，但从这点点滴滴中，让我们"母女俩"更加多了一份难以割舍的亲情。

"文革"期间我下乡插队，她从多年的积蓄中，拿出 30 多元钱给我买了一床丝绵被，并用纱布包起来，还配了好看的被面和结实的被里。要知道，在那个年代，丝绵被是很奢侈的物品，即使我们家也没有条件享用它。况且 30 元对她来说，几乎是她一个月的薪酬。她太疼爱我了，不能让我受一点屈。

陈妈是受过苦的人，一生克勤克俭，几乎到了无以复加的地步。她从来不让浪费东西，不管是食物、衣物还是任何能用的物品，只要还有"使用价值"，她都不轻易扔掉。剩饭剩菜从来不让倒，即使有点酸了，她也总是背着家人偷着吃了。我们多次告诉她，这样会生病的，但她总说："东西可惜了。"当年爸妈的工资虽然相对普通家庭来说，还算是高的，但由于赡养了各自的老人，全部加起来要供养十二三口人，因此，经济还是非常拮据的。我们的衣服都是补了又补，大的穿了，再接着给小的穿。外面的穿旧了，破了，补了再穿在里面。而我们有什么需要的东西时，陈妈总能像变戏法一样给我们拿出来，一个扣子、一根皮筋、一枚卡子……好像她永远收着一个百宝箱。

20 世纪 60 年代年代的爸妈和陈妈

三年自然灾害时期，各种物品全部发票，定量供应，生活就更紧张了。陈妈作为家里的后勤总管，要让大家生活得尽量好一些，又要不超出定量的供应，可真难为她老人家了。在我的记忆里，即便在最困难的那段日子里，陈妈也将全家人的生活安排得有条不紊，从来没有出现过难以为继的困境。特别令人惊异的是，在"文革"初期，我们家被造反派从原来的楼房赶到平房去住，在收拾东西时，大家意外地发现了一些食用油、肥皂等物品，一看就知道这是陈妈多年来一点一点地积存下来的。即使在物品如此匮乏的境况下，她仍然想方设法节省和储备一些，以防出现更严峻的形势和困难。陈妈竭力用她赢弱的身躯为我们全家遮风挡雨。

晚年她出去倒垃圾，经常是倒一桶又捡回来半桶，把别人家丢了的漏了的碗、盆，纸头，破布都捡回来，该清洗的清洗，可以利用的就存起来。那些有窟窿的盆碗，等我先生长虹女婿周末回来时都给补上。邻居阿姨经常看见这种情景，就说："你们家有个小炉匠。"等到搬家时，这些修补好的旧碗盆摞了有一尺高。

最令人哭笑不得的是，我们搬到新疆农业大学后，家的旁边是学校的一个食堂，每天都有一堆煤渣从食堂推出来，倒在附近的一个垃圾站里。不知从什么时候开始，陈妈发现这些煤核还可以烧，就开始积极地去捡它，引来周围好几个老太太都来捡。爸妈开始坚绝不让，做了多次的思想工作，但陈妈执意要去，甚至还和爸妈大闹了一场，理由是：这些煤核还可以烧，不用就浪费了。爸妈实在无奈，只好随她老人家去了。

四邻八舍知道，陈妈维护这个家是出了名的。有些同志或朋友来家拜访，爸妈留人家吃饭，她就老大不高兴。有时还得爸妈给她做工作，当她知道这些人是朋友，或者是有恩于我们家的，她就非常欢迎，并会欣然地热情招待人家。

这种鲜明的爱憎，在"文革"期间，集中体现出来了。

1967 年 1 月，造反派把我们全家，从原来住的楼房赶到没有暖气、没有上下水、没有卫生间的学校最老最破旧的平房里。搬家时正值数九隆冬，我们也不会烧火墙，经常半夜炉子就灭火了，桶里的水几乎要结冰。陈妈身体原本就单薄，每到冬天支气管炎就容易发作。这下不用说，恶劣的条件一下就把她击倒了。发烧，憋气，剧烈地咳嗽，一躺就是数月（这里我们特别提到一位维吾尔族的女校医玛丽娅，她住在我们家附近，是一位非常善良而敬业的大夫。尽管当时爸妈正在挨整，但她不怕受牵连，每天按时来给陈妈打针，这种恩情我们全家永世不忘！）

"文革"期间，造反派暂时无暇顾及我们。我们一度带着爸妈躲到我们的中学，保护起来。这时，学校离新大足有十多公里路。每过一段时间，陈妈就会背着背篓，陆陆续续将家里她认为值钱的东西倒腾出来，甚至将十多斤重的缝纫机头也背出来了。她一个人在家还养了一大群鸡，每周杀一只并烧好，用背篓背着走那么远的路，送到我们这边。在那个动乱的年月，她用羸弱的一双臂膀保全了一个家。妈妈总说："陈妈是我们家的功臣！"

后来陈妈得了一种怪病，每次发作起来腹部就剧痛。当时我们都不在家，爸爸就赶紧跑到附近的新大农场去借一辆架子车，独自拉着陈妈往医院送。在医院里他跑上跑下，挂号，交费，做各种检查。奇怪的是，几乎每次等人到了医院，疼痛就渐渐消失了。医生总查不出是什么问题，爸爸就又用车把陈妈拉回来（若干年后才确诊是一种疝气）。后来每年冬天陈妈气管炎发作，如果我们不在家，都是妈妈在身边服侍。生病的时候，陈妈最爱吃混着煮软了土豆的玉米粥，什么时候问她想吃什么，都是说："想吃玉米糊。"再后来到了陈妈晚年的时候，都是妈妈每天做饭照顾她。

在我们一起生活的近四十年间，陈妈曾经离开过我们一年。说来话长。20世纪50年代实行供给制，陈妈的儿子陈福全也由国家负担，一直上学到高中毕业，随后进入当地一所小学教书。每到假期，他时常回到家里来探望母亲，不论是在北京还是在新疆。20世纪60年代初，福全哥哥（我们一直这样称呼他）成家并接连给陈妈生了两个孙子。当时全国人民生活都不富裕，他们一家人也就依靠微薄的收入过活。陈妈这边时不时地寄钱接济他们。有时爸爸在会议期间可以买到一些当时市面上比较紧俏的东西，陈妈也随着买一些，比如毛毯、尼龙袜子、涤卡布什么的，而且每次还买得很丰富，然后由爸爸帮着给她儿子寄去。

20世纪60年代末，福全哥哥从四川来家里，坚持要接陈妈回老家。整个暑假，他就在那儿做动员工作，母子俩谈过来谈过去，陈妈就是不答应。她说她舍不得我们，这里就是她的家，怕回去反而会不习惯等。当时爸爸在北京中央党校学习，姐姐、哥哥和两个妹妹都在北京，家里就剩下我和妈妈。妈妈也不好说什么，只能表示尊重陈妈自己的意愿。福全哥哥在家里住了一个假期，好说歹说，终于陈妈没有拗过儿子，万般不舍地同意跟他回四川。

其实我打心眼里不想让陈妈走。我不能想象，我们家没有陈妈的日子！分别的时刻，我们大家痛哭失声，依依不舍，仿佛就是生离死别。我心里非常明白，即使她人回去了，但心还在这里。一直到快出发的最后一刻，她还在厨房，在案板前忙活着。说"走了，走了"，她才把手上的活停下来，擦一把手，出门了。

一年以后，一天妈妈从单位下班回来，突然看见门外鸡窝棚上面放了一个背篓，一个熟悉的背篓。妈妈一时没有反应过来是怎么回事，因为没有任何征兆告诉我们，陈妈会回来。

那天我正好不在家。等我回来走到家门口，就有一种不一样的感觉，家里一定有事！果然，突然看见陈妈她老人家，我完全不敢相信自己的眼睛，我高兴极了！我日思夜想的陈妈突然从天上掉下来了，我又可以和她老人家朝夕相处了！

我简直不知道该做什么，却没想到她已经把可以做的事都做完了，就像从来没有离开过这个家！

陈妈回来，就是因为和儿子一家过不习惯。她和我们生活了几十年，哪里还会习惯新生活呢？直到现在我也没有搞明白，她老人家当时是怎么回来的。在我印象中，陈妈几乎没有上过街，甚至没有自己离开过我们家居住的周围——不论是在北京还是在新疆，最远可能就是去单位前面看场电影，这也是很稀少的几次。但她竟然自己摸回来了，而且从四川到新疆，火车中途要转车，下了车还要搭公交。即使到了新疆大学，还有很长的一截路才能到家，但她居然就这么找回来了。我曾经问过她老人家，您是怎么找回来的？她说，我就找解放军，看到解放军就问。我就说找新疆大学的温厚华，别人就指给我路。

我想，这也许就是爱的力量，是亲人间无法割断的那一根线！

从那次以后，陈妈就再也没有离开这个家。妈妈说，这个家就是你的家，永远不要走了，今后我们给你送终。这之前还有一个秘密，直到现在，她儿子可能也不会知道。当时陈妈临走时，担心回去儿子对她不好，为防万一，陈妈多了个心眼，把两千多元钱留在妈妈这里，代她保管。后来妈妈悉数还给了她。要知道，在 20 世纪 60 年代末，两千元可不是一个小数字！

1985 年 9 月，她老人家再一次发生腹痛，医生终于检查清楚，是因为疝气发作引起肠梗阻。这次病情格外严重，医生提出治疗的两个方案，一是保守治疗，她老人家毕竟是七十多岁的人了，但估计不会拖很久，病情只会加剧恶化；二是立即手术，但谁也不敢保证她能在手术台上坚持下来。记得当时爸爸正在党委开重要的会议，我们和他通电话，爸爸果断地说："你们不要等我，根据医生的意见，需要做手术就做。有一线希望都要救她！"我说："爸爸，现在和福全哥哥（陈妈的儿子）联系已经来不及了，如果要做，我就签字了！"爸爸说："签吧！"

好在有老天的眷顾，陈妈顺利通过手术，以近八十岁的高龄躲过一劫。

手术后，陈妈身上接满了管子，这边是消炎的吊针，那边是插在肚子上的引流管、导尿管，鼻子里还插着氧气……医生嘱咐，必须保证足够的压力才能将胆汁引流出来。这样，我整整守了五天五夜，偶尔合一下眼睛，每过半个小时，就要用手"咕叽咕叽"捏橡皮球，用压力将胆汁吸出来。这边还要操心吊针不要滴完了。五天时间，我和陈妈一同顽强地和病痛做斗争，终于战胜了术后最艰难的挑战，她老人家终于又挺过来了。当医院里的人听说我和她的真实关系后，所有的人无不感慨不已。

其实，陈妈对人生和死亡看得很开，她经常说，人死了什么都不知道，人们搞的那些名堂，都是为了"糊"活人的眼目。她说：等我死了，千万别花那些"冤枉钱"。

回想陈妈的一生，我忽然意识到，这辈子她好像自己没有真正花过什么钱，平日里的生活费用不用她支出，需要添置什么衣物，都是妈妈帮着置办了，也没有花钱的地儿。她的所有劳动报酬基本都积攒下来，有机会就给儿子和他们一家人买东西，寄去（1968 年儿子接她回去时，曾把她所有的东西都带走了，包括一笔不小的存款）。陈妈走了后，我收拾她的遗物，发现只有一只很小的藤箱子，就把她在这个世界上所有的东西装下了。如果说有什么值钱的东西的话，可能就是她多年积攒下来的儿子的来信和几张他们的照片，真可

晚年的陈妈

谓赤条条来去无牵挂。

　　她从来没有哪怕多余一点的要求，一生都在为他人忙碌，却从来不会给别人增加麻烦。记得我生了女儿萌萌以后，她经常趁我哄孩子睡觉时，抓紧帮我把尿布洗了。早晨起来我经常发现，她悄悄地帮我把牙膏挤好，或倒一碗水凉着。老年后她身体不好，但只要能动，就绝不麻烦别人。眼睛看不清东西，还争着刷碗，烧开水。因为看不清水开没开，她就坐在灶旁听声音，或者用手在壶上摩挲，感受水的蒸汽。她不会、也不愿享清福！直到临终的那天晚上，都是她自己半夜起来，倒了最后一次便盆，然后静静地走了……

　　在茫茫的人海中，陈妈的身世，犹如一粒尘埃，实在是太渺小了。她一生非常简单，平凡至极。虽然一生漂泊，没有一个真正属于自己的家，然而她老人家却总在讲，她很幸福，很知足，遇到这么好的一家人，过这么好的生活，有一个好的归宿。

后记

　　2010年1月，中央文献出版社、新疆人民出版社出版的《父辈画传》终于与读者见面了。没想到，原以为受众很少的一本画册，竟然引起那么多人的关注。电视台举办了系列访谈；几家当地报纸也相继发表了一批文章。不论是亲人、友人、知情者还是晚辈，都表达了对父辈和那个时代的敬仰与怀念。其中，我们的爸爸温厚华的生平和一批珍贵照片引起了许多人的兴趣。大家从不同的视角解读那个时代和那些往事，也希望看到更多的历史信息。

　　作为儿女，我们深知，爸爸和妈妈的人生其实远比画册所揭示的要丰富得多；他们在不同历史时期，以及他周围的人都是很有故事的。由于画册特定的要求并限于篇幅，可以反映的内容是经过浓缩和精练过的。而要想使人们更多地了解从他们一个个鲜活的生命历程中所折射出的更为广阔的历史，就必须有更翔实的文字和影像。

　　就拿人们最感兴趣的那一组照片说起。当年，爸爸和三位最亲密的战友在抗日战火的硝烟中，留下了一张珍贵的合影。四个风华正茂的热血青年不经意地摆了个"pose"。60年后，在他们的迟暮之年，四个人再次相聚，拍下了那张意味深长的照片——依然是相同的位置、相同的姿态，脸上依然带着纯真的笑容；不同的是，青涩的面庞变得满目沧桑，活泼的身影换成了龙钟老态……把这一组照片放在一起，给人太多的联想、太多的感慨。他们当年是谁？什么原因让他们聚在一起？后来都发生了什么？为什么60年后他们竟然还会有这样的相聚？那些埋藏在历史深处的故事还有哪些？……

　　其实，战争的残酷、历史的无情不可怕，可怕的是随着岁月的消逝，人们应该知道的已无处知晓，应该记住的却已然忘却。如果我们不把知道的说出来、写出来，可能许多往事真就如烟消散了。

就为了这，我们想再写一本书。

我们兄弟姊妹五人，成人并各自成家后，我们一家和爸妈一起生活的时间最长，因此由我来执笔，责无旁贷。然而素材却来自大家的记忆和一批文献史料。我非常感激我的先生李长虹，许多战争年代的事情、和平时期的往事都是爸爸在看电视或触景生情时说出来的。也许自以为太熟悉了，我反而没有刻意地去记忆。我先生却听者有心地记住了。我们在父母身边陪伴照顾了他们的后半生，我先生更是将他们（还有陈妈）当作自己的父母尽责尽孝，无怨无悔。今天他离开了我，永远告别了我们这个家。我将把这本纪念集献给我的父母，也献给我亲爱的先生。告慰他的在天之灵：为爸妈写本书的心愿终于实现了！

爸爸妈妈工作、事业上的事儿，在不同时期的同事们比我们更了解。为此我向中央宣传部、新疆大学、新疆农业大学、新疆教育厅等爸爸曾经的老同事发去征稿信。令我感动的是，中央宣传部的老同事、原安徽大学图书馆学系主任徐召勋教授，新疆大学原团委书记、新疆教育工会主席张国良叔叔，新疆大学原党委副书记、自治区党委政策研究室主任徐玉圻叔叔，第八届国家督学、自治区人民政府教育督导团总顾问、原自治区副总督学李钧同志，新疆农业大学原党委书记、副院长罗乾昌教授，新疆大学原中文系书记、新疆维吾尔自治区委员会原副秘书长董兆河叔叔，新疆大学数学系李致和主任，以及其他一些同事和朋友们，在很短的时间相继发来了回信。徐召勋教授、李钧同志还提供了珍贵的史料和照片。在文章中他们回顾了和爸爸妈妈共事的岁月，字里行间饱含深情，充满敬意。从一件件小事、一个个侧面还原了爸爸妈妈更为丰满的人生。

读着这些信件，我经常情不自禁，泪流满面。最令我意外的是，新疆大学60年代北京班的同学们听说了此事，通过各种方式与我联系，纷纷提供线索，或通过邮件，或用电话，直到亲自会面，畅谈当年那些往事，表达他们对爸爸的怀念和敬意。聂振欧老师还发来一封满含深情的信和珍贵的照片，并亲自用电话表达埋在心中近50年的一份感念之情。我们还从一些资料上摘录了点滴怀念爸妈的文章，如新疆大学原校报主编墨愚老师，中文系徐霞老师，新疆人民出版社主编李维青、编辑李玉新，以及新疆大学物理系62级学生王力德等的回忆怀念文章。

虽然许多叔叔、阿姨、亲友、同事或年事已高不好去打扰，或多年失去了联系，有的甚至已离开人世，因此无法再获取更多的资料，但我想，我们的本意并非一定要完整地还原历史，况且就目前来说，有许多事情还不是我们这一代人可以并能够说清楚的。写爸爸妈妈，不仅是纪念他们个人，更是想通过他们折射出一段历史；透过一个个鲜活的生命去记住我们的父辈、我们的国家在那个时代走过的路。

本书自2011年动议并启动，历经七载，数易其稿。其间世事发生了许多变故，尤其是2018年春，我们姊妹二人专程回到重庆，去追溯家族血脉，寻访父辈足迹，遍访当年历史遗迹，遂将收集到一批珍贵史料充实到书稿中。修订时特别增加了一批珍贵的抗日和战争年代的照片，其中很大一部分是爸爸亲自拍摄并保留下来的，且第一次面世（若有需要使用者，请与我们联系）。

谨此，向所有为本书提供珍贵史料的叔叔、阿姨、朋友、亲人们表示最崇高的敬意和谢意！向为此书付出大量心血的中国文史出版社王文运主任、责编梁玉梅女士、美编张冬冬女士以及所有为这本书提供支持和帮助的朋友，表示最诚挚的谢意！向为此书的编辑出版提供慷慨资助的我们的表兄弟熊光祥、熊光华表示诚挚的谢意！

明年即将迎来爸爸的百岁诞辰。谨以此书，告慰我们的爸爸妈妈！告慰所有的英烈和前辈们！

温小明

2017 年 9 月 30 日重修于北京

2018 年 4 月 15 日于北京第三次修订